Ronald Gleich/Andreas Klein (Hrsg.)

Der Controlling-Berater
Band 8

Strategische Controlling-Instrumente

Ronald Gleich/Andreas Klein (Hrsg.)

Der Controlling–Berater

Band 8

Band-Herausgeber:
Andreas Klein

Strategische Controlling-Instrumente

Haufe Mediengruppe
Freiburg • Berlin • München

Bibliografische Information Der Deutschen Nationalbibliothek

Die Deutsche Nationalbibliothek verzeichnet diese Publikation in der Deutschen Nationalbibliografie; detaillierte bibliografische Daten sind im Internet über http://dnb.ddb.de abrufbar.

ISBN 978-3-648-00288-9   ISSN 0723-3221   Bestell-Nr. 01401-5089

„DER CONTROLLING-BERATER" (CB)
Herausgeber: Prof. Dr. Ronald Gleich, Geisenheim, Prof. Dr. Andreas Klein, Worms. Haufe-Lexware GmbH Co. KG, Munzinger Straße 9, 79111 Freiburg.
Fachbeirat: Dr. Michael Kieninger, Gemmrigheim, Dr. Walter Schmidt, Berlin, Klaus Spitzley, Weikersheim, Prof. Dr. Karl Zehetner, Wien.
Geschäftsführung: Isabel Blank, Jörg Frey, Birte Hackenjos, Matthias Mühe, Markus Reithwiesner, Joachim Rotzinger, Dr. Carsten Thies.
Beiratsvorsitzende: Andrea Haufe.
Kommanditgesellschaft, Sitz Freiburg
Registergericht Freiburg, HRA 4408
Komplementäre: Haufe-Lexware Verwaltungs GmbH, Sitz Freiburg, Registergericht Freiburg, HRB 5557
Martin Laqua
Steuernummer: 06392/11008
Umsatzsteuer-Identifikationsnummer: DE 812398835
Redaktionsteam: Dipl.-Betriebswirt (FH) Günther Lehmann (verantwortlich i. S. d. P.), Dipl.-Verw.Ök. (FH) Bianka Katschek, Ellen Hamacher (Assistenz). Erscheint 5-mal pro Jahr (inkl. Haufe Controlling Office Online und Kundendienstleistungen). Preis für das Abonnement („Der Controlling-Berater") je Band 49,80 Euro zuzüglich Versandspesen.
Druckvorstufe: Reemers Publishing Services GmbH, Luisenstraße 62, 47799 Krefeld.
Druck: Schätzl Druck & Medien, 86609 Donauwörth.

Vorwort

Liebe Leserinnen und Leser,

in wirtschaftlich schwierigen Zeiten schlägt immer auch die Stunde der Controller. Meist bedeutet dies, dass viel über Rationalisierung und Kosteneffizienz nachgedacht wird. Dies ist fraglos wichtig und richtig. Mitunter wird aber vergessen, dass uns die Effizienz letztlich nicht retten kann, wenn die Effektivität nicht gegeben ist. Oder anders: Wenn wir in die falsche Richtung gehen, hilft es uns nicht, schneller zu laufen!

Insofern sind die Controller gut beraten, sich neben den angestammten Arbeitsgebieten auch um das strategische Controlling zu kümmern. Um Sie hierbei intensiv zu unterstützen, haben wir in Zusammenarbeit mit ausgewiesenen Experten diesen Band für Sie zusammengestellt.

Zur Einstimmung in die Thematik konnten wir für unser Experten-interview „**Standpunkt**" Mario Stephan von PricewaterhouseCoopers Zürich gewinnen, der uns insbesondere einen Einblick in die Erwartungshaltung des Managements gibt.

Im Abschnitt „**Grundlagen und Konzepte**" vermittelt uns Siegfried Gänßlen, CEO der Hansgrohe AG und Vorstand des Internationalen Controller Vereins, in seinem Beitrag „*Strategisches Controlling: Best-Practice-Konzept der Hansgrohe AG*" den Ablauf der strategischen Planung und Steuerung bei Hansgrohe. Damit bildet dieser Beitrag die Klammer rund um die Thematik mithilfe eines Best-Practice-Beispiels. Flankierend diskutieren CB-Herausgeber-Kollege Ronald Gleich und sein Team die Notwendigkeit strategischer Analyse und Prognose und geben einen Einblick in grundlegende Prozesse und Verfahren der Generierung von Zukunftswissen. Lesen Sie dazu den Beitrag „*Corporate Foresight: Organisation der Zukunftsorientierung im strategischen Controlling*".

In „**Umsetzung & Praxis**" greifen wir – wie gewohnt – wesentliche Facetten dieses extrem umfangreichen Themas heraus und beleuchten diese anhand von praktischen Erfahrungen sowie Praxisprojekten:

- Dies beginnt mit dem Beitrag „*Controlling der Strategieentwicklung – die Kunst der Zielsetzung und Planung nachhaltiger Wirtschaftlichkeit*", in dem unsere langjährigen CB-Autoren Herwig Friedag und Walter Schmidt ihre Erfahrungen aus einer großen Anzahl an Strategieprojekten verdichtet haben. Sie verweisen hierbei auf einen immer wichtiger werdenden und leider allzu häufig gerade bei uns vernachlässigten Aspekt: Kooperation innerhalb und außerhalb des Unternehmens.

- Das wohl wesentlichste Instrument stellt fraglos die SWOT-Analyse dar. Lesen Sie dazu *„SWOT-Analyse: Controlling-Instrument zur Identifikation strategischer Handlungsoptionen"* von Mario Stephan.
- Keine systematische strategische Planung ist denkbar ohne die Erstellung eines aussagekräftigen Businessplans. Guido Kleinhietpaß vermittelt in seinem Beitrag *„Business Case – Prüfung strategischer Optionen am Beispiel Produktinnovation"* die notwendigen Grundlagen.
- Allen, insbesondere von Seiten der Theorie vorgetragenen, Fundamentalkritiken zum Trotz – sie ist nicht totzureden und das ist auch gut so: Die Portfolio-Analyse ist nach wie vor eines der meisteingesetzten Instrumente im strategischen Management. Warum dies so ist und wie man sie richtig einsetzt, erfahren Sie in *„Portfolioanalyse: Einsatz im strategischen Controlling"* von Randolf Schrank und Thorsten Giesa.
- Bei der Strategieumsetzung werden sicherlich die meisten Fehler bei der Strategiearbeit begangen. Herwig Friedag und Walter Schmidt nehmen sich dieses Thema in *„Controlling der Strategieumsetzung: Die Beachtung im operativen Alltag sichern"* ausführlich vor.

Im Abschnitt „**Organisation & IT**" beschäftigen sich unsere Autoren mit vier wesentlichen „Seitenthemen":

- So zeigen Peter Broß und Martin Krumey in *„Strategischer Planungs- und Umsetzungsprozess bei Giesecke & Devrient"* wie Software im strategischen Managementprozess eingebunden werden kann.
- Heinz-Josef Botthof erläutert, wie die bei Controllern mitunter – zu Unrecht – ungeliebten *„Kreativitätstechniken im Prozess der Strategiefindung"* mit Erfolg eingesetzt werden können.
- Bei der Frage: *„Wie organisiert man eine Strategieklausur?"* gilt es, jede Menge Fallstricke und Fehlerquellen zu vermeiden. Manfred Grotheer hat seine Erfahrungen für Sie zusammengetragen.
- Eine Strategie durchzusetzen geht nicht ohne genügend Akzeptanz im Unternehmen. Wie Sie diese schaffen, beschreiben Jutta Strake, Uwe Techt und Lothar Kuhls in *„Widerstände in strategischen Veränderungsvorhaben erkennen und konstruktiv nutzen"*.

Unsere „**Literaturanalyse**" schließt wie üblich den Band ab.

Viel Spaß bei der Lektüre!

Heidelberg, im Juni 2010

Andreas Klein

Inhalt

Die Autoren

Heinz-Josef Botthof
Leiter des Bereichs Management Training der Plaut Business Consulting in Ismaning.

Dr. Peter Broß
Leiter der Konzernabteilung Strategie bei Giesecke & Devrient.

Dr. Herwig Friedag
Inhaber der Friedag Consult in Berlin. Im ICV ist er seit mehr als 20 Jahren aktiv; er leitet den ICV-Ausschuss für Öffentlichkeitsarbeit. Außerdem ist Dr. Friedag Lehrbeauftragter an der Humboldt-Universität zu Berlin.

Siegfried Gänßlen
Vorstandsvorsitzender der Hansgrohe AG, Schiltach, und Vorstandsvorsitzender des Internationalen Controller Vereins e. V., Gauting.

Dr. Thorsten Giesa
Manager, Perlitz Strategy Group, Mannheim.

Prof. Dr. Ronald Gleich
Vorsitzender der Institutsleitung des Strascheg Institute for Innovation and Entrepreneurship (SIIE) sowie Leiter des Departments of Innovation Management and Entrepreneurship (IME) an der European Business School (EBS) in Oestrich-Winkel. Er ist außerdem Geschäftsführer der EBS Executive Education GmbH.

Manfred Grotheer
Trainer und Referent für Controlling-Lehrgänge.

Guido Kleinhietpaß
Partner und Trainer der Controller Akademie AG, Gauting.

Martin Krumey
Mitarbeiter in der Konzernabteilung Strategie bei Giesecke & Devrient und zuständig für strategische Sonderprojekte.

Lothar Kuhls
Unternehmensberater und Coach der WEGe Managementberatung GmbH.

Dr. Walter Schmidt
Inhaber der Unternehmensberatung ask – Dr. Walter Schmidt in Berlin. Er ist Mitglied des Vorstands im Internationalen Controller Verein (ICV), Lehrbeauftragter an der Humboldt-Universität zu Berlin und Mitglied im Fachbeirat des Controlling-Beraters.

Christoph Schneider
Forschungsdirektor und Leiter des Competence Center Projektmanagement am Strascheg Institute for Innovation and Entrepreneurship (SIIE) der European Business School (EBS) in Oestrich-Winkel.

Prof. Dr. Randolf Schrank
Professor an der Fachhochschule Mainz und Mitglied der Geschäftsführung der Perlitz Strategy Group, Mannheim.

Luise Pauline Sommer
Wissenschaftliche Mitarbeiterin im Competence Center Controlling & Performance Measurement am Strascheg Institute for Innovation and Entrepreneurship (SIIE) der European Business School (EBS) in Oestrich-Winkel.

Mario B. Stephan
Director Corporate Performance Management bei der PricewaterhouseCoopers AG in Zürich.

Dr. Jutta Strake
Trainerin, Beraterin und Coach und leitet Strake Consulting.

Uwe Techt
Unternehmensberater und Geschäftsführer der VISTEM GmbH & Co. KG.

Matthias Johannes Tyssen
Wissenschaftlicher Mitarbeiter im Competence Center Controlling & Performance Measurement am Strascheg Institute for Innovation and Entrepreneurship (SIIE) der European Business School (EBS) in Oestrich-Winkel.

Kapitel 1: Standpunkt

Das Experten-Interview zum Thema „Strategische Controlling-Instrumente"

▦ Interviewpartner

Mario B. Stephan, Director Corporate Performance Management der PricewaterhouseCoopers AG in Zürich.

Das Interview führte CB-Herausgeber Prof. Dr. Andreas Klein.

Der Controlling-Berater: Herr Stephan, Strategisches Management ist ein vergleichsweise junger Ansatz unter den betriebswirtschaftlichen Konzepten. Die propagierten Ansätze sind inzwischen in aller Munde, doch wie steht es mit der Umsetzung in der betrieblichen Praxis?

Mario B. Stephan: Ganz allgemein kann noch immer eine so genannte „Implementierungslücke" festgestellt werden. Das heißt, dass in vielen Unternehmen allenfalls die populärwissenschaftlichen oder dem Anschein nach „einfachen" Konzepte Anwendung finden und diese dann in relativ freier Auslegung implementiert werden. Diese Aussage ist natürlich insoweit zu differenzieren, als dass es nach Unternehmensgröße, Branchenzugehörigkeit und Wettbewerbssituation große Unterschiede gibt. Generell steigt mit zunehmender Unternehmensgröße und Wettbewerbsintensität der Professionalisierungsgrad der Unternehmensführung und damit auch der Einsatz von Methoden und Instrumenten zur Unterstützung der strategischen Führung. Auf Seiten der Instrumente lässt sich in neueren Studien ein Trend weg von effizienz- und hin zu effektivitätsorientierten Methoden feststellten.

Der Controlling-Berater: Was heißt das konkret?

Mario B. Stephan: Das heißt, dass es vermehrt um Methoden und Instrumente geht, die den Unternehmen helfen, sicherzustellen, dass sie die richtigen Dinge tun. Dabei geht es beispielsweise darum, aus einer Reihe Handlungsoptionen diejenigen auszuwählen oder gegeneinander zu priorisieren, die den größten Ergebnisbeitrag versprechen. Methoden, die lediglich Istaufnahmen erstellen oder Geschäftsergebnisse in schönen Zahlen aufbereiten, treten in ihrer Relevanz zurück.

Der Controlling-Berater: Und wie sieht es mit der Unterstützung durch die Controller aus?

Mario B. Stephan: Genau diese Frage haben wir im Rahmen unserer aktuellsten Studie zum Stand des Corporate Performance Managements etwas mehr als 400 Unternehmen unterschiedlicher Größen in 22 Ländern gestellt.[1] Dort zeigt sich insbesondere in den Antworten der Finanzchefs (CFOs), dass sich die Erwartungshaltung an den modernen Controller weiter in Richtung interner Berater entwickelt. Dies lässt sich am deutlichsten im Zusammenhang mit dem klassischen Managementreporting beobachten. Zeigten vorherige Studien noch eindeutige Schwerpunkte auf dem Aspekt der Informationsversorgung, so liegt die Erwartung heute klar in der aktiven Entscheidungsunterstützung und insbesondere in der Interpretation der Zahlen.

Der Controlling-Berater: Haben Sie im Rahmen Ihrer Studie auch erhoben, inwieweit die Controller diese Erwartungen auch erfüllen?

Mario B. Stephan: Viele Controller verstehen ihre Aufgabe denn auch heute schon so und versuchen von sich aus, eine aktivere Rolle im Unternehmen wahrzunehmen – ebenfalls eine Entwicklung, die sich erst seit vergleichsweise kurzer Zeit beobachten lässt.

Der Controlling-Berater: Und wie können die Controller hier noch besser werden?

Mario B. Stephan: Eine der wichtigsten Aufgaben wird sein, das allgemeine Geschäftsverständnis auch über die Zahlenlogistik hinweg zu entwickeln. Damit meine ich, dass es frei nach Sun Tse nicht ausreicht, das eigene Unternehmen zu verstehen, sondern dass auch der Wettbewerb in die Überlegungen, beispielsweise bei der Kommentierung von Ergebniskennzahlen, einbezogen werden muss, um eine realistische Einschätzung der Wettbewerbsposition zu ermöglichen. Zusammen mit der Kenntnis auch der nichtfinanziellen Ergebnistreiber und dem Verständnis um die mit dem Vorgehen verbundenen Risiken kann so eine gehaltvollere Aussage gegenüber der Unternehmensleitung erstellt werden, die sich dann ihrerseits in einer effektiveren Führungsleistung niederschlägt. Da sich der Prozess der Unternehmensführung letztlich auf die im Unternehmen verarbeiteten Zahlen stützt, sitzt der Controller per Definition in der Pool-Position. In Unternehmen verdeutlichen wir diesen Sachverhalt mit einer Grafik, die eine Veränderung des Rollenprofils der Controller weg vom Erbsenzähler und hin zum akzeptierten und gefragten Businesspartner visualisiert. Dabei sieht man dann deutlich, wie beispielsweise nur reaktives Verhalten und reines Buchhaltungswissen in seiner Relevanz ab- und das allgemeine Geschäftsverständnis sowie ein mehr proaktives Verhalten in seiner Bedeutung zunehmen.

---

[1] Anmerkung der Redaktion: Es handelt sich dabei um die Studie Pricewaterhouse Coopers (2009), Corporate Performance Management. Wie effektiv ist Ihre Unternehmenssteuerung?, die unter www.pwc.ch zu finden ist.

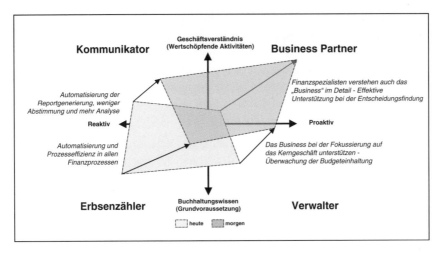

Quelle: www.pwc.ch/cpm

Der Controlling-Berater: Wenn Sie in einem Unternehmen eine Be-
standsaufname des Strategieprozesses zu machen haben, wie setzen Sie
an?

Mario B. Stephan: Zu allererst versuchen wir selbst, die zu implementie-
rende Strategie zu verstehen und uns ein Bild über den Entstehungs-
prozess zu machen. Meist sind wir dann aber auch schon mitten im
Thema, weil noch immer viele Unternehmen keinen ausreichend
objektiven und methodisch gestützten Strategieprozess verfolgen. Die
Strategie ist dann entweder in Teilen für uns nicht nachvollziehbar,
erscheint politisch verwässert, um es vorsichtig auszudrücken, oder ist
im Ergebnis in der uns vorliegenden Form nicht umsetzbar.

Der Controlling-Berater: Was sind aus Ihrer Sicht interessante und vor
allem einfach umsetzbare Instrumente, die auch in kleineren Unternehmen in jedem Fall eingesetzt werden sollten?

Mario B. Stephan: Kleinere und mittlere Unternehmen spezialisieren
sich faktisch immer auf Märkte oder Segmente, die für die großen
Unternehmen nicht die erforderlichen Skaleneffekte ermöglichen. Das
entspricht der Fokussierung auf eine Nische. Daher ist die glasklare
Bestimmung des USP (*Unique Selling Proposition, A. d. R.*), also des
wettbewerbsrelevanten Differenzierungsfaktors gegenüber einer definierten Zielgruppe, das A und O aller Strategiearbeit. Wer nicht selbst für
sich beantworten kann, warum ein Kunde gerade mit der eigenen Firma
Geschäfte machen soll und nicht mit einem Wettbewerber, wird auch
seine Kunden kaum davon überzeugen können. Im Prozess der
Strategieerstellung ist und bleibt die SWOT-Analyse eine der effektivsten
Methoden – vorausgesetzt, das Unternehmen reduziert den Einfüh-

rungsprozess nicht auf ein reines Brainstorming nach den Stärken, Schwächen, Chancen und Risiken. Führen jedoch problemadäquate Analyseverfahren zu den jeweiligen Ergebnissen und schließt das Unternehmen erst mit der konkreten Ableitung von Handlungsoptionen, kann eine gute Basis für die Strategieerstellung und anschließende Strategietransformation geleistet werden. Ein Prozess also, bei dem der Controller wichtige Beiträge leisten muss.

Der Controlling-Berater: Seit Jahrzehnten wird immer wieder hervorgehoben, dass Strategien nicht in der Phase der Formulierung scheitern, sondern im Prozess der Implementierung. Welchen konkreten Beitrag kann der Controller hier leisten?

Mario B. Stephan: Das Mantra der Relevanz des Implementierungsprozesses stammt aus einer Zeit, als sich strategisches Management auf die Erstellung von Plänen reduzierte und danach selbstzufrieden die Hände wieder in die Taschen steckte. Für die Umsetzung waren schließlich die anderen zuständig. Doch in der heutigen Zeit lässt sich diese Aussage so nicht mehr uneingeschränkt tätigen. Denn wenn der Erfolg einer Strategie in der Implementierung liegt und Strategien sich heute ja fast ausschließlich über Projekte realisieren, dann müssten bei weniger erfolgreichen Strategien eine Menge nicht erfolgreich beendeter Projekte zu finden sein. Wir haben dies in mehreren Studien untersucht und festgestellt, dass die meisten Unternehmen sehr wohl in der Lage sind, definierte Projekte erfolgreich zu beenden. Die reine Ausführung oder neudeutsch „Execution" einer Strategie stellt demnach nicht den erfolgskritischen Faktor dar.

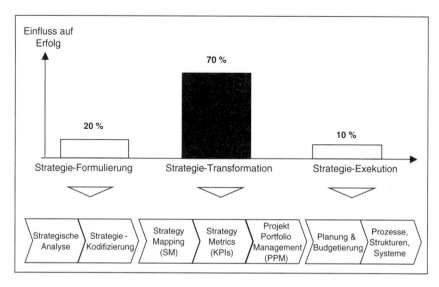

Quelle: www.pwc.ch/stm

Der Controlling-Berater: Wenn es also nicht die Formulierung und nicht die Ausführung oder Execution ist, wo liegt dann die Quelle des Erfolges?

Mario B. Stephan: Der Erfolg einer Strategie bestimmt sich in der sogenannten strategischen Transformationssequenz. Diese liegt zwischen den Phasen der Strategieformulierung und der Strategieexekution. Hier werden die Strategien in die zu verfolgenden Ziele und insbesondere zur Umsetzung in geeignete Maßnahmen übersetzt, d. h. in konkrete Projekte transformiert. Je effektiver dieser Prozess ist, also je besser es dem Unternehmen gelingt, auszuwählen, was die richtigen Dinge sind, die getan werden sollten, desto größer ist auch der resultierende Erfolg. Denn dann brauchen die Unternehmen „nur noch" die identifizierten Projekte auszuführen und gelegentlich an sich verändernde Rahmenbedingungen anzupassen. Wenn Sie wollen, können Sie sagen, dass deshalb nicht die Implementierung von Projekten das erfolgskritische Element ist, sondern überhaupt erst die Bestimmung dessen, „was" getan werden soll, also die Transformation der Strategie.

Der Controlling-Berater: Welchen Stellenwert haben populäre Konzepte wie die Balanced Scorecard in diesem Prozess?

Mario B. Stephan: Der ursprüngliche Erfolg von kennzahlenbasierten Konzepten wie der Balanced Scorecard lässt sich gerade über den soeben beschriebenen Zusammenhang erklären, weil die BSC exakt am Prozess der Strategietransformation ansetzt, jedoch über den Umweg einer verbesserten Messung zu den richtigen Maßnahmen zu kommen versucht. Deutlich effektiver sind daher auch modernere Methoden, die direkt auf die richtige Ableitung von Handlungsoptionen abzielen. Unsere Studienergebnisse zeigen, dass sich durch auf die Optimierung der Projektauswahl abzielende Methoden signifikant höhere Leistungssteigerungen erzielen lassen, als dies messoptimierende Verfahren erlauben. Unsere Studien zeigen hier etwa 30 % höhere Ergebniseffekte.

Der Controlling-Berater: Zurück zum Controller: Welche Rolle spielt er im Prozess?

Mario B. Stephan: Da es in diesem Prozess darum geht, von den möglichen Handlungsoptionen diejenigen auszuwählen, die vor dem Hintergrund der aktuellen Wettbewerbssituation und der definierten strategischen Ziele den größtmöglichen Ergebnisbeitrag versprechen, braucht es gerade Controller, die bei der Bewertung und Priorisierung der Alternativen helfen können. Hier zeigt sich in Reinform, dass die Controller von heute sich nicht auf das reine Zahlenschaufeln zurückziehen können, sondern eine aktive und im wahrsten Sinne des Wortes „wertschöpfende" Rolle schon im Strategieprozess spielen. Die Kenntnis des Wettbewerbs, von effektiven Managementinstrumenten und -methoden und die Fähigkeit, die Erkenntnisse mit den Führungskräften zu kommunizieren und zu diskutieren, sind wichtige Anforderungen, denen sich die Controller vermehrt stellen werden.

Der Controlling-Berater: Stimmen die aktuellen Ausbildungsinhalte mit diesen Anforderungen überein?

Mario B. Stephan: Im Großen und Ganzen bewegt sich die Ausbildung in die richtige Richtung. Strategisches Controlling, Entscheidungsinstrumente oder die Steigerung der Kommunikationskompetenz gehören heute schon zu den Standardinhalten der entsprechenden Studiengänge. Schwieriger ist es da schon eher für die schon erfahrenen Controller in den Betrieben, sich auf die veränderte Erwartungshaltung einzustellen. Die Nachwuchs-Controller wachsen dagegen schon von Beginn an in die beratende Rolle hinein und können sich wahrscheinlich gar nicht mehr vorstellen, wie der Controller einmal eine weniger aktive Rolle innegehabt haben konnte.

Der Controlling-Berater: Zum Abschluss eine vielleicht auch nicht ganz ernst gemeinte Frage: Nutzen Sie die strategischen Konzepte auch in Ihrem eigenen Leben?

Mario B. Stephan: (lacht) … wenn sie auf Instrumente wie beispielsweise die Strategy Map anspielen, dann auf jeden Fall ja. Wissen, was man will, wie die einzelnen Zwischenziele zusammenspielen, und sich auch vorab einmal zu überlegen, was es zur Realisierung all dessen dann braucht, das hilft tatsächlich auch im privaten Bereich. Aber der Versuch, beispielsweise eine vollumfängliche SWOT-Analyse mit der Familie zur Urlaubsplanung einzusetzen, war dagegen … (lacht) …. na ja, sagen wir, sehr unterdurchschnittlich erfolgreich gewesen und hat zu einigen Irritationen geführt.

Der Controlling-Berater: Herr Stephan, wir danken Ihnen für das Gespräch.

Kapitel 2: Grundlagen & Konzepte

Strategisches Controlling:
Best-Practice-Konzept der Hansgrohe AG

■ Zentrales Steuerungsinstrument für die Strategieentwicklung und -umsetzung bei Hansgrohe ist das „Hansgrohe Business System". Als integrierten Ansatz enthält es Strategieentwicklung, Strategieumsetzung und Strategiereview.

■ Kernelement des Business-Systems von Hansgrohe ist der Businessplan, auf dessen Basis wiederum von einem Team die Unternehmensstrategie entwickelt wird.

■ Die systematische Strategieimplementierung wird sichergestellt durch umfassende Kommunikation nach innen und außen und anhand von Aktionsplänen (Roadmaps) für sämtliche Geschäftsbereiche.

■ In quartalsweise stattfindenden Reviewmeetings wird geprüft, wie weit die Strategie bereits umgesetzt ist und ob Anpassungen erforderlich sind.

■ Der Controller fungiert in diesem Prozess als Business-Partner und Prozessführer für die Strategieplanung und -implementierung.

■ Der Autor

Siegfried Gänßlen ist Vorstandsvorsitzender der Hansgrohe AG, Schiltach, und Vorstandsvorsitzender des Internationalen Controller Vereins e. V., Gauting.

1 Vorstellung der Hansgrohe AG

Das Unternehmen Hansgrohe mit Stammsitz in Schiltach/Schwarzwald hat sich in seiner 109-jährigen Firmengeschichte innerhalb der Sanitärbranche den Ruf als einer der Innovationsführer in Technologie und Design erworben. Mit ihren Armaturen, Brausen und Duschsystemen schafft die Hansgrohe AG die Originale, die das Bad funktionaler, komfortabler und schöner machen.

109-jähriges Unternehmen der Sanitärbranche

2009 erwirtschaftete das Unternehmen mit seinen Marken Axor, Hansgrohe, Pharo und Pontos einen Umsatz von 610 Mio. EUR.

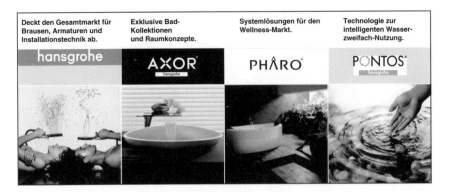

Abb. 1: Übersicht der Marken bei Hansgrohe

Weltweit beschäftigt die Hansgrohe-Gruppe heute rund 3.200 Mitarbeiterinnen und Mitarbeiter, davon etwa zwei Drittel im Inland.

Im aktuellen Ranking des International Forum Design (iF) der besten Unternehmen der Welt in Sachen Design belegt die Hansgrohe AG Rang 20 unter 1.499 Firmen. Mit 520 Punkten lässt der Schiltacher Armaturen- und Brausenspezialist sogar Unternehmen wie Adidas, Nokia und Audi hinter sich und führt die Design-Hitliste der Sanitärbranche an.

Design als Kernkompetenz bei Hansgrohe

2 Strategie bei Hansgrohe

Die Strategie der Hansgrohe AG richtet sich im Wesentlichen auf fünf Erfolgstreiber:

■ Innovationskraft

Innovation beginnt mit den Produkten und beinhaltet die gesamten Unternehmensprozesse.

▢ Design

Zusammenarbeit mit international anerkannten Designern.

▢ Internationalisierung

Ausbau der internationalen Marktbearbeitung.

▢ Profitabilität

Kontinuierliche Prozessoptimierung und Erhöhung der Ertragskraft.

▢ Talentmanagement

Fordern und Fördern internationaler Nachwuchskräfte und Manager.

Die Strategie zielt darauf ab, über **profitables, internationales Wachstum** die Marktposition des Unternehmens weiter zu stärken.

Innovationskultur in allen Unternehmensbereichen

Zu den wesentlichen Faktoren des unternehmerischen Erfolgs gehört insbesondere die über Jahrzehnte gewachsene **Innovationskultur**, die in allen Unternehmensbereichen und über alle Hierarchieebenen hinweg gelebt wird. Sie befähigt das Unternehmen dazu, innerhalb kürzester Zeit markt- und verbrauchergerechte **Produktinnovationen** von der Idee zur Serienreife zu entwickeln. 2008 erzielte das Unternehmen mit Armaturen und Brausen, die nicht älter als 3 Jahre sind, einen Anteil von 34 % am Nettoumsatz.

Innovationskraft entlang der gesamten Wertschöpfungskette

Die außerordentliche **Innovationskraft** der Hansgrohe-Gruppe zeigt sich auch bei der Gestaltung von **Prozessen** entlang der gesamten Wertschöpfungskette, um Qualität, Effizienz und Produktivität zu steigern. Beispiele hierfür sind die erfolgreiche Einführung der hochmodernen **RFID-Technologie**, die die Hansgrohe AG als erstes Unternehmen der Sanitärbranche und als einer von ganz wenigen Mittelständlern in Deutschland einsetzt, sowie der Ausbau der strategischen IT-Plattform auf Basis des SAP-ERP-Systems, das eine Prozessvernetzung mit Lieferanten und Kunden ermöglicht. Ein weiteres Beispiel ist das integrierte SAP **Business Warehouse**, das die Basis für ein **integriertes und tagesaktuelles Reporting** bildet.

Durch kontinuierliche Prozessoptimierung **entlang der Wertschöpfungskette und Servicebereiche** werden im Rahmen des international verankerten **Effizienzsteigerungsprogramms „Hansgrohe Plus 21"** jährliche Einsparungen in Millionenhöhe realisiert.

Prozesseffizienz durch eine zentrale IT-Plattform

Mit der Erweiterung der **zentralen IT-Plattform** konnte die Prozesseffizienz weiter verbessert werden. Unsere Kunden haben Vorteile durch die elektronische Anbindung an das **Hansgrohe-Portal**, durch das sie direkt auf Auftragsmanagement, Produktdaten und Reporting zugreifen können. Mittlerweile haben mehr als 150 Kunden weltweit Zugriff.

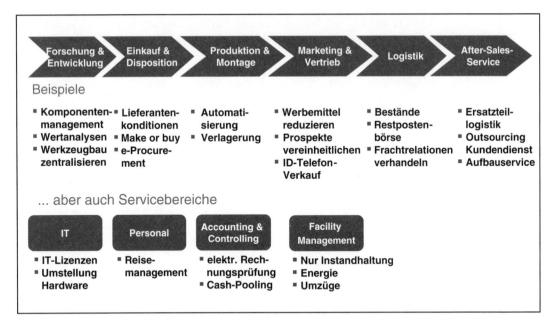

Abb. 2: Profit-Improvement-Projekte entlang der Wertschöpfungskette

Als strategische Investition versteht Hansgrohe auch den **Ausbau des weltweiten Vertriebs** und die nachhaltige **Internationalisierung der Marktbearbeitung** durch ein koordiniertes Channel-Management. Im Rahmen des Programms „**Hansgrohe Global Speed**" werden kontinuierlich neue Absatzmärkte erschlossen.

Internationalisierung als strategische Investition

Das **Talentmanagement** mit den Hauptbausteinen **Ausbildung** und **Personalentwicklung** hat einen hohen Stellenwert in der Strategie von Hansgrohe. Trotz der schwierigen konjunkturellen Rahmenbedingungen investiert Hansgrohe weiter in **Ausbildung** und **Weiterentwicklung** der Mitarbeiter. 2008 waren 141 junge Frauen und Männer in der Ausbildung bei Hansgrohe. Damit lag die Ausbildungsquote mit 7,1 % erneut deutlich über dem Durchschnitt der metallverarbeitenden Industrie in Deutschland (5,4 %). Gleichzeitig hat das Unternehmen die Zahl seiner Ausbildungsberufe auf 24 erhöht.

Talentmanagement als Bestandteil der Strategie

Parallel zur Ausbildung wird großer Wert auf zielgerichtete und kontinuierliche **Fortbildung** der Beschäftigten gelegt. Hier wurde das interne Personalentwicklungsangebot der „**Hansgrohe Business School**" weiter ausgebaut. Parallel zum „International Talent Program (ITP)" mit Schwerpunkt in der internationalen Personalentwicklungsarbeit hat das Unternehmen ein nationales Nachwuchsentwicklungsprogramm aufgesetzt.

3 Hansgrohe Business System – Steuerungskreislauf und strategische Unternehmenssteuerung

Zentrales Steuerungsinstrument für die Strategieentwicklung und -umsetzung bei Hansgrohe ist das „Hansgrohe Business System". Als integrierten Ansatz enthält es: **Strategieentwicklung, Strategieumsetzung, Strategiereview.**

4 Umsetzung der Roadmap und strategische Projekte
- Organisationsstrukturen anpassen
- Roadmap in jeder Funktion und jedem Markt implementieren

5 Monitoring & Ertragsverbesserung
- Monatliches Monitoring der Ergebnisse
- Rollierndes Forecasting
- Quartalsweise Verfolgung der Roadmap in Review Meetings mit dem Management
- Quartalsweise Verfolung der strategischen Projekte

3 Jährliche Zielvereinbarung mit Mitarbeitern
- Ziele der Roadmap für die Bereiche ableiten
- Ziele mit Mitarbeitern vereinbaren und nachhalten

1 Businessplanung
- SWOT- und Markt-/Wettbewerbsanalyse
- Festlegung strategische Ziele und Stoßrichtungen
  - Strategische Projekte definieren
  - Roadmap festlegen
  - Strategische Scorecard aufstellen
- Zuteilen von Ressourcen & Investitionen für Wachstumssegmente
- Aktualisierung 5-Jahres-BP
- Kaskadierung des BP in Unternehmensbereiche

2 Budget/Forecasting
- Budget am BP ausrichten
- Jahresziele definieren und Roadmap und Scorecard für Budget festlegen
- Forecasting

Abb. 3: Unternehmenssteuerungsprozess (Hansgrohe Business System)

Unternehmens-
philosophie
fungiert als
Verhaltenskodex

Fundament der Strategieentwicklung bei Hansgrohe ist die Unternehmensphilosophie, die die Leitlinien sowohl der unternehmensinternen als auch der externen Zusammenarbeit (mit Mitarbeitern, Kunden, Lieferanten) zusammenfasst. Die Unternehmensphilosophie enthält

- die grundlegenden Wertvorstellungen,
- die ethischen Grundsätze sowie
- die interkulturellen Verhaltensregeln

und kann somit als Verhaltenskodex der Firma bezeichnet werden.

Funktionen des
Businessplans

Im Businessplan (Fünfjahreshorizont) werden die Strategien verankert. Die eigentliche Umsetzung der erarbeiteten Strategien erfolgt über Einzelprojekte, die pro Funktionsbereich und Absatzmarkt in einer Roadmap festgehalten werden.

3.1 Vom Businessplan zu persönlichen Zielen der Mitarbeiter

Der Businessplan (Fünfjahreshorizont) stellt die Basis für die operative Budgetplanung (Einjahreshorizont) dar. Die von der Zentrale an die Landesgesellschaften ausgegebenen Budgetprämissen basieren auf Markt-studien und Wettbewerbsanalysen der einzelnen Länder. Diese Planungs-leitlinien enthalten Korridore für Umsatzwachstum, relative Ergebnisse, Investitionsmittel sowie Marketingmittel relativ zum Umsatz. Dabei wird verstärkt auf den Einsatz von relativen Zielen wie z. B. Pro-Kopf-Umsatz geachtet. Dies stellt sicher, dass auch in dynamischen Märkten die Budgetplanung nicht bereits im Januar komplett überholt ist.

Aus den Budgets werden konkrete Jahresziele erarbeitet und in den persönlichen Zielen der Mitarbeiter verankert (Management by Objec-tives). Somit ist sichergestellt, dass alle Mitarbeiter an einem Strang ziehen. Die Zielerreichungssysteme stellen einen elementaren Ver-gütungsbestandteil und zugleich ein Führungsinstrument dar. Auch hier werden primär relative Ziele verwendet, wie z. B. Umsatzsteigerung, relative EBIT-Entwicklung, Lieferservice in Prozent, Pro-Kopf-Umsatz und prozentuale Produktivitätssteigerungen. Dies gewährleistet eben-falls, dass die Ziele auch bei Marktschwankungen weiterhin Gültigkeit haben und nicht an Akzeptanz verlieren.

MBO-Prozess als Mittel der Strategie-verankerung im Unternehmen

3.2 Plan-Ist-Vergleich im Reviewmeeting

Datentransparenz über den Geschäftsverlauf und somit auch die Strate-gieumsetzung liefert das monatliche Reporting inklusive rollierendem Forecasting. Der Forecast hat sich zum anerkannten Steuerungsinstru-ment entwickelt. Gleichzeitig gibt er Indizien für zukünftig benötigte Kapazitäten. Des Weiteren fließen aktuelle Marktinformationen wie z. B.

Reporting und Forecasting dienen als Steuerungs-instrumente

- **Renovationsdaten,**
- **Baugenehmigungen,**
- das **Kaufverhalten der Endkunden** und
- **Wettbewerbsdaten**

in die Forecastplanung ein. In dieser marktorientierten Steuerung wird auch die Kostendeckung der Werke berücksichtigt, um die Produktion weltweit optimal zu führen. Gleichzeitig werden die Overheadkosten verfolgt, um den Vertrieb und das Marketing effizient auszurichten.

Die Umsetzung der strategischen Aktionspläne (Roadmaps) wird quartalsweise in Reviewmeetings zwischen dem Vorstand, den Sales Managern und den Controllern verfolgt. Aufgrund der Dynamik des Markt- und Wettbewerbsumfelds werden durch diese Meetings früh-zeitig wichtige Stellhebel bereitgestellt, um die Strategie anzupassen oder

Umsetzung der Strategie durch konkrete Aktionspläne

neu auszurichten. Die Strategie ist somit nicht in Stein gemeißelt – wenn nötig, erfolgt auch kurzfristig und unbürokratisch eine Kurskorrektur.

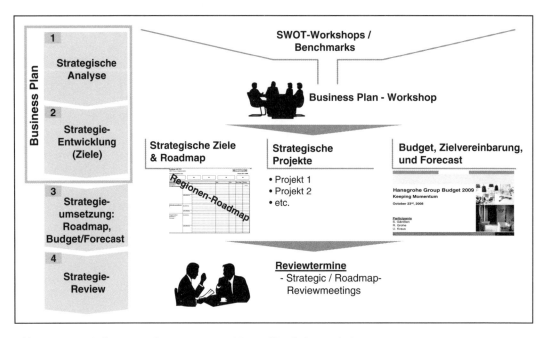

Abb. 4:   Strategische Unternehmenssteuerung/Controlling bei Hansgrohe

4   Businessplanung als Kernelement des Hansgrohe Business Systems

Jährlicher Businessplan als Wegweiser für das Tagesgeschäft

Kernelement des strategischen Managements bei Hansgrohe ist die jährliche Erstellung eines Businessplans (strategischer Plan). Dabei werden die externe Markt- und Wettbewerbsentwicklung analysiert und das eigene Unternehmen und die Geschäftsfelder beurteilt. Mit dem Businessplan wird die Strategieausrichtung überprüft, weiterentwickelt und umgesetzt – er dient damit als Wegweiser und Leitplanke für das operative Tagesgeschäft.

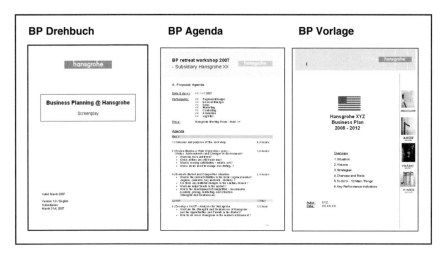

Abb. 5: Übersicht über die Businessplan-Komponenten

4.1 Entwicklungsstufen der Businessplanung bei Hansgrohe

Ein Businessplan wird in der Hansgrohe-Gruppe seit 1995 jährlich erstellt. Seitdem wird dieser Prozess kontinuierlich weiterentwickelt. Diente der Businessplan ursprünglich primär der mittelfristigen Planung mit einem Horizont von drei Jahren, wurde dieser heute um eine langfristigere Komponente von zwei Jahren ergänzt.

Der Businessplan wird kontinuierlich weiterentwickelt

Aufgrund der hohen Markt- und Wettbewerbsdynamik bedarf die Planung der Unternehmensentwicklung einer jährlichen Revision und Anpassung des Businessplans an die sich verändernden Umstände. Gerade im abgelaufenen Krisenjahr hat sich gezeigt, dass eine Businessplanung nicht starr ausgerichtet sein darf. Unterjährige Zielanpassungen erwecken den Businessplan erst „zum Leben".

In Anbetracht der zunehmenden Internationalisierung der Hansgrohe AG werden die strategische Planung und Erstellung eines Businessplans nicht mehr als die alleinige Aufgabe der Zentrale in Schiltach gesehen. Durch Dokumentation und Zusammenfassung der strategischen Ziele und Maßnahmen ist der Plan Kommunikations- und Orientierungshilfe für alle Führungskräfte bei der operativen Umsetzung der Strategie.

Businessplanung auch bei den Tochtergesellschaften

Darüber hinaus ist der Businessplan auch ein wichtiges Dokument für die Kommunikation mit weiteren Anspruchsgruppen. Dies betrifft insbesondere die Anteilseigner, aber auch z. B. Banken, die die Qualität des Businessplans in die Unternehmensratings einfließen lassen.

4.2 Der Businessplan-Workshop

Interdisziplinäre Teambesetzung beim Business-plan-Workshop

Die Einbindung der entscheidenden Personen mit unternehmerischem Denken und Handeln ist wichtig für die erfolgreiche Erstellung des Businessplans – somit kommt der Teamgestaltung ein hoher Stellenwert zu. Bei Hansgrohe wird der Businessplan-Workshop interdisziplinär besetzt und setzt sich aus dem Vorstand, Führungskräften sowie weiteren ausgewählten Mitarbeitern zusammen. Auch wird Wert darauf gelegt, dass aufgrund der zunehmenden Internationalisierung in das Team auch Teilnehmer aus den Tochtergesellschaften eingebunden sind.

Durch diese Heterogenität wird sichergestellt, dass sich das Team bestmöglich mit den verschiedenen Unternehmensbereichen (Regionen, Marken und Corporate Functions) und deren komplexen Wechselwirkungen auseinandersetzen kann.

Der jährliche Businessplan-Workshop der Hansgrohe AG findet i. d. R. im März/April statt. Dazu trifft sich das Team von ca. dreißig Teilnehmern für drei Tage zu einer Klausurtagung.

Im Anschluss an den Workshop werden die Businesspläne der Tochtergesellschaften weiterentwickelt, ebenfalls in Form eines Workshops mit dem Managementteam.

Der Controller moderiert den Planungsprozess

Für die Durchführung sowie die Vor- und Nachbereitung des Businessplan-Workshops ist insbesondere der Controller als Moderator des strategischen Planungsprozesses gefordert. Er hat auf die Konsistenz und Plausibilität des gesamten Businessplans zu achten und bei der Implementierung der verabschiedeten Maßnahmen durch ein regelmäßiges Monitoring der Zielerreichung zu unterstützen.

4.3 Ergebnisdokumentation des Businessplans

Die Ergebnisse des Businessplan-Workshops werden in **wenigen strategischen Grundsätzen und Aussagen** prägnant und klar verständlich festgehalten. **Ziel der Dokumentation** ist es, eine Orientierung für die Führungskräfte zur **Kommunikation der Strategie** an alle Mitarbeiter und zu deren **Umsetzung im operativen Tagesgeschäft** zu geben.

5 Implementierung der strategischen Ziele und strategisches Controlling

5.1 Strategieimplementierung im Unternehmen/Businessplan-Infokaskade

Eine Kommunikation der Ziele des Businessplans an die Mitarbeiter birgt zwar das Risiko, dass strategische Informationen auch nach außen getragen werden, dennoch ist es bei Hansgrohe ein wichtiges Anliegen, die **Mitarbeiter über die strategischen Stoßrichtungen zu informieren.** Nur wenn die Mitarbeiter über die Strategie informiert sind, können sie bei der Umsetzung ihren Beitrag leisten. Eine wirkungsvolle Strategie-implementierung bedingt zwangsläufig auch eine offene Information. Die Mitarbeiter der Hansgrohe AG werden jährlich durch die jeweiligen Führungskräfte im Rahmen der **Businessplan-Informationskaskade** informiert.

Kommunikation des Businessplans als Aufgabe sämtlicher Führungskräfte

Die Kernaussagen des Businessplans werden vom Vorstand über die Bereichs- und Teamleiter in Informationsveranstaltungen an jeden Mitarbeiter weitergegeben. Diese Informationsveranstaltungen finden in Form von Workshops statt. Die Mitarbeiter werden in Workshop-gruppen dazu aufgefordert, ausgewählte Strategiethemen in Teams eigenständig zu erarbeiten und in der Gruppe zu präsentieren.

5.2 Ableitung von Roadmaps und strategischen Projekten

Um eine nachhaltige Strategie auf Basis der Businessplanziele umzusetzen, wird eine überschaubare Anzahl von **Maßnahmen und Projekten** initiiert, und zwar in Form einer „Roadmap" für sämtliche Geschäftsbereiche (Strategische Geschäftsfelder/Vertriebsregionen/Corporate Functions).

Roadmaps für Maßnahmen und Projekte

Projektübersicht	Fristigkeit	Maßnahme	Ziel	Wer	Bis	Status
Sales Power	kurzfristig	± Promotionen für Key Produkte	▪			●○○○
		± Erhöhung Besuchsfrequenz	▪			●○○○
		± Neuprodukt-einführungen	▪			●○○○
	mittelfristig	± Neukundengewinnung	▪			●○○○
		± Ausbau neuer Vertriebswege	▪			●○○○
		±...	▪			●○○○
Marketing	kurzfristig	± Intensivierung Kunden-trainings	▪			●○○○
		± Events	▪			●○○○
		± Messeteilnahme	▪			●○○○
	mittelfristig	± Verkaufspakete definieren				●○○○
		± Aktualisierung Prämienprogramme				●○○○
		±...				●○○○

Abb. 6: Beispielhafte Roadmap für die Bereiche Verkauf und Marketing

5.3 Regelmäßige Reviews der Strategieimplementierung im Topmanagement

Fortschritt der Strategie-implementierung wird überprüft

Die nachhaltige Steuerung und die Verfolgung der Strategieimplementierung werden durch Reviewmeetings mit dem Topmanagement sichergestellt. Vorstand und Regionenmanager nehmen an den quartalsweise stattfindenden Terminen teil. Die Tochtergesellschaften werden durch den lokalen Geschäftsführer und Controller vertreten.

Strategie und Marktdifferenzen werden diskutiert

Mit dem lokalen Management wird intensiv über Strategie und Marktdifferenzen diskutiert. Fragen wie „Warum klappt die Markteinführung nicht?, Wie sieht das Konzept für den Point of Sale aus?, Welche Marketingaktion läuft erfolgreich?, Welches Konzept für die Entwicklung der Key Accounts wurde erarbeitet?" stehen im Mittelpunkt. Zudem tauscht man sich über gewonnene Erfahrungen und Best Practice Cases aus und aktualisiert die Forecasts.

Abschließend werden Kunden besucht, damit sich der Vorstand selbst ein Bild von der Situation vor Ort machen kann. Typische Agendapunkte des Quarterly Reviewmeetings sind:

- Review der Markt- und Wettbewerbssituation
- Quartalsabschluss und Forecast
- Status von Marketing, Personal und Investitionen – sind Anpassungen notwendig?

- Status der strategischen Projekte – die Roadmap des Bereichs wird durchgearbeitet und ggf. an Marktveränderungen angepasst.

5.4 Überleitung von strategischen Zielen und Budgetzielen in die jährlichen Zielvereinbarungen der Mitarbeiter

Bei Hansgrohe werden nicht nur das Topmanagement, sondern auch große Teile der Belegschaft über einen variablen Vergütungsbestandteil entlohnt. Neben den aus dem Businessplan und dem Budget abgeleiteten Unternehmenszielen (s. hierzu Kapitel 3: Hansgrohe Business System) werden auch individuelle Ziele vereinbart.

Vereinbarte Ziele / Zielerreichung	Ziel erl. bis	Gewicht.-Faktor	80%	90%	100%	115%
I. Ziele aus Businessplan (= Unternehmensergebnis)						
1. Netto-Umsatz Mio. €	31.12.	20%				
2. EBIT in % v. Netto U.	31.12.	10%				
3. Working Capital Tage	31.12.	5%				
4. Produktivität %	31.12.	5%				
5. Lieferservice AG % Liefertreue AG %	31.12.	10%				
Unternehmensziele (= 50 % Unternehmensergebnis)		50 %				
II. Individuelle Ziele - Was ist mein Beitrag zu den Unternehmenszielen?						
Führungsziele						
Leistungsziele						
Persönliche Entwicklungsziele						
Individuelle Ziele (= 50 % individuelle Leistung)		50 %				

Maximalprämie bei 100 % Zielerreichung: € -,-- (brutto) für das volle Kalenderjahr

Bei einer Zielerreichung von weniger als 80% gilt das Ziel als nicht erreicht und wird bei der Berechnung der Zielerreichungsprämie mit Null bewertet.

Abb. 7: Beispielhaftes Zielvereinbarungsformular

Individuelle Ziele abgeleitet aus der Roadmap

Basis für die individuellen Ziele sind die Projekte der Roadmap. Dies bedeutet, dass die Mitarbeiter teilweise auch an mehrjährigen Zielen gemessen werden. Dies verhindert einen zu kurzfristigen Blickwinkel. Bereichs-, team- oder auch mitarbeiterspezifisch werden die Projektaufgaben in den Zielvorgaben verankert und die Strategieumsetzung wird sichergestellt. Das Controlling ermittelt regelmäßig den Zielerreichungsstatus.

6 Erfolgsfaktoren des strategischen Controllings

Für eine erfolgreiche Strategieimplementierung sind aus Sicht von Hansgrohe folgende Voraussetzungen zu erfüllen:

- Die strategische Unternehmenssteuerung muss auf qualitative und nicht nur finanzielle Unternehmensziele ausgerichtet sein. Nur die Ableitung von konkreten Projekten sichert die Umsetzung der strategischen Pläne.
- Regelmäßige Reviews der Strategieimplementierung mit Beteiligung des Topmanagements stellen eine systematische Projektabarbeitung sicher.
- Durch intensive Marktbeobachtung können frühzeitig Anpassungsmaßnahmen eingeleitet werden.
- Durch ein automatisiertes Reporting und Managementinformationssystem sind die Steuerungskennzahlen immer verfügbar. Die Arbeit der Controller fokussiert sich darauf, die Strategie umzusetzen.
- Ein rollierendes Forecasting informiert rechtzeitig über drohende Planabweichungen und ermöglicht zeitnahe gegensteuernde Maßnahmen wie z. B. eine Anpassung der Investitionen.
- Die Controller sind marktgerichtet kompetent und fungieren als Business-Partner.

Auf einen Nenner gebracht, bedeutet dies:

> Erfolgreiche Strategieumsetzung ist, wenn man immer alles etwas besser macht.

Corporate Foresight: Organisation der Zukunftsorientierung im strategischen Controlling

- Vielfältige Wandlungsprozesse im Umfeld stellen national wie international agierende Unternehmen unter großen Veränderungsdruck. Insbesondere die globale Verknüpfung von Unternehmen und die zunehmende Dynamik im Unternehmensumfeld verlangen eine intensive Befassung mit zukunftsrelevanten Themen.

- Der Beitrag erläutert die Relevanz von Corporate Foresight für Unternehmen und gibt eine Einführung in das Thema.

- Beleuchtet werden die für Corporate Foresight relevanten Themenfelder, der Prozess des Generierens von Zukunftswissen sowie die verschiedenen Möglichkeiten, Corporate Foresight im Unternehmen organisatorisch zu verankern.

- Schließlich werden Handlungsempfehlungen für ein erfolgreiches Implementieren von Corporate Foresight im Unternehmen vorgestellt und seine Bedeutung für das strategische Controlling abgeleitet.

■ Die Autoren

Prof. Dr. Ronald Gleich ist Vorsitzender der Institutsleitung des Strascheg Institute for Innovation and Entrepreneurship (SIIE) sowie Leiter des Departments of Innovation Management and Entrepreneurship (IME) an der European Business School (EBS) in Oestrich-Winkel. Er ist außerdem Geschäftsführer der EBS Executive Education GmbH.

Christoph Schneider ist Forschungsdirektor und Leiter des Competence Center Projektmanagement am Strascheg Institute for Innovation and Entrepreneurship (SIIE) der European Business School (EBS) in Oestrich-Winkel.

Luise Pauline Sommer ist wissenschaftliche Mitarbeiterin im Competence Center Controlling & Performance Measurement am Strascheg Institute for Innovation and Entrepreneurship (SIIE) der European Business School (EBS) in Oestrich-Winkel.

Matthias Tyssen ist wissenschaftlicher Mitarbeiter im Competence Center Controlling & Performance Measurement am Strascheg Institute for Innovation and Entrepreneurship (SIIE) der European Business School (EBS) in Oestrich-Winkel.

1 Warum Corporate Foresight?

1.1 Motivation für eine Zukunftsorientierung in Unternehmen

Ziel eines Unternehmens ist es, langfristig am Markt erfolgreich zu sein und im Idealfall überdurchschnittlich zu wachsen. Ein zentraler Baustein in diesem Kontext stellt das Wissen über das eigene Unternehmen und das Umfeld dar, in dem sich das Unternehmen bewegt. In der Betriebswirtschaftslehre wurde die Bedeutung von Wissen über das Unternehmensumfeld in den 1960er Jahren erkannt.[1]

Entwicklung und zunehmende Relevanz von Zukunftsorientierung in der BWL

Insbesondere im strategischen Management fand diese Entwicklung große Berücksichtigung. Eine fundierte Strategieentwicklung baut auf einer internen sowie externen Unternehmensanalyse auf und überprüft kontinuierlich die zugrunde liegenden Annahmen auch während der Strategieimplementierung. Dieses strategische Orientierungswissen umfasst neben der Momentanalyse des Unternehmensumfelds auch eine Abschätzung der zukünftigen Entwicklungen im Unternehmenskontext.

Zukunftsperspektiven und strategisches Management

Eine klar strukturierte Auseinandersetzung mit zukünftigen Entwicklungen und sich daraus ableitenden Handlungsoptionen ist für Unternehmen unverzichtbar geworden. *Hamel* und *Prahalad* sprechen in diesem Kontext sogar von einem „Competition for Industry Foresight"[2]. Unternehmen, die zukünftige Entwicklungen in ihrem Umfeld früh erkennen und dieses Wissen in ihre unternehmerischen Entscheidungen einfließen lassen, können entscheidende Wettbewerbsvorteile generieren.

Wettbewerbsvorteile durch Corporate Foresight

Laut *Hamel* und *Prahalad* geht es darum, „Entwicklungslinien und Brüche (Diskontinuitäten) in Technologie, Demografie, Gesetzgebung oder Lebensgewohnheiten früher zu erkennen als die Konkurrenten und den besseren Einblick dazu zu nutzen, die Industriegrenzen zu verschieben und neuen Wettbewerbsraum zu erschließen. In diesem Wettbewerb geht es darum, sich frühzeitig ein Bild von der Größe und Gestalt der Chancen von morgen zu machen. Und es geht darum, völlig neue Arten von Kundennutzen zu erkennen oder ganz neue Wege zu finden, um existierenden Kundennutzen zu vermitteln."[3]

Ein zentraler Faktor, der die Befassung mit zukünftigen Entwicklungen maßgeblich beeinflusst hat und nach wie vor beeinflusst, ist die Globalisierung und die damit einhergehende Vernetzung der Märkte und Wirtschaftsräume. Heute begrenzt sich der Aktionsradius eines Unternehmens in den seltensten Fällen ausschließlich auf den regionalen Markt. Viele Branchen sind mittlerweile gekennzeichnet durch interna-

Herausforderungen durch veränderte Rahmenbedingungen

---

[1] Vgl. Armstrong (1986), S. 89 ff.
[2] Hamel/Prahalad (1994), S. 79.
[3] Hamel/Prahalad (1995), S. 84.

tionalen Wettbewerb und starke Interdependenzen der Marktteilnehmer. Dies zieht neben einer veränderten Wettbewerbsintensität auch neue Rahmenbedingungen nach sich.

Bekannte Faktoren des regionalen und nationalen Marktes werden ergänzt durch Einflussfaktoren ausländischer Märkte. Hinzu kommt die tiefgreifende Vernetzung mit anderen Systemen wie z. B. den Politik- oder Finanzsystemen. Dies hat zur Folge, dass Unternehmen ihr bisheriges Verständnis des Unternehmenskontextes anpassen müssen. Eine intensive Auseinandersetzung mit zukünftigen Entwicklungen erscheint unter diesen Gegebenheiten für Unternehmen unabdingbar, um sich erfolgreich im Wettbewerb zu behaupten.[4]

Einzug von Corporate Foresight in KMU

Diese Entwicklungen gelten sowohl für Großunternehmen als auch für kleine und mittlere Unternehmen (KMU). Daher sollte Corporate Foresight nicht nur auf der Agenda von Großkonzernen stehen, sondern auch Beachtung in kleinen und mittleren Unternehmen finden.

1.2 Grundverständnis und Definition von Corporate Foresight

Gemeinsamkeiten verschiedener Foresight-Definitionen

Trotz der zunehmenden Bedeutung in Wissenschaft und Praxis hat sich bis heute keine klare Definition von Corporate Foresight durchgesetzt.[5] Dies zeigt auch Tab. 1.

Becker (2002, S. 7)	*„Foresight should be understood as a participatory, future intelligence gathering and medium-to-long-term vision-building process that systematically attempts to look into the future of science, the economy and society in order to support present-day decision-making and to mobilize joint forces to realize them.“*	• Wissensgenerierung • mittel- bis langfristige Perspektive • Unterstützung der Entscheidungsfindung

---

[4] Vgl. Müller-Stewens/Müller (2009), S. 239.
[5] Vgl. Müller (2008), S. 20 ff.

Chia (2004, S. 22)	*„Foresight is refined sensitivity for detecting and disclosing invisible, inarticulate or unconscious societal motives, aspirations, and preferences and of articulating them in such a way as to create novel opportunities hither to unthought and hence unavailable to a society or organization."*	• Entdeckung des Unbekannten • Kreieren von neuen Chancen
Coates (1985, S. 30)	*„Foresight is the overall process of creating an understanding and appreciation of information generated by looking ahead. Foresight includes qualitative and quantitative means for monitoring clues and indicators of evolving trends and developments and is best and most useful when directly linked to the analysis of policy implications."*	• Prozess zur Generierung von Wertschätzung von Zukunftswissen • Kombination aus qualitativen und quantitativen Daten
Horton (1999, S. 5)	*„Foresight is the process of developing a range of views of possible ways in which the future could develop, and understanding these sufficiently well to be able to decide what decisions can be taken today to create the best possible tomorrow."*	• Entwicklung von Zukunftsbildern • Unterstützung bei der Entscheidungsfindung

Zweck/ Krück/ Braun (2001, S. 66)	„*Foresight bezeichnet Prozesse der „Vorausschau" mit dem Ziel, systematisch die mittel- bis langfristigen Perspektiven neuer Technologien, Märkte und gesellschaftlicher Bedürfnisse und Trends frühzeitig zu analysieren, deren Potenzial zu prüfen sowie die Voraussetzungen für die Realisierung abzuschätzen.*"	• mittel- bis langfristige Perspektive • Identifikation von Trends und deren Abschätzung

Tab. 1: Definitionen von Foresight[6]

Tabelle 1 zeigt, dass es unterschiedliche Ansätze zur Definition des „Foresight"-Begriffs gibt. Allerdings existieren universale Merkmale der unterschiedlichen Definitionsansätze, die die Fülle der „Foresight"-Thematik zu beschreiben vermögen:

• mittel- bis langfristige Perspektive
• Identifikation von Trends und Entwicklungen im Umfeld
• Prozess der Informations-/Wissensgenerierung
• Analyse und Verarbeitung des Wissens
• Grundlage für die Entscheidungsfindung
• Generieren von Wertschätzung für diese Informationen

Foresight vs. Corporate Foresight

Foresight „ist am besten mit Vorausschau, einschließlich vorausschauendem Verhalten zu übersetzen und bietet sich von seiner semantischen Seite her als Bezeichnung für alle systematischen, auf Entscheidungen orientierten Aktivitäten mit längerem Zeithorizont an."[7]

Während Foresight allgemein für öffentliche und private Organisationen verwendet werden kann, bezieht sich „Corporate Foresight" ausschließlich auf den Foresight-Prozess in Unternehmen. Aufbauend auf diesem Verständnis kann Corporate Foresight als langfristiger Blick in die Zukunft aufgefasst werden, der eine aktive Gestaltung zukünftiger Handlungsfelder des Unternehmens ermöglichen soll.[8] Somit wird eine oft kurzfristig ausgerichtete Zukunftsorientierung des Unternehmens durch eine langfristige Perspektive ergänzt.[9] Klar abzugrenzen ist Corporate Foresight von Foresight im öffentlichen Sektor.

---

[6] Auszug aus Müller (2008), S. 24.
[7] Vgl. Steinmüller/Burmeister/Schulz-Montag (2003), S. 8.
[8] Vgl. Gruber/Venter (2006), S. 960.
[9] Vgl. Roberts (1995), S. 51; s. a. Armstrong (1986), S. 89.

Burmeister, *Neef* und *Beyers* (2004) teilen dem Corporate Foresight drei zentrale Aufgaben zu:

- Vorbereitung für strategische Entscheidungen,
- langfristige Sicherung der Wettbewerbsfähigkeit des Unternehmens,
- dauerhafte Stärkung der Lern- und Innovationsfähigkeit des Unternehmens.

Corporate Foresight beinhaltet somit mehr als nur die Anwendung von Prognoseverfahren, die dazu dienen, zukünftige Trends und Diskontinuitäten aufzudecken und Chancen und Gefahren zu identifizieren. Es geht auch um das Generieren von Akzeptanz (Wertschätzung) für zukunftsbezogene Sichtweisen, Visionen und Entwicklungen im Unternehmen selbst und somit um Fragestellungen wie die prozessuale Integration und die organisatorische Einbettung und Ausgestaltung.[10]

1.3 Abgrenzung zu anderen Themen

Zahlreiche betriebswirtschaftliche Konzepte im Themenfeld des strategischen Managements (z. B. Business Intelligence, Strategic Issue Management, strategische Frühaufklärung) weisen einen ähnlichen Fokus wie Corporate Foresight auf. Während diese Konzepte das Ziel verfolgen, eine informatorische Entscheidungsgrundlage für das Management zu bilden, geht Corporate Foresight einen Schritt weiter. Neben einer Outside-in-Perspektive nimmt Corporate Foresight auch eine Inside-out-Perspektive ein. Die Outside-in-Perspektive wählt als Ausgangspunkt das Unternehmensumfeld und leitet Implikationen für das Unternehmen ab; die Inside-out-Perspektive wählt als Ausgangspunkt das Unternehmen und betrachtet anschließend das Unternehmensumfeld. Zudem räumt Corporate Foresight „weichen" Faktoren (Kommunikation, Zukunftsgestaltung etc.) eine höhere Priorität ein.[11]

Abgrenzung von Corporate Foresight zu anderen betriebswirtschaftlichen Konzepten

In der Praxis hat sich gezeigt, dass eine klare Abgrenzung zum Innovationsmanagement vielen Unternehmen schwerfällt. Eine trennscharfe Linie zu ziehen ist oft ein kompliziertes Unterfangen, da Corporate Foresight in vielen Fällen die Informationsgrundlage für Innovationen und somit auch für das Innovationsmanagement ist. Hingegen ist der Fokus von Corporate Foresight nicht auf Innovationen begrenzt, sondern verfolgt das Ziel, zukunftsrelevantes Wissen für unterschiedliche Unternehmensfunktionen und -bereiche zu generieren. Somit kann Corporate Foresight als vorgelagerte Stufe des Innovationsmanagements verstanden werden.

Corporate Foresight vs. Innovationsmanagement

---

[10] Vgl. Gruber/Venter (2006), S. 961.
[11] Vgl. Müller (2008), S. 30.

2 Zentrale Elemente von Corporate Foresight

2.1 Betrachtete Themenfelder

Relevante
Zukunftsfaktoren

Im Rahmen von Corporate Foresight beobachten Unternehmen ihr Umfeld und versuchen, aus diesen Beobachtungen diejenigen Faktoren zu identifizieren, die unternehmensrelevante Veränderungen herbeiführen können. Dies soll Unternehmen ermöglichen, frühzeitig zu reagieren und adäquate Maßnahmen zu ergreifen, um sich an die veränderten Umfeldbedingungen anzupassen.

Fünf
übergeordnete
Themenfelder

In der einschlägigen Literatur werden die für Corporate Foresight relevanten Zukunftsfaktoren im Wesentlichen fünf übergeordneten Themenfeldern zugeordnet.[12]

Das Themenfeld „**Technologie und Innovation**" beinhaltet alle Zukunftsfaktoren, die sich auf neue Technologien oder Innovationen beziehen. In dieses Themenfeld fallen z. B. Materialinnovationen, die immer noch zunehmende Bedeutung des Internets, medizinische Innovationen, Nanotechnologie, Automatisierung, Robotik und Logistikinnovationen.

Das Themenfeld „**Wirtschaft und Unternehmen**" beinhaltet alle Zukunftsfaktoren, die mit dem Unternehmen selbst und dem wirtschaftlichen Umfeld des Unternehmens zusammenhängen. Unter diesen Punkt fallen z. B. Themen wie Globalisierung, Wettbewerbssituation des Unternehmens, neue Managementtechniken, steigende Energiekosten, Entwicklung zu einem Käufermarkt, zunehmende Relevanz von Dienstleistungen und der prognostizierte Fachkräftemangel.

Das Themenfeld „**Individuum und Gesellschaft**" umfasst soziodemografische und soziokulturelle Zukunftsfaktoren. In dieses Feld fallen Faktoren wie demografischer Wandel, Individualisierung der Kundenbedürfnisse, neue Lebensstile sowie Wandel der Werte, das sich ändernde Medien- und Kommunikationsverhalten und die Veränderung der Arbeitswelt.

Das Themenfeld „**Umwelt**" enthält alle Zukunftsfaktoren, die durch die Veränderungen der Umwelt bedingt sind. Dazu zählen die Verknappung der Ressourcen, der Klimawandel, die zunehmende Wasserknappheit, Naturkatastrophen, neue Energienutzungskonzepte, aber auch die schrumpfende Biodiversität und die damit verbundenen Folgen.

Das Themenfeld „**Politik und Recht**" beinhaltet Zukunftsfaktoren, die auf Veränderungen der politischen Landschaft sowie neue Gesetze und Regulierungen zurückzuführen sind wie z. B. Urheber- und Patentrechte,

---

[12] Vgl. hierzu: Micic (2005), S. 35 f., sowie Müller/Müller-Stewens (2009), S. 26.

die sich verändernde Rolle der EU, globale Deregulierung und Liberalisierung sowie zunehmende internationale Kooperationen.[13]

Welche Themenfelder für ein Unternehmen im Rahmen von Corporate Foresight besonders relevant sind, hängt von seinem spezifischen Charakter ab. Um herauszufinden, auf welche Themenfelder die Foresight-Aktivitäten fokussiert werden sollen bzw. ob überhaupt ein spezieller Fokus eingenommen werden soll, bieten sog. „Zukunftsfragen" Hilfestellung.[14] Zukunftsfragen für relevante Betrachtungsfelder (z. B. Kunden, Markt und Wettbewerber, Technologie, Gesetze und Regularien etc.) können lauten:

Unternehmens-individuelle Auswahl von Themenfeldern

- Wie wird sich der Bedarf unserer Kunden verändern?
- Welche Mitbewerber werden aus anderen Märkten in unseren Markt eintreten?
- Welche neuen Technologien erlangen in unserem Geschäft starke Bedeutung?
- Was verändert sich Wesentliches in der Gesetzgebung und Rechtssprechung?[15]

Diese Fragen können Unternehmen zudem helfen, aus den verschiedenen Informationsquellen die geeigneten Quellen für das eigene Unternehmen zu wählen.

2.2 Der Prozess der Generierung von Zukunftswissen

2.2.1 Der Prozess im Überblick

In der Wissenschaft gibt es verschiedene Beschreibungen eines Corporate-Foresight-Prozesses. Allen gemeinsam ist, dass sie keinen verbindlichen, detaillierten Prozess skizzieren, sondern die Handlungsstufen oder -phasen, die formal verankert werden sollen, nur grob abgrenzen, um den Prozess unternehmensindividuell implementieren zu können.[16]

Horton, auf den sich ein großer Teil der Literatur stützt, teilt den Foresight-Prozess in drei übergeordnete Phasen:

1. In der ersten Phase werden die Informationen über das Unternehmensumfeld zusammengetragen, aufbereitet und einer ersten Analyse unterzogen.

---

[13] Für weitere Beispiele von Zukunftsfaktoren der einzelnen Themenfelder s. Micic (2005), S. 35 ff.
[14] Vgl. Micic (2005), S. 33 f.
[15] Vgl. Micic (2005), S. 34.
[16] Vgl. Müller/Müller-Stewens, Strategic Foresight, 2009, S. 21.

2. In der zweiten Phase folgt eine umfassendere, tiefergehende Analyse, die aus den Informationen Zukunftsprojektionen und -szenarien ableitet und diese im Hinblick auf den eigenen Unternehmenskontext reflektiert.

3. In der dritten Phase werden Schlussfolgerungen aus der detaillierten Analyse gezogen, die idealerweise in den strategischen Entscheidungsprozess einfließen, um die notwendigen Maßnahmen abzuleiten und diese schließlich umzusetzen.[17]

Der Foresight-Prozess nach Horton
Dieser generische Aufbau des Prozesses hat den Vorteil, dass er sich auf unterschiedliche Organisationsstrukturen anwenden lässt und so als Orientierung für verschiedene Unternehmensstrukturen dienen kann. Abbildung 1 zeigt den Foresight-Prozess nach *Horton*.

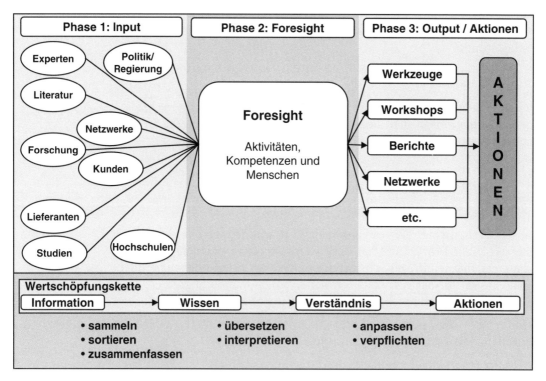

Abb. 1: Der generische Foresight-Prozess nach Horton[18]

Horton sieht in diesen drei Phasen unterschiedliche Stufen einer Wertschöpfungskette. Dabei hebt er hervor, dass mit dem Prozess nur dann ein Mehrwert für das Unternehmen geschaffen werden kann, wenn alle

---

[17] Vgl. Müller/Müller-Stewens, Strategic Foresight, 2009, S. 24 f.
[18] Vgl. Horton (1999), S. 6.

Phasen konsequent durchlaufen, d. h. schlussendlich die notwendigen Maßnahmen geplant und in die Praxis umgesetzt werden.[19]

Ein Unternehmen, das Corporate Foresight implementiert hat bzw. implementieren möchte, sollte zudem klären, ob dieser Prozess nur bei Bedarf oder permanent durchgeführt werden soll. Bei einer permanenten Verankerung von Corporate Foresight sind die Intervalle für die Durchführung des Prozesses festzulegen.

2.2.2   Informationsbeschaffung

Im Rahmen des Corporate-Foresight-Prozesses besteht der erste Schritt im Sammeln von Informationen über Umfeldentwicklungen, die für das Unternehmen von Bedeutung sein können. Die Informationen können von Mitarbeitern, von externen Kooperationspartnern, beauftragten Instituten oder externen Beratern etc. beschafft werden. Generell steht einem Unternehmen eine Vielzahl von Informationsquellen zur Verfügung. Eine Übersicht über einige dieser Quellen gibt Tab. 2.

Informationsquellen

Interne Quellen	Marktforscher	Verbände
Mitarbeiter (Außendienst, interne Beobachter/Experten); eigene Wissensspeicher (Intranet, Studien, Berichte, Kundendatenbanken etc.)	Umfragen; Themen-/Marktstudien; Beobachtungen; Panels; Branchen-/Produktreports	Vereine; Service-Clubs; Kammern; Branchenverbände; Interessenverbände
Persönliche Kontakte	**Zukunftsliteratur**	**Experten**
Geschäftspartner; Freunde; Bekannte	Trendbücher/-reports; Szenarienstudien; Delphi-Studien	Trend-/Zukunftsforscher; Unternehmensberater; Fachexperten/Wissenschaftler
Internet	**Forschungsinstitute**	**Marktpartner**
Suchdienste; Themen-Plattformen; Business-Services; Communities	Globale/nationale Institute; technische Institute; wirtschaftliche Institute; soziokulturelle Institute	Lieferanten; Vertriebspartner; Kooperationspartner; Wertschöpfungspartner

---

[19] Vgl. Horton (1999), S. 9.

Interne Quellen	Marktforscher	Verbände
Öffentliche Medien	Mitbewerber	Öffentliche Institutionen
Fachmedien; Radio/ TV/Tagespresse; Kultur/Szenezeitschriften; Periodika/ Info-/Newsletter; Pressezentren/ Journalisten	Kataloge; Geschäftsberichte; Broschüren; befreundete Mitarbeiter	Gebietskörperschaften; Ministerien; öffentliche Register; statistische Ämter; Nachrichtendienste
Informationsdienste	Kunden/Zielgruppe	Veranstaltungen
Branchendienste; Patentamt; Geschäftsverzeichnisse; Fachdatenbanken; Archive; Rating-Agenturen; Verlage; Nachrichtendienste; Finanzinstitute	Tiefeninterviews; bestehende Kanäle; Zielgruppenmedien; Testmärkte/Pilotstudien; Fokusgruppen; Open-Innovation-Ansätze; Kundenbefragung; Scouts; Feedbacksysteme	Seminare; Kongresse; Symposien; Messen; Ausstellungen; Tagungen; Expertenzirkel; Ideenbörsen; Foren

Tab. 2: Informationsquellen für Unternehmen[20]

Faktoren zur Auswahl der Informationsquellen

Ob ein Unternehmen ein breites oder eher selektives Spektrum an Quellen nutzt und ob es eher interne oder eher externe Quellen hinzuzieht, ist abhängig von verschiedenen Faktoren. Befindet sich ein Unternehmen z. B. in einem sehr dynamischen, sich verändernden Umfeld, so wird vermutlich eine größere Vielfalt an Informationsquellen in die Betrachtung miteinbezogen. Ein weiterer Faktor sind die Produkte oder Dienstleistungen, die das Unternehmen anbietet. Gibt es in einem Unternehmen eine Corporate-Foresight-Einheit, die personell gut ausgestattet ist, wird diese wahrscheinlich einen großen Teil der Informationen selbst beschaffen.

Für Unternehmen, in denen die personellen Ressourcen für Corporate Foresight knapp bemessen sind, bietet es sich an, externe Expertisen in die eigenen Foresight-Aktivitäten miteinzubinden oder kooperative Modelle mit anderen Unternehmen anzustreben.

---

[20] Leicht adaptiert übernommen aus: Müller/Müller-Stewens (2009), S. 29; Müller/ Müller-Stewens haben diese Übersicht erstellt, basierend auf Micic (2000), S. 148 f.

2.2.3 Informationsverarbeitung und –interpretation

In der zweiten Phase des Corporate-Foresight-Prozesses werden die erhobenen Informationen im Detail analysiert. Dafür steht eine Vielzahl verschiedener Methoden zur Auswahl. Diese reichen von eher Corporate-Foresight-unspezifischen Methoden wie Workshops und Diskussionsrunden bis hin zu spezifischen Methoden wie Szenariotechnik, Roadmapping, Umfeld-/Trendanalysen und Delphi-Befragungen. Diese Methoden können sowohl quantitativer, qualitativer als auch gemischter Natur sein. Eine Übersicht über die Corporate-Foresight-spezifischen Methoden bietet Tab. 3.

Klassifizierung von Corporate-Foresight-Methoden

Quantitative CF-Methoden	Qualitative CF-Methoden	CF-Methoden mit quantitativen und qualitativem Charakter
• Entscheidungs-analyse • Entscheidungs-modelle • Ökonometrie • Statistische Modellierungen • Dynamische Modellierungen • Zeitreihen-vorhersagen	• Delphi-Methode • Mindmapping • Genius-Forecasting • Morphologische Analyse • Partizipative Methoden • Relevanzbäume • Strukturanalyse • Technologieserien-analyse • Wild Cards	• Umfeld-/Trend-analyse • Wechselwirkungs-analyse • Simulationen • Szenarientechnik • Trend-Impact-Analyse

Tab. 3: Methoden der strategischen Trend- und Zukunftsforschung[21]

Im Herbst 2009 führte das Strascheg Institute for Innovation and Entrepreneurship (SIIE) der European Business School (EBS) in Kooperation mit dem VDMA und der Stiftung Impuls eine repräsentative Befragung zum Thema „Zukunftsmanagement als Erfolgsfaktor für die Investitionsgüterindustrie" durch.

Studienergebnisse zum Zufriedenheitsgrad mit Methoden

Im Rahmen dieser Umfrage wurden 290 deutsche Unternehmen der Investitionsgüterindustrie zum Zukunftsmanagement in ihren Unter-

---

[21] Adaptiert von der gleichnamigen Grafik von Müller/Müller-Stewens (2009), S. 27, aufbauend auf Gordon (1994).

nehmen befragt.[22] Diese Studie zeigt, dass Unternehmen, die Corporate-Foresight-spezifische Methoden wie Umfeld-/Trendanalyse, Simulationen, Roadmapping, Szenariotechnik und Delphi-Methoden anwenden, mit den Ergebnissen der Foresight-Prozesse am zufriedensten waren.

2.2.4 Informationsweitergabe und –nutzung

Allgemein können die generierten Ergebnisse aus dem Foresight-Prozess nach zwei verschiedenen Output- und Erkenntnisformen unterschieden werden: formale (materiell existente) und informale Output- und Erkenntnisformen (materiell nicht existent).[23]

Kommunikation und Nutzung formaler Output- und Erkenntnisformen

Bei formalen Output- und Erkenntnisformen handelt es sich z.B. um Berichte und Präsentationen. Das gewonnene Zukunftswissen wird für den Personenkreis oder die Abteilungen, die dieses Wissen benötigen, adäquat aufbereitet. Hierfür gibt es unterschiedliche Möglichkeiten. Das generierte Zukunftswissen kann z.B. in Form von Präsentationen, Reports, Besprechungen, Workshops, Arbeitsgruppen, Jour-fixe-Gesprächen, Analysen oder Publikationen im Intranet oder Internet kommuniziert werden. Dabei zeigen sowohl die EBS/VDMA-Studie als auch eine Studie von Z_punkt[24], dass Präsentationen, Besprechungen, Workshops und Reports die zentralen Kommunikationsmedien sind.

Nutzung des generierten Zukunftswissens

Schließlich stellt sich die Frage, welche Aktivitäten aus dem erhaltenen Wissen resultieren, denn nur daran bemisst sich der Mehrwert von Corporate Foresight für ein Unternehmen. Die Ergebnisse der EBS/VDMA-Studie zeigen, dass die gewonnenen Erkenntnisse insbesondere zur Technologieentwicklung und zur strategischen Planung eingesetzt werden. Aber auch zur Identifikation neuer Innovationsfelder, zur Bewertung bestehender Innovationsprojekte und zur Entwicklung neuer Geschäftsfelder werden sie herangezogen.

Kommunikation und Nutzung informaler Output- und Erkenntnisformen

Im Vergleich zu den formalen Output- und Erkenntnisformen handelt es sich bei den informalen Output- und Erkenntnisformen um mentale Veränderungsprozesse. Diese können auch die strategische Entscheidungsfindung beeinflussen, allerdings in indirekter Art und Weise. So können sie z.B. dazu führen, dass ein Unternehmen und seine Mitarbeiter ein sensibleres Bewusstsein für Veränderungen des Umfelds und mögliche Auswirkungen auf das Unternehmen entwickeln. Kommuniziert wird nicht explizit, sondern im Rahmen des Generierungs-

---

[22] Die Studie wird voraussichtlich im Juni der Öffentlichkeit vorgestellt. Nähere Informationen sind beim VDMA und beim Strascheg Institute for Innovation and Entrepreneurship (SIIE) an der European Business School (EBS) in Oestrich-Winkel. zu erhalten.

[23] Vgl. Müller/Müller-Stewens (2009), S. 34.

[24] Vgl. Burmeister/Neef/Bernhard/Glockner (2002), S. 106.

prozesses informell. Auch ist die Nutzung tendenziell eher indirekt und führt nicht zu einer konkreten Änderung der Strategie des Unternehmens, sondern wirkt auf die Kultur und Wertorientierungen eines Unternehmens.[25]

2.3 Die organisatorische Verankerung von Corporate Foresight im Unternehmen

Corporate Foresight kann in Unternehmen auf unterschiedliche Art organisatorisch verankert werden. Die Möglichkeiten sind dabei fast unbegrenzt, was einen Überblick über die verschiedenen Formen der organisatorischen Verankerung schwierig gestaltet. In der wissenschaftlichen Literatur haben sich zur Charakterisierung der organisatorischen Einbettung in das Unternehmen drei „Organisationstypen" etabliert.

Typen der organisatorischen Verankerung

In Unternehmen, die bisher kaum zukunftsgerichtete Aktivitäten verfolgen, findet die Beschäftigung mit zukunftsrelevanten Themen meist „implizit" im Rahmen anderer Unternehmensfunktionen z. B. im Bereich der F&E statt. In diesen Unternehmen dient Corporate Foresight zumeist dazu, Hintergrundinformationen für die Entscheidungsprozesse in diesen Bereichen zur Verfügung zu stellen. Da oft nur geringe Mengen an Informationen über die Zukunft nachgefragt werden oder der Bedarf noch nicht erkannt wurde, gibt es hier in den meisten Fällen keine Person, die sich ausschließlich mit zukunftsgerichteten Aktivitäten befasst. So nimmt der Verantwortliche diese Aufgaben meist nur als eine Aufgabe seines Tätigkeitsgebiets wahr.

„The Collecting Post"

Durch die begrenzten Ressourcen beschränkt sich Corporate Foresight in solchen Unternehmen zumeist auf die Suche und das Sammeln von Informationen über zukünftige Entwicklungen. Die gesammelten Informationen sind dabei meist solche, die leicht zugänglich sind. In Unternehmen, in denen Corporate Foresight in dieser Form gestaltet ist, ist meist nur wenigen Mitarbeitern bekannt, dass das Unternehmen Corporate-Foresight-Aktivitäten betreibt.[26]

Hier handelt es sich um eine eigene Foresight-Einheit mit Mitarbeitern, die sich ausschließlich mit zukunftsgerichteten Aktivitäten befassen und dafür ein festes Budget zur Verfügung haben. Eine so ausgestattete Foresight-Einheit hat meist klare Zielsetzungen und Weisungen. Um die Strategieentwicklung unterstützen zu können und einen langfristigen Fokus der Aktivitäten zu gewährleisten, wird nicht nur sekundäres, extern abrufbares Wissen über zukünftige Entwicklungen gesammelt,

„The Observatory"

---

[25] Vgl. Müller/Müller-Stewens (2009), S. 34 f.
[26] Vgl. Becker (2002), S. 12.

sondern durch eigene Analysen auch neues Zukunftswissen generiert. Die Mitarbeiter dieser Foresight-Einheit haben meist dennoch ein großes Netzwerk externer Experten. In vielen Unternehmen ist eine solche Foresight-Einheit der Abteilung für Unternehmensentwicklung unterstellt.[27]

„The Thinktank" Ein Thinktank stellt die am weitesten entwickelte Stufe von Corporate Foresight in Unternehmen dar. Ein Thinktank ist eine eigene organisatorische Foresight-Einheit, die mit Zukunftsmanagern und Experten aus den verschiedenen Bereichen ausgestattet ist. Diese Foresight-Einheit betrachtet nicht nur die Entwicklung des unmittelbaren Unternehmensumfelds, sondern auch generelle Entwicklungen und Trends, wie z. B. soziokulturelle Entwicklungen. Ziel ist es, ein ganzheitliches Bild der Zukunft zu schaffen. Die Experten verfügen meist über ein großes Netzwerk und gute Kontakte zu Forschungszentren und Instituten.

Eine solche Foresight-Einheit hat zumeist einen hohen Bekanntheitsgrad und ein hohes Ansehen im Unternehmen und wird bei vielen Fragestellungen konsultiert. Teilweise wird sie sogar auch für Externe tätig.[28]

3 Handlungsempfehlungen zur erfolgreichen Implementierung von Corporate Foresight in Unternehmen

Unternehmens-individuelle Ausgestaltung von Corporate Foresight

Wie bereits angedeutet, kann ein „Idealtypus" des Corporate Foresight nicht bestimmt werden. Vielmehr ist Corporate Foresight unternehmensindividuell auszugestalten. Unternehmen differenzieren sich über unterschiedliche Ressourcenausstattungen, sehen sich verschiedenen Herausforderungen gegenüber und haben unterschiedliche Informationsbedarfe. Dennoch weist die Wissenschaft unternehmensunabhängige Faktoren auf, die eine erfolgreiche Implementierung von Corporate Foresight unterstützen können.[29]

Klare Aufgaben- und Kompetenzen-zuweisung

Unternehmen, die sich explizit mit dem Thema Corporate Foresight befassen wollen, sollten sich bewusst sein, welche Rolle dieser Einheit zugesprochen wird. Eine klare Bestimmung der Aufgaben, Kompetenzen und Ziele für die Corporate-Foresight-Einheit erscheint erfolgsentscheidend. Zudem ist es wichtig, die Schnittstellen zu anderen Unternehmensbereichen klar zu regeln.

---

[27] Vgl. Becker (2002), S. 12.
[28] Vgl. Becker (2002), S. 13.
[29] Ergebnisse aus der bisher nicht veröffentlichten EBS/VDMA-Studie „Zukunftsmanagement als Erfolgsfaktor für die Investitionsgüterindustrie".

Haben Unternehmen das Aufgabenspektrum der Corporate-Foresight-Einheit festgelegt, folgt die Zuweisung entsprechender Ressourcen. Ohne finanzielle und personelle Ressourcen können definierte Ziele nicht verfolgt werden. Welche Ressourcen dieser Einheit zugeteilt werden, ist unternehmensindividuell zu bestimmen. Eine explizite Festlegung, insbesondere die Bestimmung eines zentralen Ansprechpartners für das Thema, sollte es in jedem Fall geben. Auch wenn Unternehmen Corporate Foresight dezentral über verschiedene Bereiche hinweg betreiben, sollte es einen Ansprechpartner als Anlaufstelle geben.

Definition der Ressourcenausstattung

Eine klare Aussage über den idealen Zeithorizont, den Unternehmen für ihr Corporate Foresight ansetzen sollten, kann es nicht geben. Zu viele Faktoren, wie z. B. der Produktentwicklungszeitraum, der Produktlebenszyklus oder die Dynamik des Marktes, in dem das Unternehmen tätig ist, nehmen darauf Einfluss. Generell sollte der Horizont aber über den üblichen strategischen Planungszeiträumen liegen, um Entwicklungen im Unternehmensumfeld frühzeitig zu erkennen.

Festlegung des passenden Foresight-Horizonts

Während die prozessualen und organisatorischen Ausgestaltungsvarianten viele erfolgreiche Konzepte zulassen, gibt es Erfolgsfaktoren, die den Anschein erwecken, unternehmensübergreifend gültig zu sein. Wie in vielen anderen Aufgabenbereichen eines Unternehmens ist auch im Corporate Foresight die Unterstützung des Topmanagements ein zentraler Erfolgsfaktor. Aufgabe von Corporate Foresight ist nicht ausschließlich das Generieren von zukünftigem Wissen über das Unternehmensumfeld, sondern auch, das Unternehmen selbst auf potenzielle Entwicklungen adäquat auszurichten. Dazu ist es notwendig, für Akzeptanz und Wertschätzung für zukunftsrelevantes Wissen und seine Gewinnung im Unternehmen zu sorgen.

Generierung von Wertschätzung im Unternehmen

Dies kann einerseits vom Management vorgelebt werden, andererseits aber auch durch die Einbeziehung der Mitarbeiter in die Foresight-Arbeit entstehen. Mitarbeiter können sowohl in den Informationsbeschaffungsprozess als Inputgeber als auch als Multiplikatoren bei der Kommunikation des Foresight-Wissens involviert werden. Neben der Rolle als Akteur im Foresight-Prozess kommt dem Mitarbeiter eine zweite Rolle zu: die des Promotors. Durch die Unterstützung des Topmanagements und das bewusste Einbeziehen aller Mitarbeiter kann eine Wertschätzung für zukunftsrelevantes Wissen im Unternehmen entstehen.

4 Auswirkungen auf das strategische Controlling

Corporate Foresight schafft Orientierungswissen für Unternehmen. Es ist kein Wissen, das Unternehmen eine absolute Planungssicherheit gibt. Vielmehr sensibilisiert das Foresight-Wissen Unternehmen für zukünftige Entwicklungen in ihrem mittelbaren und unmittelbaren Umfeld. Entscheidungen, die auf Basis dieses Wissens gefällt werden, berücksichtigen neben den gegenwärtigen auch zukünftige Einflussfaktoren.

Schnittstelle Corporate Foresight und strategisches Controlling

Im Zuge der Verknüpfung von Corporate Foresight mit dem strategischen Management entsteht eine Schnittstelle zwischen Corporate Foresight und dem strategischen Controlling. Das strategische Controlling, das sich vom operativen Controlling abgrenzt, indem es den Fokus auf qualitative Daten legt, unterstützt das strategische Management in den Phasen der strategischen Planung und Kontrolle.[30]

In der strategischen Planung kommt dem strategischen Controlling die Aufgabe zu, die Daten und Informationen für die Auswahl der strategischen Optionen aufzubereiten. Hingegen findet in der strategischen Kontrolle die Überprüfung statt, inwieweit die strategischen Ziele umgesetzt werden und inwiefern die den Entscheidungen zugrunde liegenden Prämissen nach wie vor gültig sind.

Zukunftswissen als Inputgeber im strategischen Controlling

Die Verknüpfung von Corporate Foresight als Lieferant von strategisch relevantem Orientierungswissen und dem strategischen Controlling erscheint nahe liegend. Einerseits steuert Corporate Foresight einen Teil der Informationsgrundlage zur strategischen Entscheidungsfindung bei. Diese Informationen werden vom strategischen Controlling für die Strategiefindung aufbereitet und weitergegeben. Andererseits weist das Corporate Foresight auf Veränderungen im Unternehmensumfeld hin wie z. B. auf disruptive Technologien oder Diskontinuitäten und fungiert somit als Impulsgeber für die strategische Kontrolle.[31]

Veränderungen im Unternehmensumfeld können sich maßgeblich auf die Prämissen implementierter strategischer Pläne auswirken und sollten daher frühzeitig erkannt werden. Hier kann Corporate Foresight als strategische Vorausschau maßgeblich unterstützen und zur erfolgreichen Durchsetzung strategischer Pläne beisteuern.

Im Kontext des strategischen Managements und somit auch des strategischen Controllings kommt Corporate Foresight eine unterstützende Rolle zu, indem „(…) es die Bildung, Erneuerung und Debattierung von Zukunftsannahmen (…)"[32] über Entwicklungen im Unternehmensumfeld unter Berücksichtigung von Wirkungszusammenhängen fördert und dadurch dem Unternehmen Chancen aufzeigt und auf potenzielle Gefahren hinweist.

---

[30] Vgl. Pracht/Bachert (2005), S. 21 ff.

[31] Vgl. zur Einbindung von Corporate Foresight in die strategische Entscheidungsfindung Müller-Stewens/Müller (2009), S. 248 ff.

[32] Müller-Stewens/Müller (2009), S. 249.

5 Fazit

Die Zukunft vorhersagen zu können ist nach wie vor ein Wunsch und wird es auch bleiben. Foresight im Allgemeinen oder Corporate Foresight im Speziellen vermag ebenfalls nicht, dieses Wunschdenken zu erfüllen. Doch ist dies weder Bestreben noch Ziel von Foresight-Maßnahmen. Es werden keine verbindlichen Aussagen über „die Zukunft" getroffen.

Möglichkeiten und Grenzen von Corporate Foresight

Unternehmen befassen sich mit einem breiten Spektrum an Informationsquellen und -feldern, sammeln diese Informationen und verarbeiten sie zu „Wissen". Dieses Wissen soll bei der Entscheidungsfindung in unterschiedlichsten Bereichen des Unternehmens unterstützend wirken. Es sensibilisiert Entscheidungsträger, über ihren „Tellerrand" hinauszuschauen und Einflussfaktoren, an die vorher nicht gedacht wurde, in ihre Entscheidungen einzubeziehen. Es bereitet Unternehmen auf mögliche Veränderungen in ihrem Unternehmensumfeld vor, indem es frühzeitig darauf aufmerksam macht, und kann Unternehmen dadurch einen zeitlichen Vorsprung gegenüber Wettbewerbern verschaffen.

Zukunftswissen stößt Veränderungsprozesse an

Zudem verfolgt Corporate Foresight das Ziel, eine Wertschätzung für zukunftsrelevantes Wissen im Unternehmen zu entwickeln. Die faszinierendsten Szenarien, die schönsten Zukunftsvisionen und -prognosen stiften keinen Nutzen, wenn im Unternehmen keine Wertschätzung für dieses Wissen vorhanden ist. Somit verfolgt Corporate Foresight zwei Ziele: einerseits ein Orientierungswissen für Entscheidungsträger zu liefern, andererseits eine Wertschätzung für dieses Wissen im gesamten Unternehmen zu schaffen. Meistern Unternehmen diese Doppelaufgabe, können sie sich Wettbewerbsvorteile verschaffen und das erfolgreiche Fortbestehen ihres Unternehmens sichern. Oder um es mit den Worten von *Hamel* und *Prahalad* auf den Punkt zu bringen: „In diesem Wettbewerb geht es darum, sich die Zukunft auszudenken."[33]

6 Literaturhinweise

Armstrong, The Ombudsman: Research on Forecasting: A Quarter-Century Review, 1960–1984, Interfaces, Jg. 16, H. 1/1986, S. 89–109.

Becker, Corporate Foresight in Europe, European Research Working Paper EUR20921, Brüssel 2002.

Burmeister/Neef/Bernhard/Glockner, Z_dossier 02 – Zukunftsforschung und Unternehmen – Praxis, Methoden, Perspektiven, Essen 2002.

---

[33] Hamel/Prahalad (1995), S. 84.

Burmeister/Neef/Beyers, Corporate Foresight – Unternehmen gestalten Zukunft, Hamburg 2004.

Cuhls, From Forecasting to Foresight Processes – New Participative Foresight Activities in Germany, Journal of Forecasting, Jg. 22, H. 2/3/2003, S. 93–111.

Fink/Siebe, Handbuch Zukunftsmanagement – Werkzeuge der strategischen Planung und Früherkennung, Frankfurt/M. 2006.

Gordon, Methods, frontiers and integration: UNDP/African Futures, 1994.

Hamel/Prahalad (1994), Competing for the Future, Boston 1994.

Hamel/Prahalad (1995), Wettlauf um die Zukunft – Wie Sie mit bahnbrechenden Strategien Kontrolle über Ihre Branche gewinnen und die Märkte von morgen schaffen, Wien 1995.

Horton, A Simple Guide To Successful Foresight, Foresight, 1. Jg., H. 1/1999, S. 5–9.

Micic (2000), Der Zukunftsmanager. Wie Sie Marktchancen vor Ihren Mitbewerbern erkennen und nutzen, Freiburg 2000.

Micic (2005), 30 Minuten für Zukunftsforschung und Zukunftsmanagement, Offenbach 2005.

Müller, Strategic Foresight – Prozesse strategischer Trend- und Zukunftsforschung in Unternehmen, Dissertation, 2008.

Müller/Müller-Stewens (2009): Strategic Foresight – Trend- und Zukunftsforschung in Unternehmen – Instrumente, Prozesse, Fallstudien, Stuttgart 2009.

Müller-Stewens/Müller, Strategic Foresight – Trend- und Zukunftsforschung als Strategieinstrument, in: Perspektiven des Strategischen Controllings, Reimer; Fiege, 2009, S. 239–257.

Pracht/Bachert, Strategisches Controlling: Controlling und Rechnungswesen in Sozialen Unternehmen, Weinheim und München 2005.

Reibnitz, von, Szenario-Technik – Instrumente für die unternehmerische und persönliche Erfolgsplanung, 2. Aufl., Wiesbaden 1992.

Reimer/Fiege (Hrsg.), Perspektiven des Strategischen Controllings: Festschrift für Professor Dr. Ulrich Krystek, Wiesbaden 2009.

Roberts, Benchmarking the Strategic Management of Technology – I, Research and Technology Management, Jg. 38, H. 1/1995, S. 44–56.

Steinmüller/Burmeister/Schulz-Montag, Methoden der Zukunftsforschung – Überblick und Praxis, Essen 2003.

Kapitel 3: Umsetzung & Praxis

Controlling der Strategieentwicklung – die Kunst der Zielsetzung und Planung nachhaltiger Wirtschaftlichkeit

- Strategie ist die Kunst, Ziele so zu setzen und durchzusetzen, dass für alle anderen die beste Option darin besteht, mit unserem Unternehmen zu kooperieren.

- Wir wollen lernen, Zielsetzung, Planung und Steuerung nachhaltiger Wirtschaftlichkeit messbar zu gestalten. Viele praktische Beispiele angemessener Kenngrößen zeigen, dass es geht.

- Die aus einer tragenden Idee entspringende Verbundenheit der Menschen in einem Unternehmen ermöglicht das konstruktive Umgehen mit den vielfältigen Konflikten, die sich aus der Dynamik strategischer Veränderungen ergeben.

- Ein neues Thema erscheint auf der Agenda: Management 2.0. Die Fähigkeit zu einer neuen Art der Kooperation ist in unserer heutigen Zeit zum entscheidenden Wettbewerbsfaktor geworden.

■ Die Autoren

Dr. Walter Schmidt ist Inhaber der Unternehmensberatung ask – Dr. Walter Schmidt in Berlin. Er ist Mitglied des Vorstands im Internationalen Controller Verein (ICV), Lehrbeauftragter an der Humboldt-Universität zu Berlin und Mitglied im Fachbeirat des Controlling-Beraters.

Dr. Herwig Friedag, Volkswirt, ist Inhaber der Friedag Consult in Berlin. Im ICV ist er seit mehr als 20 Jahren aktiv; er leitet den ICV-Ausschuss für Öffentlichkeitsarbeit. Außerdem ist Dr. Friedag Lehrbeauftragter an der Humboldt-Universität zu Berlin.

1 „Strategie" – ein ewig „neues" Thema für Controller

Strategie ist die Kunst, Ziele so zu setzen und durchzusetzen, dass für alle anderen die beste Option darin besteht, mit unserem Unternehmen zu kooperieren.

Der Satz ist leicht geschrieben und schwer gelebt. Er setzt innere Stärke, Bereitschaft zu Offenheit und Transparenz, ständigen Anpassungswillen an die Veränderungen der Umweltbedingungen und vor allem klare Vorstellungen über den Sinn der eigenen Tätigkeit voraus. Doch es lohnt sich, darüber nachzudenken, wie wir eine solche Position erreichen können. Solange alle anderen es als Vorteil ansehen, dass wir auf dem Markt agieren, haben wir unsere langfristigen (Über-)Lebensperspektiven selbst in der Hand. Das ist das oberste Streben jeder Strategie.

Unverzichtbar für andere werden

In der Praxis wird unternehmerische Strategie allerdings häufig auf „Cash" reduziert: Als Folge der Theorie der „wertorientierten Unternehmensführung" ist es üblich geworden, alle Aktivitäten eines Unternehmens auf den finanziellen Firmenwert auszurichten, also den ausschüttbaren Cashflow und den Verkaufswert der Geschäftsanteile. Alle anderen Interessen gelten nur soweit als zielführend, wie sie diese primäre Ausrichtung unterstützen. Bei börsennotierten Unternehmen kommt hinzu, dass die Geschäftsanteile im Durchschnitt weniger als ein Jahr gehalten werden.[1] Daraus ergibt sich eine Tendenz zu kurzfristigen Entscheidungen, die eher spekulative Aktionen mit unmittelbar ausweisbaren Erfolgschancen fördern als nachhaltige Wirtschaftlichkeit. Man mag darauf verweisen, dass in der Theorie Wertorientierung immer auch mit der nachhaltigen Entwicklung von Werttreibern verbunden wird.

Strategie und „Steigerung des finanziellen Firmenwertes" sind nicht dasselbe

Leider ist die Praxis in dieser Beziehung der Theorie nicht gefolgt – sie wird vom börsengeprägten Kapitalmarkt dominiert, der den von seinen Protagonisten beherrschten Unternehmen den Charakter spekulativer Finanzanlagen verleiht.

„Wertorientierung" fördert in der Praxis spekulatives Verhalten

In einem solchen Kontext hat Wertorientierung einen vorwiegend kurzfristigen Charakter und steht dem Ziel nachhaltigen Wirtschaftens kontraproduktiv gegenüber. Das hat maßgeblich zu einer Entwicklung beigetragen, die das internationale Finanz- und Wirtschaftssystem gegenwärtig so schwer erschüttert. *Fredmund Malik* sprach deshalb bereits im Jahre 2005 von der Shareholder-Value-Doktrin als der „schädlichste(n) und gefährlichste(n) Entwicklung der letzten zehn bis fünfzehn Jahre, und zwar in jeder Dimension: für das Unternehmen selbst, für seine Gesellschafter und für die Wirtschaft als Ganzes".[2]

Shareholder-Value-Doktrin ist schädlich und gefährlich

---

[1] Vgl. Porter/Lorsch (2005), S. 118.
[2] Malik (2005), S. 15 f.

Das entspricht auch der Überzeugung von *Peter Drucker*, der die Auffassung vertrat, „dass es so etwas wie Gewinn überhaupt nicht gibt, sondern nur Kosten; Kosten des *laufenden Geschäfts* und Kosten, um *im Geschäft zu bleiben.*" Er hat daher logisch konsequent auch betont, dass „the proper question for any management is not „What is the *maximum* profit this business can yield?" It is 'What is the *minimum* profitability needed to cover the future risk of this business?'"[3]

Gewinn ist kein strategisches Ziel. Es geht um die Fähigkeit des Unternehmens, den Herausforderungen der Zukunft gerecht zu werden

Demnach müssen die strategische Zielfindung, Planung und Steuerung auf die Fähigkeit jedes Unternehmens ausgerichtet werden, den Herausforderungen der Zukunft gerecht zu werden. Dazu braucht jeder Betrieb adäquate Mittel. Sie zu erwirtschaften, darin besteht sein operativer Erfolg. Diese Forderung ist vor mehr als 60 Jahren auch von *Eugen Schmalenbach* entwickelt worden: „… für unsere Betrachtung (ist) Erfolg … etwas anderes als Einkommen. Das Einkommen ist etwas auf eine Person oder einen Personenkreis Bezogenes. Der Erfolg dagegen ist Betriebserfolg"[4]; aus dieser Sicht **widerspiegeln die Kosten das Einkommen, das andere aus dem Betrieb des Unternehmens ziehen; während der Gewinn dem Betrieb für Existenzsicherung und innovative Weiterentwicklung verbleibt.**[5]

2 Worum es geht

Wer Controlling der Strategie betreiben will, muss also lernen, Wettbewerbsfähigkeit nachhaltig zu gestalten und zu <u>messen</u>.

Wenn nun zum einen der Gewinn kein geeigneter Maßstab ist und zum anderen jedes Unternehmen seinen eigenen, einzigartigen Weg zum Erfolg suchen und finden muss, dann benötigt jedes Unternehmen auch sein adäquates Controlling der Strategie. Dennoch muss nicht jeder das Rad neu erfinden. Es gibt viele Grundsätze, Regeln und Erfahrungen, die Führungskräfte wie Controller nutzen und an denen sie sich ausrichten können.

2.1 Aussagefähige Kennzahlen zur Früherkennung nutzen

Es beginnt mit aussagekräftigen Indikatoren bezüglich der Wettbewerbsfähigkeit. Dazu könnten bspw. folgende Kenngrößen gehören:

* Anzahl neuer Ideen in der Pipeline (gegliedert nach Status der Bearbeitung);

---

[3] Drucker (1982), S. 52.
[4] Schmalenbach (1948), S. 20.
[5] Friedag/Schmidt bezeichnen diesen Betriebserfolg als Innovationsbeitrag; vgl. Friedag/Schmidt (2009), S. 122 ff.

- Anteil Mitarbeiter mit regelmäßigem, direkten Kundenkontakt;
- Fehlerkosten;
- Alleinstellungsmerkmale gegenüber dem Wettbewerb (Basis: strategische Potenzialanalyse der Produkte und Leistungen);
- Anzahl Abhängigkeiten;
- Anteil der Aufwendungen für Marktbeobachtung;
- Anteil Weiterbildungsstunden an den Gesamtstunden;
- Erfüllungsgrad der Kompetenz- bzw. Anforderungsprofile;
- Entwicklung des Anteils der Strukturkosten an den Gesamtkosten;
- Zeit für die Überwindung unternehmensinterner Widerstände;
- Anteil der Stammbelegschaft an der Gesamtbelegschaft;
- Outsourcing-Grad wesentlicher Entwicklungsleistungen und Zulieferungen;
- Rate der nicht betriebsnotwendigen Finanzanlagen;
- Anteil derivativer Wertpapiere im Umlaufvermögen;
- Verschuldungsgrad;
- Anteil des Goodwills oder anderer „vorgezogener" Gewinne am Eigenkapital aufgrund von Fair-Value-Buchungen.

Das sind alles Kenngrößen, die erfolgreich in der Praxis angewandt werden. Ungünstige Entwicklungen dieser Daten signalisieren entstehende Ungleichgewichte zwischen Erfolgspotenzialen und den oft zur gleichen Zeit noch zufrieden stellenden Entwicklungen operativer Erfolgsgrößen wie Gewinn oder Liquidität. Unternehmen, die solche oder ähnliche Indikatoren nutzen, haben die Chance, nahende Krisen früher zu erkennen und sich besser darauf vorzubereiten als Wettbewerber, die derartige Signale nicht messen.

Mit diesen Kenngrößen Krisen früh erkennen

Welche spezifischen Kenngrößen für ein Unternehmen relevant sind, hängt von der strategischen Zielstellung ab. Deshalb sollte jeder Controller bestrebt sein, die Strategie seines Unternehmens zu kennen und zu verstehen. Moderne Unternehmen beziehen ihre Mitarbeiter auf allen Ebenen ohnehin in die Erarbeitung und Umsetzung der Strategie ein. Controller dürfen aber darauf nicht warten. Sie müssen sich aktiv darum bemühen, wenn sie lernen wollen, die Wettbewerbsfähigkeit ihres Unternehmens zu messen.

2.2 Die Gegenwart aus der Zukunft gestalten

Ein zweiter Punkt ist die Orientierung der Gegenwart an der Zukunft. Allzu oft werden die Aktivitäten eines Unternehmens aus der Vergangenheit abgeleitet. Wir haben eine Vorschau (Forecast) über das „Voraussichtliche Ist" und erarbeiten auf dieser Grundlage ein Budget. Dieser Prozess läuft weitgehend getrennt ab von strategischen Klausuren,

„Historisch abgeleitetes Budget" bremst Zukunftsorientierung

in denen über die Herausforderungen der Zukunft und angemessene Antworten gesprochen wird. Nicht selten sind die jeweils Verantwortlichen in unterschiedlichen Vorstandsbereichen angesiedelt. Das führt zu der Praxis, dass das budgetbasierte Handeln auf Vergangenheitsdaten beruht und die Zukunftsorientierung sich in einigen zusätzlichen Programmen und Maßnahmen niederschlägt. An das Budget wird zumeist die Leistungsbewertung der Menschen gekoppelt. Dadurch ist es maßgeblich für ihr Handeln. Die strategischen Programme erscheinen so als zwar durchzuführendes, aber dennoch störendes Beiwerk. Dass eine derartige Praxis besonders in stürmischen Zeiten die Wettbewerbsfähigkeit einschränkt, liegt auf der Hand.

	Vor dem Planungs-Prozess		mittelfristige Planung		Umsetzung		
	Ideen-Phase	strategische Maßnahmen	Rahmen-Plan	Business-Plan	Budget	Realisierung	
	Beobachten	Testen	Gestalten	Agieren	Reagieren	Akzeptieren	Plan/Ist-Vergleich; Plan/Markt-Vergleich; Zielerreichungs-Prognose
strategisch (Potenziale entwickeln)	Trend-Scouts / Nutzen-Innovation	Zweck-Bestimmung / Geschäfts-Modell / Strategisches Haus	Portfolio-Potenziale / Produkt-Potenziale	Personal-/Produkt-Entwicklung	Maßnahmen-Verfolgung		
operativ (Potenziale nutzen)	SWOT / Markt-Forschung	Unternehmens-politische Orientierung / Umsatz-Potenzial-Struktur	Zielkosten / Margen-Potenzial	Korridore durch Eckdaten (WEG)	Berichts-Scorecard / Integriertes Planungs- und Risiko-Management-System		
dispositiv (Kapazitäts-Management / Engpässe)	Bevölkerungs-Entwicklung / Klima-Entwicklung	Grenzen der Beeinflussbarkeit	Entwicklungs-Kapazitäten / Finanzierungs-Kapazitäten	Leistungs-Kapazitäten			

Abb. 1: Beispielhaftes Portfolio an Controlling-Instrumenten[6]

---

[6] Den Rahmen für die Einordnung der dabei zu nutzenden Instrumente spannt eine Matrix auf, die zum einen alle Phasen der Entwicklung und zum anderen sowohl das strategische als auch das operative wie das dispositive Geschäft umfasst. Die dargestellten Instrumente sind nur beispielhaft und werden für jedes Unternehmen spezifisch zu wählen sein.

Wer das ändern will, muss kein grundsätzliches Neuland betreten. Die dazu hilfreichen Methoden sind bekannt:

- Ableitung des Budgets aus einer systematisch betriebenen mittelfristigen Planung;
- Einbettung der mittelfristigen Planung und des Budgets in ein Portfolio aufeinander abgestimmter Controlling-Instrumente (s. Abb. 1);
- Entkopplung von Leistungsbewertung und Budget.[7]

Beispiel: Entkopplung von Leistungsbewertung und Budget
Die über einen mittelfristigen Zeitraum <u>geplante</u> Mehrleistung (Betriebsergebnis gem. *Schmalenbach*) der einzelnen Teams/Unternehmensbereiche wird in einen Ausschüttungsfonds eingestellt; die Ausschüttung dieses Fonds erfolgt auf Basis der <u>realen</u> anteiligen Monatsleistung im jeweiligen Folgemonat; eine Untererfüllung der geplanten Mehrleistung geht als aufholbarer Malus in den Pool ein; eine Übererfüllung wird nicht belohnt, kann aber kumulativ einen Malus ausgleichen – das führt zu einer ambitionierten, aber realisierbaren Orientierung der Gegenwart auf die Zukunft.

Beispielrechnung Unternehmensbereich mit 50 MA				
T€	**2008**	**2009**	**2010**	**2011**
Betriebsergebnis	5.000	5.500	5.900	6.500
geplante Mehrleistung		500	400	600
Ausschüttungsbasis		30%	30%	30%
Ausschüttungs-Fonds		150	120	180
3-Jahres-Basis	450			
anteilige Ausschüttung 2009	**Jan 09**	**Feb 09**	**Mrz 09**	**Apr 09**
geplante Mehrleistung	42,0	40,0	43,0	42,0
erreichtes IST	40,0	42,0	44,0	41,0
kumulierter Bonus / Malus	-2,0	0,0	1,0	0,0
Ausschüttung (im Folgemonat)	0,0	0,0	12,0	12,9

Abb. 2: Beispielrechnung

Im Beispiel ergibt sich ein Ausschüttungspotenzial pro Mitarbeiter von jährlich 3 TEUR (450 TEUR / 50 MA / 3a = 3 TEUR/a).

---

[7] Vgl. Gleich et al. (2009), S. 84.

2.3   In Konstellationen denken

Der dritte Punkt betrifft das Denken in Konstellationen. Wir sind es von der Schulzeit her gewöhnt, in linearen Ursache-Wirkungs-Ketten zu denken. Das behindert uns dabei, strategische Chancen zu entdecken, weil wir die Netzwerke aus wechselseitigen Beziehungen unterschätzen, in die wir eingebunden sind (s. Abb. 3).

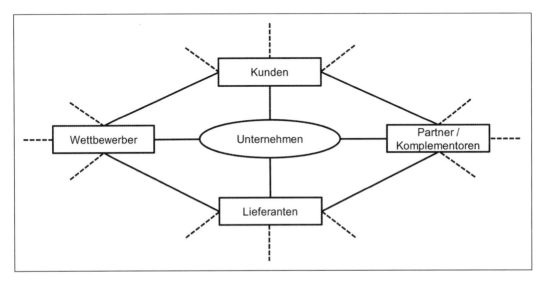

Abb. 3:   Wertenetz der Beziehungen

Einfluss im Netzwerk beachten und steuern

Die Position jedes einzelnen Beteiligten, seine Macht, sein Einfluss hängen von dem Mehrwert ab, den die anderen im Netz von ihm haben. Deshalb ist es wichtig für den Controller, Art und Umfang der Vorteile zu kennen, den die in das Wertenetz eingebundenen Menschen haben.

Beispiel: Position im Wertenetz

Unser Unternehmen nutzt für einen wesentlichen Rohstoff nur einen Zulieferer, den wir nicht kurzfristig wechseln können. Dann hat dieser Zulieferer für uns einen hohen Mehrwert – er erhält auf diese Weise uns gegenüber eine Machtposition. Die muss er nicht notwendigerweise gegen uns nutzen. Vielleicht sind wir ja auch sein mit Abstand größter Abnehmer; dann haben wir für ihn u. U. denselben Mehrwert wie er für uns. In diesem Fall gleichen sich die Machtpositionen aus. Anderenfalls befinden wir uns in einer latenten Abhängigkeit, aus der unvermittelt strategische Probleme erwachsen können. Zumindest die Möglichkeit ist bereits da; und wir sind gut beraten, sie klein zu halten bzw. – sofern wir dazu in der Lage sind – diese Abhängigkeit durch Erweiterung unserer Lieferantenbeziehungen zu mindern, damit aus der

Möglichkeit nicht bittere Realität erwächst. Dasselbe gilt für alle anderen Positionen im Wertenetz.

Die gewichtete Anzahl offener und vor allem latenter Abhängigkeiten ist eine Kenngröße, mit der diese Frage für alle Führungskräfte auf den Tisch gelegt wird. Erst dann können sie angemessen reagieren. Wer darauf verzichtet, läuft Gefahr, von „unvorhersehbaren Ereignissen" überrascht zu werden.

2.4 Günstige von weniger günstigen Konstellationen unterscheiden

Der vierte Punkt berührt die Fähigkeit, günstige von weniger günstigen Konstellationen unterscheiden zu können. Welche Konstellation für uns von Vorteil sein kann, hängt allerdings von den Zielen ab, die wir verfolgen. Wer z. B. über eine stark befahrene Straße geht, sollte auf den Verkehr achten. Dabei ist es essenziell, ob wir gesund die andere Seite erreichen wollen oder ob unser Ziel darin besteht, zu Tode zu kommen. Im ersten Fall werden wir darauf achten, nicht unter die Räder zu kommen, im zweiten Fall werden wir genau das erreichen wollen.

Die gewichtete Anzahl offener und latenter Abhängigkeiten ist also durch die Anzahl anzustrebender Partnerschaften zu ergänzen, wobei die Art der Partnerschaften sich unmittelbar aus der Strategie ergibt.

Beispiel: Gestaltung günstiger Konstellationen

Ein technisches Dienstleistungsunternehmen hat seine Strategie auf ein engeres Zusammenwirken mit seinen Kunden ausgerichtet. Dabei will es sich vor allem auf jene Kunden fokussieren, mit denen es eine innovative Spitzenposition erreichen konnte. Darin sieht es die Chance, eine stabile Alleinstellung auf dem Markt zu erreichen mit einem daraus zu erwartenden Sog auf weitere Kunden. Aufgrund spezifischer Verflechtungen will es auch ausgewählte Lieferanten einbeziehen. Um diese Konstellation messbar darzustellen, hat es als Kenngröße das „Umsatzpotenzial aus innovativen Projekten unter Beteiligung ausgewählter Kunden und Lieferanten" gewählt.

2.5 Die betroffenen Menschen einbinden

Wenn wir wissen, was wir wollen, ist dieser Punkt entscheidend für den Erfolg. Der Controller muss die Menschen anregen können, über ihren eigenen Beitrag zum Erfolg des Unternehmens nachzudenken und sich durch konkretes, messbares Handeln zu engagieren. In diesem Sinne heißt es in den Qualitätsstandards für Controlling:

„Der Controller setzt die betriebswirtschaftlichen Kennzahlen, Instrumente und Methoden so ein, dass die Manager ihre eigene Verantwortung für den nachhaltigen wirtschaftlichen Erfolg des Unternehmens erkennen können und bereit sind, sich an ihrem Beitrag messen zu lassen".[8]

Um diesem Punkt gerecht zu werden, müssen die gewählten Kenngrößen stimmig (kohärent) sein (s. Abb. 4).

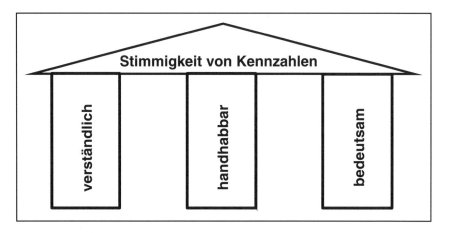

Abb. 4: Stimmigkeit von Kennzahlen

Stimmigkeit ergibt sich für die Beteiligten immer dann, wenn die drei folgenden Anforderungen erfüllt werden:

- Ist dem Betroffenen verständlich, was er mit der Kennzahl anfangen, welche Frage er mithilfe der Kennzahl beantworten soll? Ergibt die Frage für ihn einen Sinn?
- Ist die Kennzahl für den Betroffenen handhabbar, weil für ihn die Frage maßgeblich, der Aufwand für die Antwort angemessen und das Ergebnis beeinflussbar erscheinen?
- Ist die Kennzahl bedeutsam, weil die Antwort zu einer für den Betroffenen notwendigen oder erforderlichen Entscheidung führt? Empfindet er daher die Kennzahl als hilfreich für sich und für andere?[9]

---

[8] DIN SPEC 1086 „Qualitätsstandards im Controlling" (2009), S. 9.
[9] Vgl. Friedag/Schmidt (2009), S. 163.

2.6 Fazit: Worum es beim Controlling der Strategie geht

Jetzt wissen wir, worum es beim Controlling der Strategie geht:

1. Wir wollen jene Erfolgspotenziale herausarbeiten und messbar darstellen, über die wir verfügen müssen, um uns nachhaltig am Markt zu positionieren.

2. Wir wollen die Gegenwart aus der Zukunft gestalten und dazu ein angemessenes Portfolio an Controlling-Instrumenten nutzen. Mit diesem Portfolio wollen wir die Entwicklung unserer Wettbewerbsfähigkeit beobachten, testen und formen, daraus ableiten, wie wir agieren und reagieren wollen und schließlich die Ergebnisse in solcher Weise akzeptieren, dass wir die in ihnen verborgenen Verbesserungspotenziale analysieren und heben können.

3. Wir wollen sichtbar werden lassen, in welche Konstellationen wir eingebunden sind, welche Vorteile und Abhängigkeiten uns daraus erwachsen.

4. Wir wollen günstige von weniger günstigen Konstellationen unterscheiden können und dazu unsere Ziele so klar und konkret formulieren, dass entsprechende Kennzahlen eine transparente Auswahl ermöglichen.

5. Wir wollen die betroffenen Menschen einbeziehen und mitnehmen auf dem Weg zu einer Position, bei der die beste Option für alle anderen darin besteht, mit uns zu kooperieren.

Das ist schon eine ganze Menge, reicht jedoch noch nicht aus für ein erfolgreiches Controlling der Strategie.

3 Verbundenheit schaffen

Wer die vielfältigen Möglichkeiten der Zukunft strukturieren und dabei die in unterschiedliche Konstellationen eingebundenen Menschen mitnehmen will, muss Konflikte aushalten können. Eine strategisch anzustrebende kooperative Position bedeutet ja nicht die (fried-höfliche) Ruhe vollkommener Harmonie. Im Gegenteil: Sie erfordert einen immer wieder erneuerten dynamischen Entwicklungsprozess, der Entscheidungen voraussetzt, die gar nicht anders als im Konflikt getroffen werden können.

Strategie schließt das Umgehen mit Konflikten ein

Es geht um Ausrichtung auf gemeinsame Ziele. Aber das Wort „Ausrichtung" schließt zugleich das „Aus-Richten" ein. Denn die meisten Menschen haben ja bereits eine Richtung, aus der sie herausgehen müssen, wenn sie sich einem gemeinsamen Ziel anschließen.

Es geht um das Einbinden betroffener Menschen. Auch hier schließt das Wort eine zweite Bedeutung ein – sich auf die „eine Bindung" einlassen. Menschen leben jedoch immer zugleich in mehreren Konstellationen (Familie, Freunde, Arbeit, Freizeit etc.).

Und es geht schließlich um Freiräume für neue Entwicklungen. Doch wie groß darf der „freie Raum" sein, damit wir uns nicht verlieren?

An jeder Ecke dieses „Dreiklangs" warten also mannigfaltige Konflikte, die es so zu gestalten und zu entscheiden gilt, dass die Verbundenheit aller Beteiligten stark genug ist und bleibt, die Konflikte konstruktiv auszutragen (s. Abb. 5):

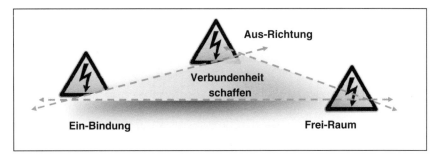

Abb. 5:   Die Dynamik konfliktgeladener Wechselwirkung

3.1   „Tragende Idee" als Basis

Erfolgreiche Unternehmen beruhen daher zumeist auf einer „tragenden Idee", z. B.

- Vorsprung durch Technik bei Audi,
- modulare Systemlogistik bei Würth,
- Duschvergnügen als tägliches Fest der Sinne bei Hansgrohe oder
- Fliegen zum Taxi-Preis bei Southwest Airlines.

Es gibt viele derartige Ideen. Wenn sie mit ambitionierten Zielen, lebendiger Kundennähe und einer stringenten Führung verbunden werden, können sie die Grundlage bilden für langjährige Ertragsfähigkeit und Entwicklung eines Unternehmens (s. Abb. 6).[10]

---

[10] Vgl. Simon (2007), S. 406 f.

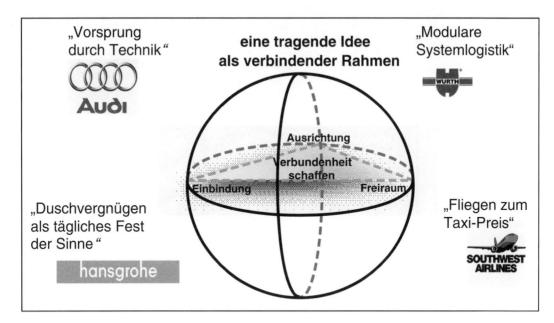

Abb. 6: Verbundenheit schaffen durch eine tragende Idee

3.2 Auf Marktveränderungen reagieren

Doch so gut und einzigartig sie auch sein mögen: Jede Idee trägt nur für eine bestimmte Zeit. Veränderungen des Verhaltens der Kunden, der geschäftsspezifischen Handelsbedingungen, des Agierens der Wettbewerber, der gesellschaftlichen Wertvorstellungen oder anderer Umfeld-Bedingungen können Erosionen auslösen. Wenn dann Umsatz und Gewinn zurückgehen, ist das Kind meist schon in den Brunnen gefallen. Die Chance zum selbstbestimmten Wandel ist gering geworden oder gar vertan, die Gefahr des Scheiterns groß. Wenn das Unternehmen über genügend Kraft verfügt, kann es noch einen Veränderungsprozess durchsetzen – aber der ist eher den äußeren Umständen als innerem Antrieb geschuldet und führt die Menschen durch ein „Tal des Leidens" aus Personalabbau, aktionistischem Leistungsdruck und einem dadurch vergifteten Arbeitsklima.

Keine Idee trägt auf Dauer

Paul Kordis und *Dudley Lynch* haben diese Dynamik in einem Wellen-Modell dargestellt (s. Abb. 7).

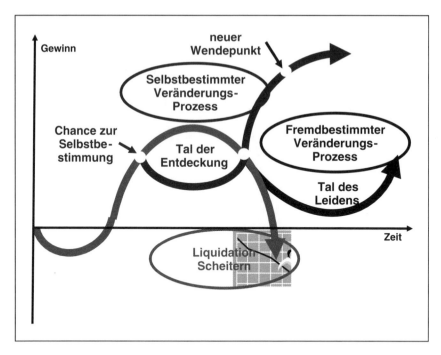

Abb. 7: Das Wellen-Modell (nach *Kordis/Lynch* (1998))

3.2.1 Kennzahlen für sinkende Wettbewerbsfähigkeit

Chance
zur Selbst-
bestimmung nicht
verpassen

Um dem „Tal des Leidens" oder gar einem Scheitern vorbeugen und rechtzeitig entgegenwirken zu können, haben eine Reihe von Unternehmen Kenngrößen entwickelt, die entstehende Probleme bereits frühzeitig anzeigen. Einige Beispiele sollen hier genannt werden:

- **Kundenanteil**
  Wenn Kunden beginnen, ihren Bedarf stärker bei Wettbewerbern zu decken, sinkt der Kundenanteil des eigenen Unternehmens. Rückgänge im Kundenanteil werden oft überdeckt von weiter anhaltendem Umsatzwachstum, sofern eine steigende Anzahl an Kunden diesen Effekt kompensiert. Wer da nicht hinsieht, verpasst die Chance frühzeitiger Achtsamkeit.

- **Relation zwischen Umsatzpotenzial und Umsatz**
  Die parallele Beobachtung der Entwicklung von Umsatzpotenzial und Umsatz schärft den Blick für die Chancen des Unternehmens. Wenn das Umsatzpotenzial deutlich schneller steigt als der Umsatz, entstehen Räume, die von Wettbewerbern gefüllt werden können. Wenn demgegenüber das Umsatzpotenzial nicht mehr steigt oder deutlich

langsamer als der Umsatz, deutet sich der Wendepunkt in der Lebenskurve der tragenden Idee des Unternehmens an.

- **Gewichtete Kundenfluktuation**
  Viele Unternehmen differenzieren nach der Kundengüte: Welche Position besteht gegenüber dem Kunden? Ist das eigene Unternehmen ein strategischer Partner des Kunden, ein bevorzugter Lieferant (Preferred Deliverer)? Wenn die Verweildauer strategischer Partner sinkt, ist Gefahr im Verzug.

- **Gewichtete Lieferantenfluktuation**
  Hier gilt es, wie bei den Kunden, das strategische Profil im Auge zu behalten. Welchen Status hat das Unternehmen bei seinen Lieferanten? Ist es der bevorzugte Kunde (Preferred Customer), der auch dann noch beliefert wird, wenn es eng wird?

- **Reputation**
  Die Unternehmensreputation gibt den Ausschlag dafür, wie werthaltig ein Leistungsangebot ist. Sie beeinflusst zugleich die Wert-Schätzung der Menschen auf dem Arbeits- und Bildungs-Markt, dem Einkaufs-Markt sowie den Märkten für Finanz-Dienstleistungen und Fördermittel. Deshalb ist sie so ausschlaggebend für die Fähigkeit des Unternehmens, sich innerhalb des Kosten-Korridors zu bewegen, der die für nachhaltige Wirtschaftlichkeit erforderliche Rentabilität gewährleistet. Die Achtsamkeit für Indikatoren der Reputation (z. B. spontane Anfragen, Warteliste von Kunden, Blindbewerbungen, Kooperationsangebote, Medien-Nachfrage und -Resonanz) führt somit ebenfalls zu sehr frühen Signalen für die Tragfähigkeit der innovativen Idee.

- **Marktanteilsabstand zum besten Wettbewerber**
  Der Marktanteil ist eine anerkannte strategische Kenngröße. Es ist jedoch genauso wichtig, den Abstand zum besten Wettbewerber zu beobachten. Der beste Wettbewerber ist meist in der Lage, die Regeln oder zumindest einen Teil davon zu bestimmen. Andererseits sind die Kunden bei zu starken Ungleichgewichten bestrebt, Alternativen zur Verfügung zu haben, um nicht von nur einem Anbieter abhängig zu sein. Verschiebungen in den Positionen deuten mögliche Spannungen an, weit bevor sie offen zum Ausbruch kommen.

- **Relation zwischen Beschäftigungswachstum und Produktivitätswachstum**
  Produktivitätswachstum ist ein strategisches „Muss", um im Wettbewerb zu überleben. Allerdings setzen Verbesserungen der Produktivität Kapazitäten frei, die – sofern sie nicht genutzt werden – einerseits Tendenzen zur Verschwendung und andererseits Unsicherheit über den Bestand der Arbeitsplätze begünstigen. Erfolgreiche Unternehmen

steuern ihr Produktivitätswachstum daher nie unabhängig vom Beschäftigungswachstum.

Diese sieben Beispiele sollen verdeutlichen, dass es genügend Möglichkeiten gibt, Signale für eine abnehmende Tragfähigkeit innovativer Ideen rechtzeitig aufzunehmen. Dann besteht zumindest die Chance, selbstbestimmt zu agieren. Wer jedoch den Zeitpunkt verpasst, für den kann es schnell eng werden.

3.2.2 Maßnahmen zur Gegensteuerung

Aus diesen Entwicklungswellen ergeben sich differenzierte Anforderungen an die Führungstätigkeit.

Phase	Inhalt der zu lösenden Aufgabe	Anforderung an die Führung
1. Initialphase: von der Idee zum Potenzial	Entwickeln einer neuen Idee sowie Erarbeiten adäquater Möglichkeiten und Fähigkeiten, um die Idee realisieren zu können	Begeisterungskompetenz
2. Realisierungsphase: vom Potenzial zur ersten Anwendung	Herbeiführen einer auslösenden Situation (Prototyp, Großversuch, Produktionsstarts etc.) sowie Fördern von Bedingungen und Fähigkeiten zur Annahme der Idee (bzgl. Mitarbeitern, Geschäftspartnern, Öffentlichkeit etc.)	Umsetzungskompetenz
3. Stabilisierungsphase: von der ersten Anwendung zur reproduzierbaren Leistung	Entwickeln von Fähigkeiten zur verlässlichen Reproduktion der Leistungen sowie zum Einhalten der Versprechungen an die Stakeholder	Konsolidierungskompetenz
4. Nachhaltigkeitsphase: von der Konsolidierung zur Anpassungsfähigkeit	Identifizieren von Änderungserfordernissen und Entwickeln adaptiver Fähigkeiten und Ressourcen	Veränderungskompetenz

Tab. 1: Anforderungen an Führungstätigkeit

Der Controller sollte diese unterschiedlichen Phasen durch differenzierte Kenngrößen begleiten. Einige Beispiele:

- Initialphase:
  - Anzahl gemeinsamer Entwicklungsteams – sofern mehrere Bereiche oder Stakeholder einbezogen werden sollen;
  - Volumen eingesetzter Ressourcen – Zeit, Menschen, Güter, Finanzen
  - Vorliegen eines Letter of Intend oder eines Lastenhefts,
  - Einbindung in die mittelfristige Planung – oft zunächst als Meilenstein-Planung mit konkret terminierten Zielen
- Realisierungsphase
  - Budget für den Prototyp oder einen Großversuch,
  - Start-Termin für den Produktionsanlauf
  - Anzahl und Volumen von Produkten in der ersten Leistungsperiode
- Stabilisierungsphase
  - Cashflow
  - Deckungsbeitrag
  - Betriebsergebnis (EBIT)
  - ROI (ROCE o. Ä.)
- Nachhaltigkeitsphase
  - Frühwarnsystem
  - Anteil Innovationszeit an der bezahlten Arbeitszeit;
  - Auslastungsflexibilität der Kapazitäten;
  - zur Deckung der Strukturkosten erforderlicher Anteil des Umsatzpotenzials
  - Anteil des aus eigener Kraft realisierten Wachstums am gesamten Wachstum
  - Beitrag der Mitarbeiter, Zulieferer, Kunden oder Investoren zur Innovationsfähigkeit des Unternehmens
  - Anteil Kenngrößen, die innerhalb von „Korridoren" gesteuert werden

Die Messung der Nachhaltigkeitsphase, das Identifizieren von Änderungserfordernissen und die Entwicklung adaptiver Fähigkeiten und Ressourcen ist in den letzten Jahren verstärkt in den Fokus der Aufmerksamkeit gerückt worden. Leider haben noch zu wenige Unternehmen daraus praktische Konsequenzen für ihr Controlling gezogen.

Tipp: Krise machte Nachhaltigkeit sichtbar

In den vergangenen 20 Monaten der Weltwirtschaftskrise war jedoch gut zu beobachten, dass Krisenresistenz sehr viel damit zu tun hat, inwieweit ein Unternehmen die Kunst nachhaltigen Wirtschaftens bereits beherrscht. Nicht dass sich nun generell die Spreu vom Weizen getrennt hätte; aber es lohnt sich, schon genauer hinzuschauen, wie jene Unternehmen agieren, die auch 2009 deutlich positive Ergebnisse vorweisen konnten – quer durch alle Branchen.

4 Die Kunst nachhaltiger Wirtschaftlichkeit

Kooperations-fähigkeit wurde zum entscheidenden Wettbewerbs-faktor

Als wesentliches Erfolgspotenzial zur Gewährleistung nachhaltiger Wirtschaftlichkeit hat sich in den letzten Jahren die Kooperationsfähigkeit der Menschen entwickelt. Sie ist zum entscheidenden Wettbewerbsfaktor geworden.

4.1 Ursache 1: Zu viele Daten, zu wenig Wissen

Das ist eine Folge des beispiellosen Siegeszugs der elektronischen Systeme. Er hat zu einer derartigen Explosion von zur Verfügung stehenden Datenmengen geführt, dass die Menschen sie mit den üblichen Methoden nicht mehr rentabel genug nutzen können. Denn Daten an sich sind nur Markierungen in einem Speichermedium oder Zeichen auf einem Stück Papier. Erst wenn wir in der Lage sind, den Daten eine Bedeutung zuzuordnen, werden sie zu Informationen; und erst wenn aus Übung gewonnene Erfahrung hinzukommt, wird aus Informationen Wissen.

Ersteres merken wir sehr schnell, sobald wir z.B. eine mathematische Formel oder die Zeichen einer fremden Sprache nicht verstehen können. Der Unterschied zwischen Information und Wissen wird nicht immer mit derselben Klarheit wahrgenommen.

Achtung: Unterschied zwischen Information und Wissen
Sie müssen sich einer Blinddarm-Operation unterziehen. Weil es Sie interessiert, erläutere ich Ihnen Schritt für Schritt, was ein Blinddarm ist und wie man ihn entfernt. Sie sind beeindruckt und wollen wissen, wie viele Operationen ich schon ausgeführt habe. Daraufhin bekenne ich: keine einzige; meine Informationen habe ich aus dem Internet gewonnen. Glauben Sie dann immer noch, dass ich weiß, wie man einen Blinddarm operiert? Oder anders gefragt: Würden Sie sich unter mein Messer legen?

Der wachsenden Datenflut steht also keine adäquate Fähigkeit zur Zuordnung von Bedeutung und Erfahrung gegenüber. Denn beides kostet Zeit, die wir uns nicht in ausreichendem Maße nehmen. Wir unterlassen es, weil lebenslanges Lernen noch nicht zur selbstverständlichen Kultur aller Menschen gehört und entsprechend ungenügend gefördert wird – sowohl in den Unternehmen als auch in der Gesellschaft. Zugleich begrenzt sich der Zuwachs an Erfahrung auf einen immer kleineren Teil der zur Verfügung stehenden Informationen, sodass einerseits Wissen im praktischen Sinne auf enge Spezialbereiche konzentriert wird und andererseits der Blick für das Übergreifende, Gemeinsame sich vom speziellen Wissen abkoppelt.

Selbst innerhalb eines Unternehmens fällt es den vielfältigen Spezialisten schwer, sich untereinander bzw. mit den Generalisten zu verständigen. Gepaart mit einer Kultur der Hierarchie und der Schuldzuweisung führt diese Konstellation häufig zu einer Atmosphäre des Drucks, der Hast und Oberflächlichkeit, des Misstrauens und des Gegeneinanders.

4.2 Ursache 2: Sieg statt Win-Win als Ziel

Dem Problem lässt sich mit noch mehr Daten und noch mehr Computern allein nicht beikommen. Wir müssen lernen, auf neue Weise miteinander zu kooperieren. Heute sind zu viele Menschen nur unzureichend in der Lage, über Hierarchien und Spezialisierungen hinweg sachbezogen zusammenzuarbeiten. Sie haben zu wenig gelernt, unabhängig von Herkunft und Rang mit gegenseitigem Respekt und auf gleicher Augenhöhe zu kommunizieren.

Sie streben nach wie vor im Wettbewerb in erster Linie nach dem Sieg über den anderen und sehen den gegenseitigen Vorteil zwar als begrüßenswert, aber eher zweitrangig an – denn wenn es um die Positionierung am Markt geht, reden und denken wir in den Kategorien militärischer Schlachten: Preiskrieg, Stoßrichtung, Frontlinie …; die Liste ließe sich problemlos fortsetzen. Und wir pflegen immer wieder eine Kultur der Hahnenkämpfe, des Mobbings und ähnlicher destruktiver Handlungen, die alle verbalen Bemühungen um Kooperation, Wissensaustausch und lebenslangem Lernen konterkarieren.

Auf diese Weise wird das effektive Zusammenwirken von Spezialisten und Generalisten innerhalb der Unternehmen und über deren Grenzen hinweg in erheblichem Maße behindert und der weitere Fortschritt der Informationstechnologie teilweise entwertet.

4.3 Die Lösung: Kooperation

Das alles ist bekannt wie auch die Lösung des Problems. Vor mehr als 30 Jahren lud *Robert Axelrod* zu seinem berühmt gewordenen Turnier von Spieltheoretikern ein, um jene Strategie zu finden, die zum besten Auszahlungsertrag führen würde. Er hat dieses Turnier wiederholt. Jedes

Das *Axelrod*-
Experiment:
Kooperation ist
langfristig die
vorteilhafteste
Strategie

Mal siegte die Lösung des kanadischen Mathematikers und System-theoretikers *Anatol Rapoport*.[11] Der hatte das kürzeste und simpelste Programm geschrieben und nannte es „Tit for Tat" („Wie Du mir, so ich Dir"). Es beruhte auf vier einfachen Regeln:

1. Ich spiele offen. Ich habe keine geheimen Regeln in der Hinterhand.

2. Ich spiele immer auf Kooperation, suche Zusammenarbeit und die gemeinsame Verbesserung des Nutzens.

3. Wenn mich einer, weil ich so „nett" bin, ausnutzen will und die Konfrontation sucht, schlage ich sofort zurück.

4. Aber ich bin nicht nachtragend. Schon in der nächsten Runde spiele ich wieder auf Kooperation. Ich bin rasch im Vergelten und rasch im Vergeben.

Die dritte Regel ist anfällig für Missverständnisse. Schon beim ersten Verdacht auf Konfrontation zurückzuschlagen kann eine Spirale des Verderbens auslösen. Deswegen sollte sie um wirksame Prüfungsele-mente für die Wahrscheinlichkeit eines Missverständnisses ergänzt und nur bei ernst zu nehmender Konfrontation angewandt werden. Weit-gehende Transparenz in allen Fragen der Zusammenarbeit ist dabei das beste Mittel; ohne Transparenz kann die dritte Regel kooperativen Wettbewerbs schnell zur Falle werden.

Die dritte Regel setzt aber auch voraus, dass ein Unternehmen in der Lage ist, wirksam zurückzuschlagen, wenn es denn unvermeidbar wird. Zumindest sollten alle wissen, dass es möglich ist. Diese Stärke im kooperativen Wettbewerb muss man sich immer wieder erarbeiten. Ein klares Geschäftsmodell, in Verbindung mit einem signifikanten innova-tiven Vorsprung, bildet dafür die Grundlage – quantitative Größe ist demgegenüber eher nicht von ausschlaggebender Bedeutung.[12]

Neben dem Gebot der Transparenz sind noch zwei weitere Rahmen-bedingungen zu beachten: eine ausreichende Wahrscheinlichkeit für die Wiederholung der Interaktion und eine ausreichende Nähe der koope-rierenden Partner. Wenn alle drei Bedingungen zusammentreffen, entstehen spontane Strukturen der Kooperation von hoher Stabilität, Dynamik und Überlegenheit (z. B. Cluster-Strukturen wie das Silicon Valley).

---

[11] Vgl. Axelrod (2009), S. 25 ff.
[12] Vgl. Simon (2007), S. 411 ff.

4.4   Vorschläge zur Umsetzung

Die Computerwelt erzwingt jedoch nicht nur eine neue Art der Kooperation, sie macht sie zugleich auch möglich. Mithilfe moderner Medien kann bspw. das oft schon etwas „altbackene" Verbesserungswesen in eine Ideenbörse umgewandelt werden, die es erlaubt, die „Weisheit der Vielen" und das spontane Herausbilden von Umsetzungsstrukturen auf eine neue Art planmäßig zu nutzen:

- Jeder Mitarbeiter hat die Möglichkeit, Ideen zur Verbesserung der Leistungs- und Wettbewerbsfähigkeit in das unternehmensweite Intranet zu stellen – das können auch „verrückte Ideen" sein.

- Im Intranet dürfen alle Mitarbeiter Kommentare zu der Idee abgeben – bei Öffnung zum Internet auch Kunden, Lieferanten und zufällige Internet-Nutzer.

- Es können „Wetten" auf den Erfolg der Idee gesetzt werden (mit fiktivem oder realem Geld, einzahlbar in einen spezifischen Ideen-Fonds).

- Mitarbeiter, die von einer Idee begeistert sind, können sich als „Innovations-Pioniere" für die Umsetzung anbieten.

- Wenn die Idee Erfolg hat, werden die Ideengeber sowie alle, die sich für die Idee eingesetzt haben (in Abhängigkeit von Art und Grad ihres Engagements), am Erfolg beteiligt.

Zu Beginn werden die Führungskräfte daran gemessen, wie viele ihrer Mitarbeiter sich in irgendeiner Weise aktiv in der Ideenbörse engagieren. Nach relativ kurzer Zeit wird der Funke überspringen und eine kritische Masse erreicht, um sich selbst tragende Prozesse auszulösen. Besondere Ideen mit großem Potenzial können herausgegriffen und zu übergreifenden Projekten entwickelt werden. So wird ein eher bürokratisch verfasstes Verbesserungswesen verwandelt in ein dynamisches Netzwerk, in dem sich Ideen bewähren und „Fans" finden müssen, die Einschätzungsfähigkeit vieler Menschen durch den Spaß am Spiel (Wetten) gestärkt und herausgefordert wird und die täglichen kleinen Schritte des Besser-Werdens durch spontane Umsetzungsteams gefördert werden. Außerdem lassen sich die größeren Veränderungspotenziale am Zuspruch für eine Idee ablesen. Das erleichtert die Auswahl derjenigen Ideen, die in einen planmäßigen Entwicklungsprozess überführt werden können.[13]

---

[13] Vgl. Hamel (2007), S. 326 ff.; Schleuter (2009), S. 149 ff.

5   Fazit und Ausblick: Management 2.0

Strategie ist seit 40 Jahren ein Wirtschaftsthema, das Controlling der Strategie ist wesentlich jünger. Das Messen von Erfolgspotenzialen, ihre systematische Einbindung in die Zielsetzung, Planung und Steuerung als integraler Bestandteil der Führung eines Unternehmens ist noch keine Selbstverständlichkeit. Das beginnt bei der Installation eines aussagekräftigen Frühwarnsystems, geht über die Gestaltung der Gegenwart aus der Zukunft, das Erkennen von Konstellationen und daraus möglicher Vorteile bis hin zur Befähigung der Menschen, solche Vorteile zu nutzen. Das erfordert aber auch die Überwindung der schädlichen Ausrichtung auf das Prinzip der Gewinnmaximierung und kurzfristigen Wertorientierung.

Erst dann wird der Blick frei für die enormen Potenziale einer nachhaltigen Wirtschaftlichkeit, die es erlaubt, durch kooperatives Zusammenwirken die Weisheit und Energie der Vielen zu nutzen.

Ein neues Thema erscheint auf der Agenda: Management 2.0

Die Vielfalt der neuen Möglichkeiten zur Kooperation deuten sich gerade erst an. Aber sie haben schon begonnen, das Management zu verändern. So wie das World Wide Web sich zur interaktiven Plattform des Web 2.0 entwickelt hat, lassen sich bereits die ersten Konturen der Herausbildung eines „Management 2.0" beobachten.[14] Der Weg dahin, kann in sieben Schritten gegangen werden (s. Abb. 8).[15]

Controlling der Strategie wird somit zur Basis für den entscheidenden Wettbewerbsfaktor unserer Zeit: die Entwicklung der Kooperationsfähigkeit der Menschen; über Hierarchien und Spezialisierungen hinweg sachbezogen zusammenzuarbeiten; unabhängig von Herkunft und Rang mit gegenseitigem Respekt und auf gleicher Augenhöhe zu kommunizieren; in spontanen Strukturen Ideen entwickeln, bewerten und umzusetzen – das verschafft schon heute Unternehmen Vorteile im Wettbewerb. Und das ist erst der Anfang.

Im Beitrag „Umsetzung einer Strategie" werden wir an einem Beispiel erläutern, wie ein derartiger Prozess vor sich gehen kann.

---

[14]   Der Begriff wurde von Gary Hamel geprägt; vgl. Hamel (2007), S. 342 ff.

[15]   Über konkrete praktische Erfahrungen auf diesem Weg wird ausführlich im Buch von Friedag/Schmidt (2009), „Management 2.0 – Kooperation – der entscheidende Wettbewerbsvorteil" berichtet.

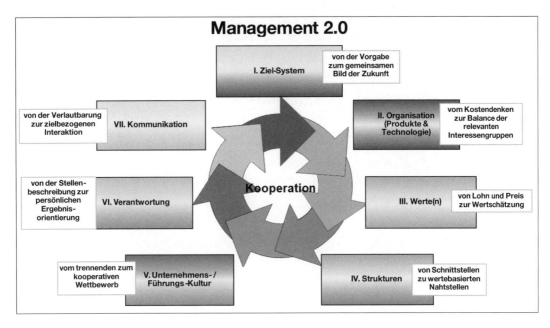

Abb. 8: Management 2.0

6 Literaturhinweise

Andrews, The concept of corporate strategy, Homewood, Ill., 1971.

Ansoff, Corporate strategy: an analytical approach to business policy for growth and expansion, McGraw-Hill, New York 1965.

Axelrod, Die Evolution der Kooperation, Oldenbourg, München 2009.

Brunken, Die 6 Meister der Strategie, Ullstein, Berlin 2006.

Chandler, Strategy and structure, MIT Press Cambridge, MA, 1962.

Clausewitz, von, Vom Kriege, Area Verlag, Erftstadt 2003.

Deyhle, Controller Handbuch, Verlag für Controlling-Wissen, 5. Aufl., Offenburg 2003.

DIN SPEC 1086 „Qualitätsstandards im Controlling" (2009), download unter www.beuth.de

Drucker (1956), Die Praxis des Managements, Droemer Knaur, München 1956.

Drucker (1982), The Changing World of the Executive, Horizon, New York 1982.

Friedag/Schmidt, Management 2.0 – Kooperation. Der entscheidende Wettbewerbsvorteil, Haufe, Freiburg 2009.

Gälweiler, Unternehmensplanung, Grundlagen und Praxis, Campus, Frankfurt/M. 1974.

Gleich et al., Moderne Budgetierung – einfach, flexibel, integriert; Controlling–Berater, Band 3, Haufe, Freiburg 2009, S. 75–96.

Hamel, Das Ende des Managements, Econ, Berlin 2007.

Henderson, Construction of a business strategy. The Boston Consulting Group, Series on Corporate Strategy, Boston 1971.

Lynch/Kordis, Delphin-Strategien: Management Strategien in chaotischen Systemen, Henrich Verlag, Gilching 1998.

Malik, Vorwort zu Gälweiler, Strategische Unternehmensführung, 3. Aufl., Campus, Frankfurt/M. 2005.

Mintzberg (1973), The nature of managerial work, Longman, New York 1973.

Mintzberg (1978), Patterns of strategy formulation. Management Science, Vol. 24, H. 9/1978, S. 934–948.

Neumann, von/Morgenstern, Theory of games and economic behavior, Princeton 1944 (deutsche Ausgabe B&T, Würzburg 1961).

Penrose, The theory of the growth of the firm, Oxford University Press, New York 1959.

Porter, Competitive strategy: techniques for analyzing industries and competitors, The Free Press, New York 1980.

Porter/Lorsch, Was erwartet Sie hinter der Tür Nummer eins?, Harvard Business Manager, April 2005.

Prahalad/Ramaswamy, Die Zukunft des Wettbewerbs, Einzigartige Werte mit dem Kunden gemeinsam schaffen, Linde, Wien 2004.

Schleuter, Die sieben Irrtümer des Change Managements, Campus, Frankfurt 2009.

Schmalenbach, Dynamische Bilanz, Felix Meiner, Leipzig 1948.

Simon, Hidden Champions des 21. Jahrhunderts, Campus, Frankfurt 2008.

Wöhe/Döring, Einführung in die Allgemeine Betriebswirtschaftslehre, Vahlen, München 2008.

SWOT-Analyse: Controlling-Instrument zur Identifikation strategischer Handlungsoptionen

- Die SWOT-Analyse ist eines der meistgenutzten Managementinstrumente in der strategischen Planung und Analyse. Das Akronym „SWOT" steht dabei für die englischen Begriffe Strength (Stärken), Weakness (Schwächen), Opportunities (Chancen) und Threats (Bedrohungen/Risiken).

- Im Prozess der (SWOT-)Analyse wird zuerst die externe Umwelt und anschließend das Unternehmen auf wettbewerbsrelevante Trends und Entwicklungen untersucht. Die kritischsten Punkte werden konsolidiert und in der bekannten Vier-Felder-Matrix präsentiert (SWOT-Aggregation).

- In einem weiteren Schritt werden die externen Entwicklungen den internen Einflussfaktoren gegenübergestellt und geeignete strategische Handlungsoptionen bzw. Handlungsstrategien (SWOT-Strategien) entwickelt. Die abgeleiteten Maßnahmen gehen am Ende des Prozesses als Eingangsvariablen in den Prozess der Strategieformulierung und Strategietransformation ein.

■ **Der Autor**

Mario B. Stephan ist Director Corporate Performance Management bei der PricewaterhouseCoopers AG in Zürich.

1 Die SWOT-Analyse im strategischen Planungsprozess

1.1 Grundsatz und Ursprung des Analyseverfahrens

Das Akronym „SWOT" steht für die englischen Begriffe Strength (Stärken), Weakness (Schwächen), Opportunities (Chancen) und Threats (Bedrohungen/Risiken). Die SWOT-Analyse (nachfolgend verkürzt SWOT genant) ist eines der in der Praxis meistgenutzten Management- und Präsentationsinstrumente im Prozess der strategischen Planung und Analyse. In ihr werden die Ergebnisse von auf die Umwelt (extern) und auf das Unternehmen (intern) abzielenden Analysen zusammengefasst, konsolidiert und in einfacher Form dargestellt. Die kritischsten Punkte werden konsolidiert und in der Vier-Felder-Matrix präsentiert (SWOT-Aggregation).

Management- und Präsentationsinstrument für die strategische Planung und Analyse

Ungeachtet ihrer weiten Verbreitung lassen sich die Ursprünge der SWOT nicht eindeutig identifizieren. Je nach Autor lassen sich unterschiedliche, teils sehr renommierte Väter wie z. B. *I. Ansoff* oder *P. Drucker* identifizieren. Gemeinhin wird jedoch dem Harvard-Professor *Kenneth Andrews* die Ehre als Erfinder der SWOT zuteil, weil er den Rahmen 1963 bei einer Schulveranstaltung einer breiteren Öffentlichkeit vorstellte und diese daraufhin eine Stütze der Harvard'schen Lehrmethodik wurde.[1]

Anfänge der SWOT-Analyse

Die SWOT-„Analyse" ist trotz ihres Namens jedoch keine eigenständige Analyse, sondern muss durch problemadäquate Analyseinstrumente individuell ergänzt werden. Insbesondere bei turbulenten Umweltsituationen oder komplexen Problemstellungen stößt die SWOT sonst schnell an die Grenzen ihrer „Analysefähigkeit". Denn ein einfaches Brainstorming, das nach kurzer Zeit eine Liste mit SWOT-Phrasen hervorbringt, ist i. d. R. ungeeignet, die komplexen Entscheidungssituationen im Prozess der Strategiefindung und -transformation faktenbasiert zu unterstützen.

Die SWOT ist kein eigenständiges Analyseverfahren

Im Gegenzug demonstriert sie bei ausreichender methodischer Untermauerung des Analyseprozesses aber auch ihre große Stärke: Durch die einfache Struktur können selbst umfangreiche Analyseergebnisse in wenigen, inhaltlich gekoppelten Kategorien (die SWOT-Quadranten der Vier-Felder-Matrix) zur weiterführenden Diskussion und insbesondere zur Ableitung von Handlungsoptionen im Führungskreis überblicksartig präsentiert werden.

---

[1] Vgl. Chase (2005), S. 39.

1.2 Die SWOT-Analyse im Strategieprozess

Positioniert man die SWOT-Analyse in den strategischen Management-prozess (s. Abb. 1), so ist sie ein zentrales Instrument in der Phase der Strategieformulierung. Messkonzepte wie die Balanced Scorecard (BSC) oder das Projekt-Portfolio-Management (PPM) ordnen sich dagegen der Phase der Strategietransformation zu. Multiprojektmanagement oder Continous-Improvement-Ansätze wären dementsprechend der Phase der Strategieexekution zugehörig.

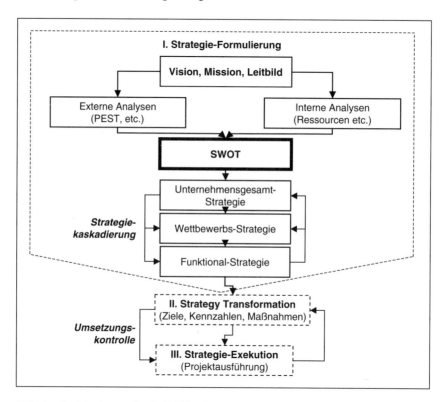

Abb. 1: Positionierung der SWOT im Strategieprozess

Ziel ist die Ableitung von Handlungs-optionen

Die Ergebnisse der SWOT-Analyse, also die in wenigen Punkten komprimierten Stärken, Schwächen, Chancen und Risiken sowie die daraus abgeleiteten Handlungsoptionen dienen dann als Grundlage für die Ableitung und Bestimmung geeigneter Strategien im Strategieprozess.

1.3 Konkretisieren der strategischen Handlungsoptionen

Da sich aus der reinen Betrachtung der so identifizierten, aus strategischer Perspektive relevantesten Stärken, Schwächen, Chance und Risiken (SWOTs) oftmals keine genauen Handlungsempfehlungen ableiten lassen, werden die externen Entwicklungen in einem weiteren Schritt den internen Einflussfaktoren gegenübergestellt und geeignete strategische Handlungsoptionen bzw. Handlungsstrategien (SWOT-Strategien) entwickelt. Diese stellen auch das eigentliche Sollergebnis einer SWOT-Erstellung dar. Die abgeleiteten Maßnahmen gehen am Ende des Prozesses als Eingangsvariablen in den Prozess der Strategieformulierung und Strategietransformation ein.

Externe Entwicklungen vs. interne Einflussfaktoren

Die aus der vergleichenden Betrachtung abgeleiteten SWOT-Strategien lassen sich inhaltlich und entsprechend ihrer Ausrichtung in vier Gruppen einteilen:

- SO-Strategien zielen auf die Nutzung von Chancen in der externen Umwelt durch die Ausnutzung der eigenen Stärken.

- ST-Strategien versuchen, externe Bedrohungen oder Risiken durch den Einsatz der identifizierten Stärken entweder zu neutralisieren, zumindest aber zu minimieren.

- WO-Strategien zielen auf die Abschwächung der eigenen Schwächen, um eine gezielte Nutzung der externen Chancen nicht unmöglich zu machen.

- WT-Strategien versuchen, die Gefahren der Umwelt durch den Abbau der Schwächen zu reduzieren.

Der vollständige Erstellungsprozess einer SWOT-Analyse realisiert sich demzufolge in vier Phasen, die sich in weitere Teilprozesse unterteilen. Dieser Erstellungsprozess kann gleichsam als Checkliste in der Praxis dienen:

1. Bestimmung und Bewertung von Chancen und Risiken in der Unternehmensumwelt
   a) Trendanalyse (Bezeichnung, Beschreibung, Konsequenzen, Bewertung)
   b) Faktoranalyse (Makro- and Mikroumwelt)
      - Makro = soziokulturell, technologisch, politisch-legislativ etc.
      - Micro = Märkte, Kunden, Kundenbedürfnisse, Partner, Lieferanten etc.

2. Bestimmung und Bewertung von Stärken und Schwächen des eigenen Unternehmens
   a) Funktionenanalyse gegen einen Wettbewerber, z. B. im Einkauf, Marketing, Vertrieb, Personalwesen, Partnermanagement etc.

b) Ressourcenanalyse gegen einen Wettbewerber, z. B. Finanzen, Mitarbeiter, Produkte, Kostenstruktur etc.

3. Aggregation der Analyseergebnisse in den SWOT-Quadranten
   a) Zuordnung der „kritischen Faktoren/Trends" (oder ++) zu den einzelnen Quadranten
   b) Zusammenfassung von gleichartigen SWOTs zu Gruppen von Faktoren

4. Gegenseitige Bewertung der SWOTs und Ableitung von Handlungsstrategien in der aufgespannten SWOT-Matrix
   a) SO-Strategien: mit den Stärken die Chancen nutzen
   b) ST-Strategien: mit Stärken Bedrohungen abwehren
   c) WO-Strategien: Schwächen abbauen, um Chancen zu nutzen
   d) WT-Strategien: Schwächen abbauen, um Bedrohungen abzumindern

In den folgenden Kapiteln wird der Erstellungsprozess einer SWOT Schritt für Schritt nachgezeichnet und auf die jeweiligen Erfolgsfaktoren im Anwendungsprozess eingegangen.

2 Durchführung der SWOT-Analyse

2.1 Analyse der Chancen und Risiken (extern)

Analyse des weiteren Umfelds durch Makroanalysen

Weil sich jedes Unternehmen mit seinen Produkten und Dienstleistungen im Wettbewerb am Markt durchsetzen muss, beginnt die SWOT-Analyse mit einer Betrachtung der externen Umwelt (Makro- und Mikroumwelt). Die Analyse als solche bedient sich dabei Methoden wie z. B. der PEST-Analyse (Makroumwelt), in der

- politische (P),
- ökonomische (E),
- soziale (S) und
- technologische (T)

Analyse des engeren Umfelds durch Mikroanalysen

Entwicklungen betrachtet und auf ihre Relevanz für die Unternehmensentwicklung analysiert werden.

- **Politische Faktoren** sind z. B. Entwicklungen in der Wettbewerbsaufsicht, der allgemeinen oder industriespezifischen Gesetzgebung, politische Stabilität in den Märkten und Ländern, in denen aktiv oder geplant Geschäft betrieben wird, Steuerrichtlinien, Handelshemmnisse, Sicherheitsvorgaben, Subventionen etc.

- **Ökonomische Faktoren** sind das allgemeine Wirtschaftswachstum, Inflation, Zinsen, Wechselkurse, Besteuerung, Arbeitslosigkeit, Konjunkturzyklen, Verfügbarkeit von geschäftsspezifischen Ressourcen etc.

- **Soziokulturelle Faktoren** sind Werte, Lebensstil, demografische Einflüsse, Einkommensverteilung, Bildung, Bevölkerungswachstum, Sicherheit etc.
- **Technologische Faktoren** umfassen Forschung, neue Produkte und Prozesse, Produktlebenszyklen, staatliche Forschungsausgaben etc.

Die Analyse dieser Kategorien deckt wichtige Bereiche der weiteren Umwelt ab, in denen sich für das Unternehmen relevante Veränderungen ergeben können und die daher bei einer Strategieentwicklung beachtet werden sollten. Neben den allgemeinen Trends, die auf alle Wettbewerber eines speziellen Marktes wirken, werden auch unternehmensindividuelle, nähere Trends beleuchtet (Mikroumwelt), die sich z. B. in Bereichen wie

- Teilmärkte,
- Kundenprofile oder Segmentstrukturen,
- Wettbewerber,
- Lieferanten oder
- Kooperationspartner

realisieren können.

In der praktischen Anwendung ist jedoch zu beachten, dass in jedem Einzelfall neu geprüft werden muss, ob mit den gewählten Analyseverfahren wie z. B. der PEST-Analyse auch alle relevanten Bereiche abgedeckt werden können oder ob weitere Aspekte ggf. mit andere Methoden beleuchtet werden müssen.

So können im Bereich des Umweltschutzes oder der Steuer- oder Wettbewerbsgesetzgebung relevante Entwicklungen stattfinden, die eine Abgrenzung dieser Kategorien erfordern.

Nachdem die grundsätzlichen Kategorien identifiziert und auf Vollständigkeit geprüft sind, werden die jeweiligen Kerntrends pro Kategorie gelistet und beschrieben.

	Makro- und Mikrotrends	Beschreibung	Konsequenzen/ Auswirkungen	Bewertung (–/0/++)
Politisch	Protektionismus	Höhere Markt-eintrittsbarrie-ren für Wett-bewerber	Keine weitere Fragmentierung des Marktes zu erwarten	+
Ökonomisch	Konvergenz	Verschmelzen von bisher eigenständigen Märkten	Produktorientierte Ausrichtung nicht zukunftsfähig Kooperation mit Content-Anbieter	–
Gesellschaftlich	Informative Vernetzung der Kunden	Kunden sind informations-technisch vernetzt	Informations-assymetrien sinken Preisunterschiede werden transparenter	– –
Technologisch	Miniaturisie-rung	Bauteile-volumina müssen sinken	Aktuelle Modul-komponenten nicht mehr konkurrenz-fähig	– –
Legislativ	Büro-kratisierung	Ansteigen for-maljuristischer Verpflichtungen	Längere Time to Market Steigende Verwaltungskosten	–
Umwelt(schutz)	Emmisions-reduzierung	(Selbstverpflich-tung zur) Reduzierung CO_2-Ausstoß	Eigene CO_2-sparende Produktion im Marketing einsetzbar	++
Kunden-beziehung	Übernahme B-Kunde durch Wettbewerber	Mittelgroßer B2B-Kunde von Wettbewerber aufgekauft	Umsätze mit Kunden werden mittelfristig wegfallen	–

Tab. 1: Beispiel einer externen Makroanalyse (Auszug)

Konsequenzen-
analyse als
wichtigster
Schritt in der
Analyse

Der wichtigste Schritt ist dabei die Diskussion darüber, welche Konsequenzen sich aus den Trends ableiten lassen. Bei der Beschreibung der Konsequenzen ist deshalb darauf zu achten, dass die Aussagen sich gegenüber der Beschreibung dahingehend abgrenzen, dass der konkrete Effekt der Entwicklung auf den Geschäftserfolg gezeigt wird. Eine rein stichwortartige Nennung der Trends ohne gemeinsame Diskussion über die sich daraus ableitenden Einflüsse auf die Unternehmensentwicklung ist nicht ausreichend. Denn nur durch die gemeinsame Klärung der jeweiligen Auswirkungen entsteht ein übergreifendes Verständnis über die strategische Relevanz der identifizierten Trends.

Ein weiteres Argument für eine intensive Diskussion der einzelnen Punkte liegt in der hohen Abstraktion der gelisteten Trends. Ohne intensive Diskussion der sich hinter dem Schlagwort verbergenden Details können Potenziale unerkannt und in der Folge unausgenutzt bleiben.

Beispiel: Konkrete Beschreibung statt abstrakter Darstellungen

Bei einem mittelständischen Unternehmen mit zwei neu akquirierten Auslandsgesellschaften wurde im Rahmen des strategischen Planungsprozesses eine unternehmensweite SWOT-Analyse durchgeführt. In einer der neuen Tochtergesellschaften arbeitete in der F&E-Abteilung ein Mitarbeiter, der sich durch eine herausragende Innovationskraft auszeichnete und in der Vergangenheit mehr Patente im Kernbereich der Produktentwicklungen vorweisen konnte als alle Mitarbeiter des Unternehmens gemeinsam. Der als „Daniel Düsentrieb" in der Tochtergesellschaft bekannte Mitarbeiter wurde denn auch in der Analyse vor Ort als wichtiges Asset für die weitere Produktentwicklung identifiziert.

Im Rahmen der Zusammenfassung der SWOT-Analyseergebnisse für die Geschäftsleitung wurde dieser Sachverhalt dann jedoch verkürzt nur noch als „hohe Innovationskraft" geführt. Da bei der Sitzung der Geschäftsleitung keiner der Projektmitarbeiter aus der Tochtergesellschaft anwesend war, wurde dies wie jeder andere gelistete Punkt nur in allgemeiner Form diskutiert und das spezifische Potenzial von und durch „Daniel Düsentrieb" nicht erkannt. Durch die ausschließlich schlagwortartige Nennung dieser Stärke konnte die Geschäftsleitung nicht das wirkliche Ausmaß des Faktors erkennen. Wegen der daraus resultierenden ausbleibenden gezielten weiteren Förderung verließ der Mitarbeiter nach einem Jahr das Unternehmen und wechselte zum Konkurrenten.

Ist Einigkeit über die Relevanz und Konsequenz von Trends und Entwicklungen hergestellt, werden die jeweiligen Auswirkungen auf einer Skala bewertet, die sowohl positive als auch negative Ausprägungen abbilden kann. In den meisten Fällen ist eine von Doppelminus (– –) bis Doppelplus (+ +) reichende Skala völlig ausreichend.

Die einzelnen Trends werden einzeln bewertet und diejenigen Entwicklungen mit den größten positiven oder negativen Auswirkungen werden hervorgehoben. Diese können später (stichwortartig) in die jeweiligen SWOT-Quadranten übertragen werden.

Extrempositionen der Trends gehen in die Bewertung ein

Da bei einer Anwendung der SWOT-Frameworks ohne vorlaufende Analysen, d. h. bei einem reinen „Brainstorming" nach den SWOTs keine oder eine nur sehr limitierte inhaltliche Diskussion stattfindet, können die sehr allgemein gehaltenen Punkte zu starken Interpretationsunterschieden führen. Jeder der Beteiligten versteht unter dem als SWOT geführten Stichpunkt dann etwas anderes oder misst eine unterschiedliche Relevanz bei.

Bei der Bewertung der Trends ist zu berücksichtigen, dass lediglich die Extrempositionen im weiteren Verlauf der Analyse weiterverarbeitet werden. So ist eine lange Diskussion über eine Bewertung eines Trends mit dem Punktwert 2 oder eher 3 bei einer Bewertungsskala, die bis 5 reicht, nicht in allen Fällen notwendig.

2.2 Analyse der Stärken und Schwächen (intern)

Funktions- und Ressourcenbereiche identifizieren

Bei der internen Analyse werden die wichtigsten Funktionsbereiche respektive die zur Verfügung stehenden Unternehmensressourcen auf ihre relative Wettbewerbsposition evaluiert. Dazu sind in einem ersten Schritt die relevanten Funktions-/Ressourcenbereiche zu identifizieren. Alternativ kann auf ein schon vorstrukturiertes Konzept wie z. B. die aus der Branchenstrukturanalyse bekannte Wertkettenanalyse von *Porter* zurückgegriffen werden. In den meisten Fällen werden unabhängig vom gewählten Vorgehen am Ende jedoch meist Funktions-/Ressourcenbereiche wie

- Forschung und Entwicklung (F&E),
- Einkauf,
- Produktion,
- Marketing und Vertrieb,
- Informationstechnologie, (IT)
- Finanzen und Controlling,
- Personalwesen

herausgestellt und mit denen von Wettbewerbern verglichen.

Ziel ist es festzustellen, in welchen Aspekten das eigene Unternehmen aktuelle Wettbewerbsvorteile besitzt und in welchen Bereichen eine Verbesserung der eigenen Position angestrebt werden soll (s. Abb. 3).

Erst die gewichtete Bewertung zeigt die wahren relativen Stärken und Schwächen

Wie im Fall der externen Analyse sind die einzelnen Bereiche nach der Bewertung zu gewichten und eine gewichtete Positionierung ist zu errechnen. Die so errechneten Werte können zusätzlich noch als Linienchart dargestellt werden, was einen visuellen Eindruck des gewichteten (tatsächlichen) Stärken-Schwächen-Profils vermittelt.

Funktions-bereich/ Ressourcen	Beschreibung	Position Unternehmen (x) vs. Wettbewerber (o)			Rel. Posi-tion	Ge-wich-tung	Bewer-tung	Gewichtetes Stärken-/Schwächenprofil				
		- -	0	+ +				- 4	- 2	0	+ 2	+ 4
Einkauf	Einkaufsabteilung auf Zentraleinkaufsstrukturen vorbereitet				+ 4	5 %	+ 20					
Lieferanten	Enge Lieferantenbindung und hohe Beziehungsqualität sichert Versorgung und Teilequalität				+ 1	15 %	+ 15					
Personal	Vermehrt Probleme qualifizierte Ingeneure zu rekrutieren				0	20 %	0					
Kosten-struktur	Materialkosten deutlich über Wettbewerb (im Effekt 5% höhere Produktkosten)				- 1	30 %	- 30					
Kunden-beziehung	Kein persönlicher Kontakt zu den 3 Zielkunden aufgebaut				- 2	25 %	- 50					
Finanzen	Verlauf Tochter A schuf signifikantes Liquiditätspolster				+ 2	5 %	+ 10					
	TOTAL				+ 2	100 %	- 35					

Abb. 2: Beispiel einer internen Stärken- und Schwächenanalyse (Auszug)

Bei der Diskussion der so berechneten Stärken und Schwächen ist zu beachten, dass je nach gewähltem Vergleichs-(und Bewertungs)maßstab, also wem gegenüber man den Vergleich anstellt und welche Relevanz man den einzelnen Punkten zumisst, ein unterschiedliches Stärken- und Schwächenprofil entsteht.

Stärken-Schwächen-Profil hängt vom Vergleichs-maßstab ab

Mögliche Konsequenzen lassen sich anhand von drei Beispielen illustrieren:

1. Vergleich gegenüber einem in allen Bereichen überlegenen Unternehmen

2. Vergleich gegenüber dem stärksten direkten Wettbewerber

3. Bestimmen der individuellen Faktorengewichtung

Der „Worst Enemy" zeigt alle Suboptima, kann jedoch motivationshemmend wirken

Zu 1: Im ersten Fall („Worst Enemy Scenario") besteht die Gefahr, dass ein zu negatives Bild gezeichnet wird, weil praktisch bei keinem der untersuchten Aspekte eine vergleichsweise gute Position belegt werden kann. Das eigene Unternehmen schneidet in jedem Fall schlechter ab als das Vergleichsunternehmen. Wenn der „Worst Enemy" sogar branchenübergreifend ausgewählt wurde, d. h., wenn sich z. B. ein mittelständisches Produktionsunternehmen im Rahmen der Analyse der Gehaltsabwicklung mit American Express vergleicht, dann kann der mit der Durchführung einer vergleichenden Analyse erhoffte anspornende und motivierende Effekt leicht in eine Resignation umschlagen. Es besteht die Gefahr, dass Mitarbeiter keine realistische Chance sehen, auf das präsentierte Vergleichsniveau zu kommen, und statt der erhofften zusätzlichen Anstrengung sogar ihre Leistungsbereitschaft reduzieren. Auch wenn moderne Benchmarkingansätze grundsätzlich immer gegen die jeweils besten Unternehmen vergleichen, ist dieser Ansatz aus motivationaler Sicht nur eingeschränkt zu empfehlen.

Der Vergleich mit dem direkten Konkurrenten ist realistischer, kann Schwächen aber verbergen

Zu 2: Im anderen Fall können durch den Vergleich mit nur einem Wettbewerber aus der gleichen Branche einzelne Bereiche als relativ stark bewertet werden, die jedoch nur aufgrund einer existierenden Schwäche des Hauptwettbewerbers nicht stärker als Schwäche hervortreten. Das erzielte Ergebnis ist in diesem Fall ins Positive verzerrt, was bezüglich der Kommunikation einer Handlungsnotwendigkeit ebenfalls problematisch ist. Denn sofern noch kein wahrnehmbarer Leidensdruck besteht, die Unternehmensführung sich jedoch schon frühzeitig auf antizipierte Veränderungen vorbereiten will, ist von diesem Vorgehen in diesem konkreten Fall ebenfalls abzuraten bzw. ganz bewusst auf diese Bewertungsdiskrepanzen einzugehen.

Gewichtungsfaktoren bestimmen maßgeblich das Gesamtergebnis

Zu 3: In der Praxis ergibt sich bei der Durchführung der Stärken- und Schwächenanalyse zudem regelmäßig eine dritte Problematik, die aus der unterschiedlichen Gewichtung der Trends und Entwicklungen (intern wie extern) resultiert. Damit gemeint ist die Situation, dass das eigene Unternehmen zwar in vielfältigen Analysebereichen besser aufgestellt ist als der beste oder direkte Wettbewerber, die Vorteile jedoch in Bereichen realisiert werden, die für die Zukunft als weniger wettbewerbsrelevant eingestuft wurden. Im Ergebnis ist die tatsächliche Wettbewerbsposition also insgesamt schlechter, obwohl vielleicht nur wenige (aber relevante) Aspekte eine Negativabweichung ausweisen.

In diesem Fall kommt zwei Punkten eine entscheidende Rolle zu:

- Zum einen ist bei der Aufstellung des Analyserasters eine intensive Diskussion über die Faktorengewichtung vonnöten.

- Zum anderen ist im Prozess der Strategiedefinition darauf zu achten, dass die Differenzierung in der Wettbewerbsstrategie in für den Kunden relevanten Aspekten geschieht.[2] Eine methodische Untermauerung dieses Prozesses lässt sich im Bedarfsfall mittels der Durchführung einer sogenannten KANO-Analyse bewerkstelligen, in der die für den Kunden relevanten Differenzierungskriterien identifiziert werden können.[3]

3 SWOT-Aggregation

Die identifizierten Chancen und Risiken im externen Umfeld sowie die internen Stärken und Schwächen wurden im ersten Schritt in Form relativer Wettbewerbspositionen identifiziert. Um die Aufmerksamkeit der Unternehmensleitung jedoch ausschließlich auf diejenigen Punkte lenken zu können, die die größten Auswirkungen auf die Geschäftsstrategie entfalten, werden im weiteren Verlauf lediglich noch die errechneten Extrempositionen betrachtet. Das heißt, dass nicht auf die reinen Abweichungen abgestellt wird, sondern auf die sich ergebenden Ergebnisse nach erfolgter Multiplikation der relativen Bewertungsdifferenzen mit dem zugewiesenen Gewichtungsfaktor.

Einbeziehen der errechneten Extrempositionen

Die jeweiligen Extremwerte und die nach der Gewichtung resultierenden Positionierungen am oberen bzw. unteren Rand der Bewertungsskala werden mit der ggf. stichwortartigen Funktionsbeschreibung in die SWOT-Quadranten übertragen.

Extremwerte in die SWOT-Tabelle übernehmen

Ziel ist es daher nicht, alle identifizierten Positionen zu diskutieren, sondern ausschließlich die wirklich signifikanten. Die in diesem Prozess priorisierten SWOTs stehen dann zur weiteren Verarbeitung zur Verfügung, was insbesondere auf den nachfolgenden Prozess der Ableitung von Handlungsstrategien abzielt.

---

[2] Vgl. Siebelink (2009).
[3] Vgl. Sauerwein/Bailom/Matler/Hinterhuber (1996).

Intern	Extern
I. Stärken (> 2)	**III. Chancen (+ +)**
1. Einkaufsabteilung auf Zentraleinkaufsstrukturen vorbereitet 2. „Genialer" Erfinder in F&E bei Tochter XY 3. Hohe Reserven flüssiger Mittel (wegen Investitionsstau in 2008/09)	1. Eigene CO_2 sparende Produktion im Marketing einsetzbar 2. (Noch) nicht besetztes Segment im Niedrigenergiemarkt 3. Hauptwettbewerber A nach Übernahme von B nur noch mit sich beschäftigt
II. Schwächen (<2)	**IV. Risiken/Bedrohungen (- -)**
1. Kein persönlicher Kontakt zu den 3 Zielkunden aufgebaut 2. Geringe Fehlertoleranz in den F&E-Abteilungen 3. Wenig innovatives Produktportfolio 4. Schlechte Projektdisziplin bei internen Projekten	1. Aktuelle Modulkomponenten nicht mehr konkurrenzfähig 2. Sinkende Informationsasymetrie 3. Preisunterschiede werden transparenter 4. Klumpenrisiko bei Cashcow Produkten 5. Striktere EU-Produktionsrichtlinien in Verhandlung

Abb. 3: Beispiel einer Zusammenstellung von SWOTs

4 SWOT-Strategien

Die Effektivität der SWOT beruht auf der Ableitung der Handlungsstrategien

In vielen Fällen wird die SWOT-Analyse als Managementmethode im Prozess der Strategiefindung nach der SWOT-Aggregation beendet. Das Ergebnis beschränkt sich dann auf eine Auflistung von als relevant erachteten Entwicklungen in der externen Unternehmensumwelt und einigen wettbewerbsrelevanten Stärken und Schwächen des Unternehmens.

Doch damit ist erst der kleinere Teil der erzielbaren Ergebnisse realisiert. So, wie z. B. messorientierte Managementkonzepte in der Realität nur einen geringen Teil der erhofften oder versprochenen

Wirkung realisieren,[4] kann auch die SWOT nur dann ihre volle Effektivität entfalten, wenn der Analyse die Handlung folgt. Frei nach dem Motto „Es gibt nichts Gutes, außer man tut es" müssen die erarbeiteten Erkenntnisse in konkrete Handlungsempfehlungen übergeführt werden. Entgegen der in der Praxis verkürzten Anwendung der SWOT nur bis zu der Auflistung der Quadranten stellt die Identifikation der Handlungsoptionen das eigentliche Sollergebnis einer SWOT-Erstellung dar.

Extern / Intern	III. Chancen	IV: Risiken/Bedrohungen
	1. Eigene CO_2-sparende Produktion im Marketing einsetzbar 2. (Noch) nicht besetztes Segment im Niedrigenergiemarkt 3. Hauptwettbewerber A nach Übernahme von B nur noch mit sich beschäftigt	1. Aktuelle Modulkomponenten nicht mehr konkurrenzfähig 2. Sinkende Informationsasymetrie 3. Preisunterschiede werden transparenter 4. Klumpenrisiko bei Cashcow-Produkten 5. Striktere EU-Produktionsrichtlinien in Verhandlung
I. Stärken 1. Einkaufsabteilung auf Zentraleinkaufsstrukturen vorbereitet 2. „Genialer" Erfinder in F&E bei Tochter XY 3. Hohe Reserven flüssiger Mittel (wegen Investitionsstau in 2008/09)	• *I.2 +I.3+III.2 = Neues Produkt von Daniel Düsentrieb für leeres Segment entwickeln lassen* • *etc.*	• *I.3+IV.1 = Entwicklung neuer Modulkomponenten von Grund auf* • *I.1+IV.4 = Kundenbindung durch Prozessintegration verstärken* • *etc.*
II. Schwächen 1. Kein persönlicher Kontakt zu den 3 Zielkunden aufgebaut 2. Geringe Fehlertoleranz in den F&E-Abteilungen 3. Wenig innovatives Produktportfolio 4. Schlechte Projektdisziplin bei internen Projekten	• *II.3+II.4+III.2 = Produktentwicklungsprozesse neu aufsetzen* • ***II.4+III.3 = Projektmanagementmethodik unternehmensweit einführen*** • ***II.4+III.3 = Kunden von Wettbewerber A mit „Flexibilitäts-Nutzen" angehen*** • *etc.*	• *II.1+IV.2+IV. 3= Akquiseinitiativen durch die Zentrale unterstützen (Top Management einschalten)* • *etc.*

Abb. 4: Kombinatorische Bewertung der Einzelfaktoren

---

[4] Vgl. McCunn (1998), S. 34 ff.; Schneidermann (1999), S. 6 ff.; Norreklit (2003), S. 591 ff.; Mohobbot (2004), S. 219 ff.; Angel/Rampersad (2005), S. 45 ff.; Pforsich (2005), S. 31 ff.; Atkinson, H. (2006), S. 1441 ff.; Bible/Keer/Zanini (2006), S. 18 ff.; Firestone (2006), S. 7; Giannetto/Zecca (2006), S. 31; Lawson/Stratton/Hatch (2006), S. 36 ff.; Stephan (2006), S. 1 ff.; Giannetto, D. (2007), S. 1 ff.; Morgan/Levitt/ Malek (2008), S. 1 ff.; Cokins (2009), S. 93 ff.; Schmitz (2009), S. 1 ff.; Stephan/Keuper (2010), S. 111 ff.

Dazu werden die einzelnen SWOTs gegeneinander verglichen und daraufhin analysiert, ob sich die einzelnen Faktoren gegenseitig verstärken, kompensieren oder in Summe andere Konsequenzen mit sich bringen. Die kombinatorische Bewertung der einzelnen Faktoren untereinander, also der Vergleich z. B. der identifizierten Stärken mit den identifizierten Chancen und Risiken, ist ein kritischer Schritt in der Ableitung von Handlungsoptionen. Denn nur durch die vergleichende Betrachtung der einzelnen Faktoren kann festgestellt werden, welche Stärken gezielt einzusetzen bzw. welche Schwächen unbedingt zu kompensieren sind, damit die identifizierten Chancen überhaupt erst genutzt werden können.

SWOT-Strategien als Ergebnis der Faktorenkombination

Im Ergebnis lassen sich so für jede relevante Faktorenkombination individuelle Handlungsoptionen ableiten (die sogenannten SWOT-Strategien). Die grundsätzlichen Handlungsstrategien, hier im Hinblick darauf, welche grundsätzliche Zielrichtung sich innerhalb des Kombinationsprozesses für jeden Quadranten ergibt, stellen sich dabei für jede der möglichen Kombinationsbereiche wie folgt dar:

- Stärken-Chancen-(SO-)Strategien zielen auf die Nutzung der Chancen in der externen Umwelt durch die Ausnutzung und Hebelung der eigenen Stärken.
- Stärken-Bedrohungen/Risiken-(ST-)Strategien versuchen, externe Bedrohungen oder Risiken durch den Einsatz der identifizierten Stärken entweder zu neutralisieren, zumindest aber zu minimieren.
- Schwächen-Chancen-(WO-)Strategien zielen auf die Abschwächung der eigenen Schwächen, um eine gezielte Nutzung der externen Chancen nicht unmöglich zu machen.
- Schwächen-Bedrohungen/Risiken-(WT-)Strategien versuchen, die Bedrohungen und Risiken der Umwelt durch den Abbau der Schwächen zu reduzieren oder im Ereignisfall leichter verkraftbar zu machen.

Beispiel: Von der Schwächenanalyse zur Verbesserungsmaßnahme
Im Unternehmen von „Daniel Düsentrieb" wurde als Schwäche z. B. eine schlechte Projektdisziplin festgestellt. Das Fehlen strukturierter Prozesse, häufiges Nichtnachverfolgen von Meilensteinen oder Ergebnisversprechen etc. führten zu dieser Diagnose. Gleichzeitig wurde als Chance das komplette „Mit-sich-selbst-beschäftigt-Sein" beim Hauptwettbewerber identifiziert. Gemäß der grundsätzlichen Handlungs- oder Quadrantenstrategien geht es jetzt darum, die Schwäche so zu handhaben, dass die Chance genutzt werden kann.

Im konkreten Fall bedeutet dies, die fehlende Marktorientierung des Wettbewerbers auszunutzen und (wenn möglich) das eigene Wettbewerbsverhalten auf genau diese Schwäche des Konkurrenten auszurichten, was wiederum bedeutet – Handlungsstrategie 1 –, durch größtmögliche Flexibilität und größtmögliche Kundenorientierung bisher nicht erreichte Kunden oder sogar Stammkunden des Wettbewerbers anzusprechen und so für sich zu gewinnen.

Damit man die geleisteten Flexibilitätsversprechen jedoch auch einhalten kann und nicht selbst durch interne Fehler in den Abläufen eine Angriffsfläche liefert, muss vor allem – und das repräsentiert dann genau die aus der Faktorenkombination abgeleitete Handlungsstrategie 2 – das interne Projektmanagement optimiert und durch die Einführung einer effektiven Projektmanagementmethodik professionalisiert werden.

Am Ende fließen dann die so entwickelten SWOT-Strategien, also die auf die Stärken, Schwächen, Chancen und Risiken bezogenen Handlungsoptionen, in den weiteren Strategieprozess ein. Zum einen bei der Ableitung der Wettbewerbsstrategie und zum anderen bei der Spezifikation der individuellen Funktionalstrategien.

SWOT-Strategien in den Strategieprozess integrieren

Werden im Prozess der Strategieumsetzung moderne Verfahren wie z. B. Methoden des Strategy Transformation Management eingesetzt, gehen die SWOT-Strategien als Projektvorschläge in das gemäß der Strategie zu priorisierende Projektportfolio des Unternehmens ein. Dies stellt heutzutage insbesondere bei größeren Unternehmen auch den Hauptanwendungszweck der SWOT-Methodik dar: methodisch-instrumentelle Unterstützung bei der Identifikation und Auswahl von Maßnahmen zur effektiven Umsetzung der Unternehmensgesamt-, Wettbewerbs- und/ oder Funktionalstrategien.

5 Zusammenfassung und Ausblick

Die Ausführungen haben verdeutlicht, dass die SWOT-Analyse ein grundsätzlich geeignetes Instrument im Prozess der Strategie- bzw. Handlungsoptionsfindung darstellt. Der grundsätzliche Ablauf ist in Abb. 5 noch einmal zusammengefasst dargestellt. Er verdeutlicht, dass die Aggregation der Analyseergebnisse in stichwortartigen Punkten entgegen der weitläufigen Praxis noch nicht das Ende des SWOT-Prozesses darstellt. Vielmehr schließt der SWOT-Prozess mit der Ableitung von konkreten Handlungsalternativen, die dann Eingang in die Prozesse der Strategieformulierung und Strategietransformation finden.[5]

Ableiten konkreter Handlungsalternativen bildet den Abschluss des SWOT-Prozesses

---

[5] Vgl. PwC (2010).

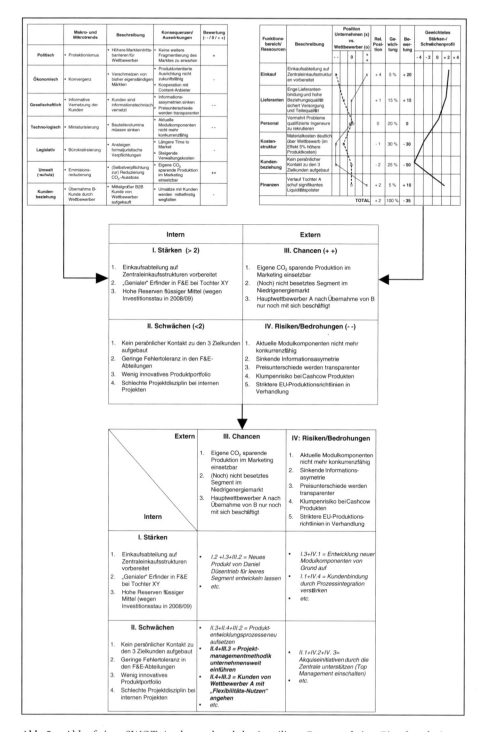

Abb. 5: Ablauf einer SWOT-Analyse anhand der jeweiligen Prozessschritte-Einzelergebnisse

Die Vorteile der Methode liegen daher zu einem großen Teil in der einfachen Struktur, die eine einfache und komplexitätsreduzierte Aufbereitung wettbewerbs- und damit strategierelevanter Aspekte erlaubt. Die Aggregation der SWOTs erlaubt eine direkte Verknüpfung des Prozesses der Identifikation der relevantesten Einflussfaktoren mit dem Prozess der Ableitung von strategischen (Handlungs-)Optionen.

Vorteile: einfache Struktur, hoher Bekanntheitsgrad, weite Verbreitung

Aus Anwendungsperspektive sind zusätzlich der Bekanntheitsgrad und die weite Verbreitung der Methode hervorzuheben. Dies deshalb, weil man beim Einsatz im Unternehmen nicht auf gängige Klischees trifft, ein entweder überakademisiertes oder „theoretisches" Konzept oder aber alten Wein in neuen Schläuchen verkaufen zu wollen.

Die Nachteile der Methode liegen dagegen in der Übersimplifizierung und Trivialisierung der realen Entscheidungssituation. Daneben fehlt eine mit der SWOT verbundene methodisch-instrumentelle Unterstützung bei der Auswahl und Bewertung der Einflussfaktoren respektive der Ableitung der strategischen Optionen. Außerdem sind alle Einflussfaktoren in den populären SWOT-Interpretationen grundsätzlich gleich gewichtet, was in der Praxis kaum anzutreffen ist.

Nachteile: Übersimplifizierung durch fehlende Faktoren

Die fehlende Berücksichtigung von Abhängigkeiten und Wechselwirkungen sowie die fehlende Betrachtung zeitlicher Effekte ist ebenso nachteilig wie die Tatsache, dass viele Unternehmen in der Bestimmung der Einflussfaktoren stehen bleiben und keinen methodischen Prozess zur gezielten Ableitung der „Quadranten-Strategien" weiterverfolgen. Um die Übersichtlichkeit zu bewahren („alles auf eine Folie"), bleiben die Ableitungen oft allgemeiner und unspezifischer, als es die Methode durch den geeigneten Einsatz von ergänzenden Methoden erlauben würde.

6 Literaturhinweise

Angel/Rampersad, Improving people performance: the CFO's new frontiert, Financial Executive Magazine, H. 10/2005, S. 45–48.

Atkinson, Strategy implementation: a role for the balanced scorecard?, Management Decision, H. 10/2006, S. 1441–1460.

Bible/Kerr/Zanini, The Balanced Scorecard: here and back: from its beginnings as a performance measurement tool …, Management Accounting Quarterly, H. 4/2006, S. 18–23.

Chase, Strength and Weaknesses, in: Management, H. 11/2006, S. 37–42.

Cokins, Performance Management: Integrating Strategy Execution, Methodologies, Risk, and Analytics, Cichester 2009.

Firestone, The Balanced Scorecard: Developments and Challenges, White Paper Adaptive Metrics Center, Alexandria, VA 2006.

Giannetto, Why Business Have Outgrown The Balanced Scorecard, online: http://newsblaze.com/story/20070628102828tsop.np/topstory.html, Stand: 28.7.2007, Abruf: 31.1.2010.

Gianetto/Zecca, The performance power grid: the proven method to create and sustain superior organizational performance, New Jersey 2006.

McCunn, The balanced scorecard ... the eleventh commandment, Management Accounting (UK), H. 11/1998, S. 34–36.

Mohobbot, The Balanced Scorecard (BSC) – A Critical Analysis, Journal of Humanities and Social Sciences, H. 4/2004, S. 219–233.

Morgan/Levitt/Malek, Executing your strategy: how to break it down and get it done, Boston 2008.

Norreklit, The Balanced Scorecard: What Is the Score? A Rhetorical Analysis of the Balanced Scorecard, Accounting, Organisations and Society, H. 28/2003, S. 591–619.

Pforsich, Does your Balanced Scorecard Need a Workshop, Strategic Finance, H. 1/2005, S. 31–35.

PwC, Strategy Transformation Management, online: www.pwc.ch/stm, Stand: 31.1.2010, Abruf: 31.1.2010.

Sauerwein/Bailom/Matzler/Hinterhuber, The Kano Model: How to delight your customers, in: Preprints Volume I of the IX. International Working Seminar on Production Economics, Innsbruck/Igls/Austria, H. 2/1996, S. 313–327.

Schmitz, Warum die Balanced Scorecard scheitert, CIO, online: http://www. cio.de/strategien/projekte/879323/, Stand: o. A., Abruf: 1.5.2009.

Schneiderman, Why Balanced Scorecards Fail, Journal of Strategic Performance Measurement, H. 1/1999, S. 6–10.

Stephan, Analysis of strategy implementation concepts (except Kaplan/Norton), SAC-Practice Report Q3-2006, b&m management 2006.

Stephan, Strategy Transformation, Zürich 2010.

Stephan/Keuper, Strategy Transformation Management: ein effektivitäts-orientierter Ansatz von PricewaterhouseCoopers AG, in: Keuper/Schomann/Horn (Hrsg.), Modernes Versicherungs- und Finanzmanagement, Berlin 2010, S. 111–145.

Business Case: Controlling-Instrument zur Prüfung strategischer Optionen am Beispiel Produktinnovation

- Der Business Case ist ein Instrument zur Prüfung und Beurteilung strategischer Optionen. Er hilft, strategische Ideen ganzheitlich zu beurteilen.

- Dazu werden strategische Potenziale quantifiziert und die Auswirkung auf Ergebnis und Cashflow ermittelt. Zusammen mit einer Risikoanalyse wird die Erfolgswahrscheinlichkeit der Entscheidung deutlich erhöht.

- Der Erfolg des Business Case hängt von Art und Umfang der strategischen Prüfung ab. Die Qualität der Zahlen kann nicht besser sein als die Qualität der strategischen Analyse.

- Der Business Case ist Bindeglied zwischen strategischer Planung und operativer Umsetzung. Er ist Teil der Mittelfristplanung und erleichtert so die Integration mit der gesamten Unternehmensplanung.

■ Der Autor

Guido Kleinhietpaß ist Partner und Trainer der Controller Akademie AG, Gauting.

1 Vorauswahl strategischer Optionen

Die Beurteilung und Bewertung von Handlungsoptionen für Strategien gestaltet sich schwierig. Welche Ideen haben das Potenzial, sich am Markt durchzusetzen? Diese Frage soll am Beispiel einer „Produktinnovation mit Spartengründung" dargestellt werden. Strategisch stellt sich die Frage der Effektivität, d. h. der grundsätzlichen Wirksamkeit der Innovation am Markt. Zudem muss jede Option wertschaffend sein, d. h., operativ ist der Ressourceneinsatz (rechnerisch) zu bewerten.

Effektivität vs. Effizienz beim Beurteilen und Bewerten von Handlungsoptionen

Der Vergleich muss auf dem jeweils bestmöglichen Einsatz von Mitarbeitern, Sachmitteln und Liquidität basieren. Aber wie Ressourcen effizient eingesetzt werden könnten, ist natur gemäß noch nicht bekannt. Die Option ist zunächst wie eine Blackbox mit strategischen und operativen Fragen.

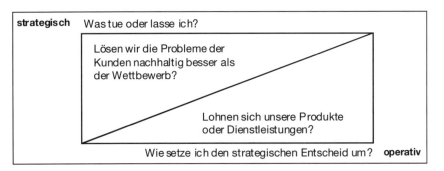

Abb. 1:   Controllers Vexierbild zur strategisch/operativen Diagnose

Die Kunst des Business Case besteht darin, beide Aspekte ganzheitlich zu beurteilen und in Zahlen zu übersetzen. Mit Strategieanbindung und grober Umsetzungsanleitung zugleich ist er Teil der Mittelfristplanung. Diese stellt das Scharnier dar, das beide Denkweisen verbindet.

Strategische Prüfung hat Vorrang vor Zahlen

Erst durch die Konkretisierung können die strategischen Optionen auf Plausibilität geprüft und beurteilt werden. Die Zahlen sind in diesem Verständnis ein Ergebnis der Analyse. Zugleich sind sie ein Zwischenschritt auf dem Weg zur Beurteilung der Risiken. Es ist darum zu betonen, dass Effektivität keine Begründung für Effizienz ist. Jede Zahl kann nur so gut sein wie die zugrunde liegenden Annahmen. Operativ kann nur umgesetzt werden, was strategisch als Potenzial vorhanden ist. Die strategischen Fragen des Business Case sind darum den operativen Fragen vorangestellt.

2 Controllers Triptychon

Zunächst werden alle nicht schlüssigen strategischen Optionen aussortiert. Der Filter darf rechnerisch noch grob sein, solange die Bewertung ganzheitlich erfolgt. Dazu eignet sich z.B. „Controllers Triptychon" (s. Abb. 2). Als Veränderungsformular bildet es strategische Potenziale, Ergebnis und Finanzen nebeneinander ab. Miteinander vernetzte Fragen lassen sich darin leichter erkennen und bearbeiten.

Strategische Potenziale	Ergebnisaus-wirkung	Liquidität	
		MV	MH

Abb. 2: Controllers Triptychon hilft bei der Beurteilung denkbarer Veränderungen

Das Triptychon prüft nur sich ergebende Veränderungen

Insbesondere das Ausfüllen der ersten Spalte ist fehleranfällig. Nur Veränderungen, die sich aufgrund einer Option ergeben, dürfen einfließen. Stellen wir uns einen Pkw-Reifenservice vor: Reifenwechsel und Verkauf. Er könnte auch innovative Tuning-Lösungen anbieten. Welche Potenziale würden sich dadurch ändern? Das könnte „ein größeres Einzugsgebiet mit mehr Kunden" sein. Auch ein „höheres Image bei Reifenherstellern und darum kürzere Belieferungszyklen" sind vorstellbar. Kritisch aber wäre die Antwort „Filialgründung am Nürburgring". Das ist auch ohne Tuning-Geschäft möglich. Nur wenn die vorhandenen Räumlichkeiten für Tuning nicht ausreichen, wäre diese Antwort in der ersten Spalte zulässig. Die „Innovation Tuning" und die „Filialisierung" sind kombinierbar, bleiben aber zwei strategische Optionen.

Das Triptychon prüft Plausibilität und Konsistenz der Option

Jede Antwort kann neue Einträge im Triptychon nach sich ziehen. So bringen neue Kunden zusätzliche Deckungsbeiträge. Kürzere Belieferungszyklen verringern die Anzahl der vorgehaltenen Reifen, also die Kapitalbindung. Als Einmaleffekt wird Liquidität freigesetzt. Diese **Mittelherkunft (MH)** aus dem Lagerabbau kann für die Bezahlung neuer Tuning-Werkzeuge verwendet werden. Der Saldo aus Mittelherkunft und **Mittelverwendung (MV)** bildet die Liquiditätsveränderung in Form von Liquiditätsüberschuss oder Liquiditätsbedarf ab. Es ergeben sich aber nicht nur positive Wirkungsketten. Durch das Tuning könnten bisherige Kunden irritiert sein und zur Konkurrenz wechseln etc. Potenzialverschlechterungen sind eine erste Risikoinformation – bewertet in Ergebnis und Liquidität.

Durch das Erfassen aller Wechselwirkungen zwischen den Spalten leistet das Triptychon einen erheblichen Beitrag zur Transparenz. Die Veränderungen der strategischen Potenziale sind detailliert benannt. Vollständigkeit, Plausibilität und Konsistenz der bisherigen Überlegungen lassen sich nun beurteilen. Zugleich lässt sich die Wirkung der strategischen Potenziale auf das Ergebnis abschätzen.

Marktanteil und Rendite fassen das Triptychon in zwei Größen zusammen

Wenn die Problemlösungsfähigkeit aus Kundensicht durch die Strategie verbessert wird, muss sich das entweder in höherer Preisbereitschaft oder in höherem Absatz niederschlagen. Der relative Marktanteil steht damit als Kennzahl zwischen erster und zweiter Spalte. Analog ist der ROI (RONA etc.) geeignet, zwischen zweiter und dritter Spalte zu stehen.

Die Ergebnisverbesserung kann als EBIT und der verbleibende Liquiditätsbedarf als Investment interpretiert werden. In komprimierter Form beinhalten diese beiden Kennzahlen Chancen und Risiken auf drei zentralen Feldern. Damit erfolgt eine Vorauswahl der strategischen Optionen auf einer grob quantifizierten – und plausibilisierten! – Zahlenbasis.

Im Regelfall darf man davon ausgehen, dass alle relevanten Aspekte bekannt sind. Darum ist die Vorauswahl ein wichtiger Schritt bei der Erstellung des Business Case. Er muss allerdings inhaltlich und zeitlich weiter detailliert werden. Dazu gehört auch, dass besonders kritische Einflussfaktoren ein weiteres Mal, d. h. separat hergeleitet werden. Das ist auch für die Akzeptanz wichtig. Schließlich sollen in der späteren Umsetzung daraus einmal die Zielmaßstäbe für die verantwortlichen Manager abgeleitet werden.

Kritische Optionen immer zweimal prüfen

3 Kernelemente des Business Case

Laut Studien werden nur 10 % der neu gegründeten Unternehmen zum „Top Performer". Ein Totalverlust ist dagegen dreimal so wahrscheinlich. Darum müssen bei der Erarbeitung des Business Case die strategischen Teile auch den überwiegenden Teil ausmachen. Der Schwerpunkt muss zunächst auf der Plausibilitätsprüfung liegen. Die Rentabilität ist nachgelagert. Das gilt für Existenzgründungen wie für bestehende Konzerne.

Die Inhalte des Business Case sind vom Problem abhängig

Darüber hinaus ist es sinnvoll, den Aufbau eines Business Case stark von der jeweiligen Situation – von Unternehmensneugründung bis Sanierung – abhängig zu machen. Die für die Spartengründung „Tuning" ebenfalls wichtigen Fragen wie z. B. Leitbild, Führungsteam etc. sollen hier nur beispielhaft genannt sein.

Folgende Elemente sollten allgemein gültig, d.h. unabhängig von der konkreten strategischen Option mindestens enthalten sein:

1. Strategische Prüfung
   - Geschäftsmodell/Unternehmenskonzept
   - Beschreibung des Kunden und seiner Bedürfnisse
   - Größe des Marktes
   - Analyse des Wettbewerbs und der Marktnischen
2. Operative Prüfung
   - Maßnahmenplan
   - Meilensteine
3. Finanzplanung (im weiteren Sinne)
   - Erfolgsrechnung (GuV)
   - Plan-Bilanz
   - Liquiditätsplanung
4. Chancen und Risiken – alternative Szenarien

4 Strategische Prüfung

4.1 Geschäftsmodell/Unternehmenskonzept

Erster Schritt ist das strategische Radar

Wieso kauft der Kunde bei uns und nicht beim Wettbewerber? Wie entwickeln sich kaufentscheidende Einflussfaktoren im Zeitablauf? Die Antworten darauf muss der Business Case geben. Da dabei nicht selten das gesamte Umfeld der Unternehmung betroffen ist, wird auch vom „strategischen Radar" gesprochen. Es bildet den Einstieg in die Prüfungen:

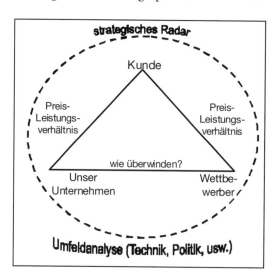

Abb. 3: Prüfung der strategischen Option in verschiedenen Dimensionen

4.2 Beschreibung des Kunden und seiner Bedürfnisse

Ob die Strategie „richtig" ist, entscheidet der Kunde. Ausgangspunkt der Überlegung ist deshalb das Kundenbedürfnis. Das verlangt eine eindeutige Definition des Kunden bzw. der Kundengruppe. Die Vermutung, es werde schon für jeden Kunden etwas dabei sein, führt dazu, dass die Lösung für keinen Kunden richtig passt. Wer es jedem recht machen will, sitzt letztlich zwischen allen Stühlen.

Kundenbedürfnisse ermitteln und richtig quantifizieren

Falls verschiedene Kunden(gruppen) adressierbar sind, sollte die Entscheidung im Wesentlichen nach zwei Kriterien getroffen werden:

- Welchen Kunden kann eine überlegene Problemlösung angeboten werden?
- Welche dieser Zielgruppen ist attraktiv?

Die Erarbeitung der Kundenbedürfnisse ist deshalb der erste Schritt. Was bieten wir zur Lösung der Kundenprobleme an? Wie wichtig sind dem Kunden die einzelnen Bedürfnisse und wie würde der Kunde unser Leistungsangebot im Vergleich zum Angebot der Konkurrenz beurteilen? Der erzeugte Kundennutzen ist der Einstieg in das Potenzialprofil.

Kriterien (Kundenbedürfnis)	Gewicht	Beurteilung ggb. dem Wettbewerber (Punktnote)					Punkte (Gewicht x Punktnote)	Maß-nahmen
		viel besser 5	etwas besser 4	gleich gut 3	etwas schlechter 2	viel schlechter 1		
	100%						Summe	

Abb. 4: Das Potenzialprofil unterstützt auch bei der strategischen Preisfindung

4.2.1 Das Potenzialprofil

Das Potenzialprofil erfüllt im Business Case mehrere Funktionen: Es systematisiert die Analyse und kann als Schrittmacher für den letzten Feinschliff im Leistungsdesign dienen. Die Differenz zwischen der Ist-Punktesumme und dem Zielwert muss durch Maßnahmen beseitigt werden. Außerdem ist durch den relativen Vergleich zum Wettbewerber auch messbar, um wie viel Prozent die eigene Leistung besser/schlechter ist.

Potenzialprofil erfüllt mehrere Funktionen

Der Wettbewerb hat immer 300 Punkte. Hätte unser Tuning-Angebot 420 Punkte, dann wären wir 40 % besser. Mit dem Leistungsabstand ist auch der maximale Preisabstand ermittelt, bei dem keine Beeinträchtigung der Absatzmenge erwartet wird. Damit ist das Potenzialprofil wichtiger Bestandteil der strategischen Preisfindung und Anknüpfungspunkt für die spätere Finanzplanung.

Das Potenzialprofil ist individuell für jede Kundengruppe zu ermitteln

Außerdem zwingt das Potenzialprofil weg von der anonymen Formulierung „der Wettbewerb" hin zur konkreten Benennung einer Konkurrenzfirma und ihres Angebots. Nur so ist der Vergleich „besser, gleich gut oder schlechter" überhaupt möglich. Ebenso muss der Kundentyp exakt definiert werden: Unterschiedliche Kunden haben i. d. R. auch unterschiedliche Bedürfnisse. Im endgültig verabschiedeten Business Case gibt es nur ein Potenzialprofil für die letztlich ausgewählte Kundengruppe. In der Analysephase muss es jedoch mehrfach ausgefüllt werden: für jede potenzielle Kundengruppe in Kombination mit allen wichtigen Wettbewerbern.

Sowohl aus finanziellen und organisatorischen Gründen als auch aus Imagegründen wird es i. d. R. nicht möglich sein, alle Kundengruppen gleichzeitig zu bedienen. Wenn mittels des Potenzialprofils plausibel begründet werden kann, welche Kundengruppen voraussichtlich bei uns und nicht bei der Konkurrenz kaufen würden, dann kann ermittelt werden, an welche dieser potenziellen Zielgruppen wir uns richten wollen.

4.2.2 Das Ermitteln des Preises

Höchstpreis und Preisstrategie können ermittelt werden

Durch das Potenzialprofil ist der maximal mögliche Preis der potenziellen Zielgruppe ermittelt. Der Leistungsabstand bestimmt die Obergrenze des Verkaufspreises. Das Gegenstück bildet das Unternehmen mit „Selbstkosten + angemessener Gewinnanteil" als benötigten Preis. Wie weit dieser Spielraum von nötig bis möglich ausgeschöpft werden soll, hängt davon ab, ob wir befürchten, weitere Konkurrenten anzulocken oder nicht; also vom Wettbewerb quasi „erlaubte Kosten".

Und zu guter Letzt sollte noch geprüft werden, ob die angestrebte Preisstellung auch passend zur Strategie ist, also z. B., ob wir eine schnelle oder langsame Marktdurchdringung anstreben oder ob wir uns als Premiumanbieter oder als Preisbrecher etablieren wollen.

Die Attraktivität wird neben dem erzielbaren Preis aber noch durch weitere Faktoren beeinflusst:

- Wie groß ist die Kundengruppe und wie groß ist ihr Bedarf?
- Wie wird sich die Anzahl der Kunden/ihr Bedarf im Zeitablauf entwickeln?
- Wie wird die Wettbewerbssituation sein?
- Welches Risiko besteht bei Ansprache der Zielgruppe?

4.3 Größe des Marktes

Die erste Frage „Wie groß ist die Kundengruppe und wie groß ist ihr Bedarf?" wird am leichtesten mit Daten aus statistischen Erhebungen beantwortet. Sind solche Informationen zu teuer oder nicht verfügbar, so muss geschätzt werden. Ziel ist nicht eine vermeintlich exakte Zahl, sondern die richtige Größenordnung.

Statistische Daten oder Schätzungen verwenden

Eine einfache und bewährte Methode ist, die unbekannte Gesamtgröße in Teilgrößen zu zerlegen, die sich einzeln leichter schätzen lassen als die Gesamtgröße. Im Idealfall lässt sich von einer bekannten Basis starten. Die Qualität der Schätzung wird wesentlich durch drei Dinge bestimmt: das Vorgehen in kleinen Schritten, die Absicherung wichtiger Teilgrößen und die Offenlegung der Annahmen. So entsteht ein Gefühl für das der Schätzung innewohnende Risiko.

> **Beispiel: Marktgröße für Babywindeln**
> Procter & Gamble, Hersteller von Pampers, hat auf folgende Art und Weise den Verbrauch von Papierwindeln in der Schweiz geschätzt:[1]
>
> - Basis: Bevölkerung der Schweiz: 7,3 Mio. (Bundesamt für Statistik)
>   - Annahme: Das Durchschnittskind trägt 2 Jahre lang Windeln (Eltern fragen).
> - Basis: Die durchschnittliche Lebenserwartung in der Schweiz beträgt 80 Jahre (Geografie-Lehrbuch).
>   - Berechnung: Die Zahl der Windeln tragenden Kinder in erster Annäherung beträgt 2/80 = 2,5 % der Bevölkerung oder rund 180.000.
> - Verfeinern der Annahme: Die Bevölkerung ist altersmäßig nicht gleich verteilt (Zwiebelfunktion), d. h., einerseits nimmt die Zahl der Menschen pro Jahrgang mit zunehmendem Alter ab, andererseits ist die Geburtenrate zurzeit sehr niedrig. Nehmen wir an, die beiden Effekte gleichen sich in etwa aus; die Unsicherheit dokumentieren wir mit der Bandbreite von 160.000 – 200.000 Windelträgern.
>   - Annahme: Windelverbrauch je Tag (wieder Eltern fragen): 5 – 7 Windeln
>
> **Resultat: Der geschätzte tägliche Windelverbrauch in der Schweiz beträgt 0,8 – 1,4 Mio.**
>
> **Tatsächlicher Wert: 1,15 – 1,25 Mio.**

Schwieriger ist die zweite Frage nach der Entwicklung im Zeitablauf, zu beantworten. Unterschiedliche Arten von Bedarf (z. B. Bedarf des Kunden nach Mobilität, Unterhaltung, Befriedigung von Sammelleidenschaft etc.) sind im Zeitablauf unterschiedlich stabil. Können wir die Art des Bedarfs benennen und dessen Nachhaltigkeit abschätzen? Das Geschäftsmodell

Bedarfe definieren und planen

---

[1] Zitiert nach McKinsey & Company „Planen, gründen, wachsen" (3. Aufl.).

sollte idealerweise für eine Reihe von Jahren tragfähig sein. Abhängig vom Investitionsbedarf und den Mittelrückflüssen sollten fünf Jahre nicht unterschritten werden.

Forschungsintensive Branchen wie z. B. Pharma oder Biotechnologie können in diesem kurzen Zeitraum ihr Geld nicht zurückverdienen. Das gilt entsprechend auch für Branchen mit hoher Kapitalbindung, z. B. die Energiebranche. Man denke nur an die Diskussion über die Restnutzungsdauer von Atomkraftwerken.

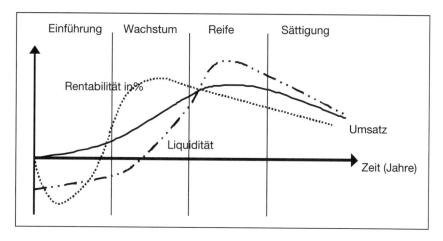

Abb. 5: Der Lebenszyklus unterstützt die Planung

Bedarf und Produkt-lebenszyklus abstimmen

Ob der Bedarf längerfristig existiert, hängt auch von möglichen Alternativen ab, die dem Kunden zur Verfügung stehen (vgl. Abb. 8). Um die Absatzentwicklung abzuschätzen, muss weiterhin geklärt werden, wie sich der Lebenszyklus aktueller Produkte verhält. Bei einer Produktinnovation muss dann überlegt werden, welche Änderungen sich aufgrund der Neuartigkeit der Leistung gegenüber dem bisherigen, typischen Branchenverlauf ergeben. Insbesondere auf das Angebot ergänzender Leistungen ist zu achten.

So war die Nachfrage nach Personalcomputern in der Anfangszeit stark vom Angebot an Programmierleistung abhängig. Die Hardware benötigt die komplementäre Leistung Software.

Daneben gibt es die gleichen Fragen, die auch im Rahmen der Planung gestellt werden:

• Gibt es langfristige Trends wie z. B. das Wirtschaftswachstum?
• Sind daneben mittelfristige Trends bekannt, die um den langfristigen Trend schwanken, wie z. B. der Konjunkturzyklus?

So kann der Bedarf an einem hochwertigen Produkt mit steigendem Einkommen langfristig wachsen, aber eine Konjunkturschwäche könnte für eine Übergangszeit dazu führen, dass die Kunden in der nächsten Zeit preiswertere Angebote bevorzugen.

4.4 Segmentierung des Gesamtmarktes

Meist ist es erforderlich, nicht nur die Entwicklung des Gesamtmarktes zu betrachten, sondern konkrete Teilmärkte zu analysieren. Der Gesamtmarkt kann segmentiert werden nach sozioökonomischen Kriterien (Alter, Geschlecht, Bildungsniveau, Einkommen, Wohnort etc.) oder nach psychografischen Kriterien (Einstellungen, Lebensstil, Kaufmotiv, Produktwahrnehmung etc.). Ziel ist die Bildung von Kundengruppen, die homogene, d. h. gleichartige Bedürfnisse haben.

Ohne Marktsegmentierung geht es nicht

Auch dies kann am Beispiel Personalcomputer gezeigt werden. Der Gesamtmarkt kann in die Nutzungsarten „unterwegs" (Notebook), „stationär" (Desktop) und „Server" unterschieden werden. Damit einhergehen unterschiedliche Anforderungen an das Produkt: So sind bei der mobilen Nutzung vor allem die Laufzeit des Akkus und das Gewicht von Interesse, was bei den beiden übrigen Nutzungsarten irrelevant ist.

Segmentierung am Beispiel PC

Bis hierhin ist die Segmentierung einstufig. Gegebenenfalls muss die Segmentierung für die gerade ermittelten Teilmärkte fortgesetzt werden. So wäre z. B. für die Desktops eine weitergehende Analyse denkbar. Hier könnte in die Kundengruppen „Office-Anwender", „PC-Spieler", „Internetnutzer" etc. unterschieden werden. Jede der Gruppen hat wiederum eine andere Erwartungshaltung und auch Zahlungsbereitschaft. Abbildung 6 verdeutlicht diese mehrstufige Marktsegmentierung.

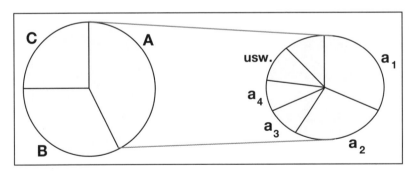

Abb. 6: Mehrstufige Marktsegmentierung unterstützt die Zielgruppenauswahl

Für jedes Teilsegment müssen folgende Informationen erarbeitet werden:

- Beschreibung der Kundenbedürfnisse (Potenzialprofil, vgl. Abb. 4)
- Absatzkanal/Einkaufsort der Kunden

111

- Beschreibung der Wettbewerber mit Stärken (z. B. Markenbekanntheit, Präsenz in Absatzkanälen) und Schwächen (z. B. alter Maschinenpark, nicht abgerundetes Sortiment, keine Innovationen im Sortiment)
- Weitere Wettbewerbskräfte; z. B. „Five Forces" (vgl. Abb. 7)

Marktsegment und Kernzielgruppe bestimmen

Wenn die Größe des Gesamtmarktes und seiner Teilmärkte ermittelt ist, muss im nächsten Schritt untersucht werden, welche Segmente des betrachteten Marktes man gewinnen und dauerhaft halten kann (bzw. entsprechend welchen Marktanteil innerhalb eines Segments). Dazu bietet es sich an, eine Kernzielgruppe und eine erweiterte Zielgruppe zu definieren.

4.5 Analyse des Wettbewerbs und der Marktnischen

Je attraktiver der Markt erscheint, desto mehr muss auf Wettbewerber geachtet werden. Vermutlich identifizieren sie die gleichen Zielgruppen. Sie bestimmen maßgeblich, wie sich der Bedarf und damit der (relative) Marktanteil entwickeln. Zur Analyse bietet sich die Systematisierung von *Porter* an (s. Abb. 7):

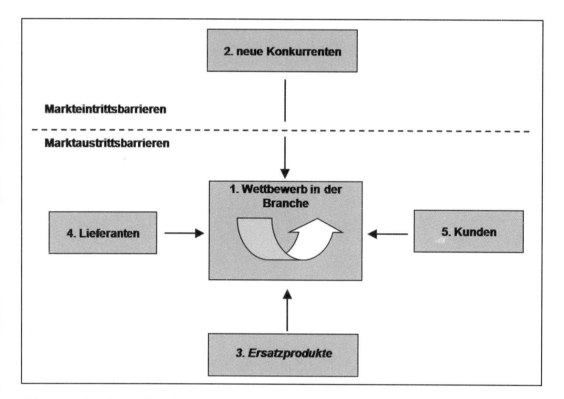

Abb. 7: Analyse der Wettbewerbssituation mit den „Five Forces"

112

Der Wettbewerb in der Branche ist i. d. R. die wichtigste Einflussgröße. Zur weiteren Detaillierung wird eine zwei- bzw. mehrdimensionale Einteilung des Marktes nach Produkteigenschaften vorgenommen. Die relevanten Eigenschaften aus Kundensicht sind bereits im Potenzialprofil (vgl. Abb. 4) erarbeitet worden.

Markt nach Produkteigenschaften gliedern

Die Ergebnisse können bei Bedarf durch das statistische Verfahren der Faktorenanalyse überprüft werden. Aus Gründen der Übersicht werden auf zwei oder drei Achsen die wichtigsten Kriterien(bündel) abgebildet. Darin werden die Wettbewerbsprodukte eingezeichnet. So lassen sich Marktnischen identifizieren und der zu erwartende Marktanteil wird auf einer soliden Datenbasis bestimmt.

Wettbewerbsvorteil definieren und Marktnischen bestimmen

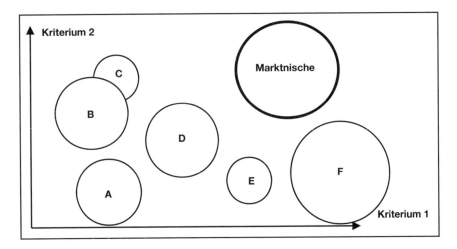

Abb. 8: Die Einordnung der Wettbewerber (A bis F) zeigt die Marktnische

Die Entwicklung innerhalb der Branche kann im Zeitablauf gut mit einer Portfoliomatrix abgebildet werden. Die Veränderung des (relativen) Marktanteils zeigt, ob wirklich ein Wettbewerbsvorteil besteht, d. h., ob wirklich eine bessere Problemlösungsfähigkeit im Vergleich zum Wettbewerb vorliegt.

4.5.1 Die Bedeutung von Wettbewerbern

Nicht immer ist der Wettbewerber eine Bedrohung des eigenen Absatzes. Manchmal benötigt man den Wettbewerb sogar, um am Markt erfolgreich sein zu können. Das gilt insbesondere bei Innovationen oder wenn eine kritische Masse Kunden erforderlich ist. So würde es einem einzelnen Kunden nichts nutzen, alleine ein Telefon zu besitzen. Erst wenn mindestens eine weitere Person ein Telefon hat, kann es Nutzen stiften. Der Nutzen wird ja gerade mit steigender Anzahl an Telefon-

Wettbewerber können wichtig für das eigene Unternehmen sein

besitzern immer größer. Deshalb kann es wichtig sein, Wettbewerber „zum Mitmachen" zu bewegen. Sind diese bereit dazu oder gibt es Markteintrittsbarrieren?

Markteintritts- und Marktaus- trittsbarrieren

Oder gibt es Marktaustrittsbarrieren, sodass Wettbewerber sich nicht von ihren angestammten Produkten trennen können? Dann wird der Wettbewerb besonders intensiv, weil „die im Markt gefangenen Unternehmen" keine Ausweichmöglichkeit besitzen. Das gilt ganz besonders bei Produktinnovationen, die auf verschiedenen technischen Verfahren basieren. Dort sind geleistete F&E-Aufwendungen „Sunk Costs" und Garantieverpflichtungen sind Marktaustrittsbarrieren.

4.5.2 Strategische Fragen klären

Am Ende der Wettbewerbsuntersuchung muss eine konkrete Einschätzung des möglichen Preises und der Menge existieren. Folgende strategische Checkliste ist zu prüfen:

- Worin ist unser Angebot zur Problemlösung anders als das Wettbewerbsangebot?
- Ist der Unterschied geeignet, um den Wettbewerb in dem angedachten Marktsegment zu überwinden?
- Wird unser Vorteil vom Kunden wahrgenommen?
- Ist der Kunde bereit, für diesen Vorteil auch zu bezahlen?
- Kann unser Vorteil dauerhaft vor Nachahmern geschützt werden?

Formulieren der Prämissen ist Teil der Risikoanalyse

Mit diesen Fragen werden die Wirksamkeit und die Nachhaltigkeit der Strategie geprüft. Ebenso wichtig ist es, die notwendigen Prämissen der Strategie zu formulieren. Was braucht die Strategie als Nebenbedingung(en), damit sie erfolgreich sein kann? Die Prämisse ist als erforderliche Nebenbedingung definiert, auf die die eigene Firma keinen Einfluss hat. Denn wenn die erforderliche Größe von der Firma beeinflusst werden könnte, dann müsste eine Maßnahme ergriffen werden! Die Kenntnis der Prämissen und die spätere dahingehende Überprüfung des Umfelds ist bereits ein Teil der Risikovorsorge.

Diese strategischen Fragen müssen geklärt werden, bevor die operative Planung beginnt. Die operative Planung stellt nur die Umsetzung der Strategie dar. Ist die Strategie („doing the right things") nicht wirksam, sind die operative Planung („doing things right") und damit auch die daraus abgeleitete Finanzplanung das Papier nicht wert, auf dem sie geschrieben sind. Auch wenn die beste Strategie ohne gute operative Umsetzung scheitert, kann operative Effizienz fehlende strategische Effektivität doch nicht ersetzen.

4.5.3 Operative Umsetzungsplanung

Bei der operativen Planung sind konkrete Maßnahmenbündel gefragt, im Sinne robuster Schritte. Nur Maßnahmen sorgen für die nötige Konkretisierung der strategischen Ideen und bilden damit die Basis für die Ermittlung von Zahlen: „Das Budget ist ein in Zahlen gegossener Maßnahmenplan." Soll die im nächsten Schritt durchzuführende Finanzplanung mehr sein als ein Zahlenfriedhof, braucht sie ihre Herleitung und Begründung aus den geplanten Handlungen der Manager.

Maßnahmenbündel der Manager sind gefragt

Neben den Maßnahmen ist insbesondere die erforderliche Zeit abzuschätzen. Da oft erhebliche finanzielle Vorleistungen erbracht werden müssen (vgl. Abb. 6), ist es für die Finanzplanung besonders wichtig, nicht nur die Höhe, sondern auch die Zeitpunkte und die Dauer des Finanzbedarfs zu kennen.

Maßnahmen – Basis für den späteren SIV

An festgesetzten Zeitpunkten, d. h. idealerweise nach dem Abschluss kritischer Projektschritte (Maßnahmenbündel), ist aufs Neue zu prüfen, ob der Business Case weiter verfolgt werden soll. Diese auch „Meilensteine" genannten Zeitpunkte sind Anlass für den eingangs erwähnten Soll-Ist-Vergleich (SIV) und die Erwartungsrechnung im Sinne einer Ziel-Ist-Vorschau (ZIV).

Der bei jedem Meilenstein durchgeführte SIV hilft, Verzögerungen gegenüber dem Plan frühzeitig zu erkennen. So kann korrigierend eingegriffen und der Forecast bei Gewinn und Liquidität ermittelt werden. Schlimmer noch als eine schlechte Nachricht wäre die Überraschung. Sie bietet nur noch die Möglichkeit zu reagieren. Deshalb muss es heißen: Nicht trotz der Tatsache, dass es sich um ein unbekanntes Geschäftsfeld handelt, sondern genau deswegen ist eine durchdachte Planung so wichtig. Nachdenken muss Erfahrung ersetzen. Deshalb ist es erforderlich, die Maßnahmenbündel mit der geplanten Dauer ihrer Umsetzung zu verknüpfen.

Planung nicht trotz, sondern wegen der erheblichen Unsicherheiten

Dem Controller obliegt es, die Qualität der Datenbasis sicherzustellen. So hat er z. B. zu fragen, ob alle relevanten Teilpläne (Marketing, Vertrieb, Personal etc.) vorliegen und ob die Grundlagen dieser Pläne solide abgesichert sind. Hierzu sind Checklisten hilfreich, die die Prüfung auf Vollständigkeit und Konsistenz unterstützen. Der Controller bildet die „Second Opinion", damit eine Gegenposition zum Vorschlag des Managers vorhanden ist.

Der Controller ist Transparenzverantwortlicher

Nur durch kritisches Hinterfragen und anschließende Diskussion können mögliche Schwächen sichtbar gemacht und noch in der Erstellung des Business Case behoben werden. Der Controller ist deshalb im positiven Sinne „Transparenzverantwortlicher". Wenn die aus heutiger Sicht beste Alternative für eine strategische Option ermittelt ist, können die Inhalte im Finanzplan in Zahlenform zusammengeführt werden.

4.5.4 Finanzplanung im weiteren Sinne

Finanzplanung ist einem Executive Summary ähnlich

Die Finanzplanung kann mit einem Executive Summary verglichen werden. In knapper Form enthält sie alle wesentlichen Daten, aber in Zahlenform. Im Gegensatz zum Executive Summary ist sie aber nur mit Kenntnis der bisherigen Darstellung nachvollziehbar und begründbar. Die Finanzplanung (i. w. S.) stellt die Komprimierung der Maßnahmen umgewandelt in Zahlen dar. Sie umfasst in einem Business Case

- die Erfolgsrechnung,
- die Liquiditätsplanung und
- die Planbilanz.

Diese lassen sich mit der allgemeinen Unternehmensplanung integrieren. So kann bereits intern vorab ermittelt werden, wie sich der Business Case auf künftige Ratings auswirkt. Zumindest wäre das in Abb. 9 dargestellte vereinfachte Schema anzuwenden. Es bietet eine integrierte Darstellung von interner Ergebnisrechnung und Cashflow-Planung.

	0. Jahr			1. Jahr			2. Jahr			3. Jahr		
	Jetziges	Neues	Summe	Jetziges	Neues	Summe	Jetziges	Neues	Summe	Jetziges	Neues	Summe
Marktvolumen	420	0	420	400	20	420	380	45	425	360	70	430
* Marktanteil	15%	0%	15%	14%	50%	16%	14%	40%	17%	14%	35%	17%
= Absatzvolumen	**63**	**0**	**63**	**56**	**10**	**66**	**53**	**18**	**71**	**50**	**25**	**75**
* Verkaufspreis (Target Price)	12,5	0	13	12	21	13	11,5	20	14	11	19	14
= Umsatz	788	0	788	672	210	882	610	360	970	550	475	1025
* Ziel-Deckungsbeitragsmarge	52%	0%	52%	50%	70%	55%	48%	68%	55%	46%	66%	55%
= Deckungsbeitrag	410	0	410	336	147	483	293	245	538	253	314	567
./. Strukturkosten	100	0	100	100	130	230	100	90	190	100	90	190
= Betriebsergebnis (operating profit)	**310**	**0**	**310**	**236**	**17**	**253**	**193**	**155**	**348**	**153**	**224**	**377**
(Marge in % vom Umsatz)	(39%)		(39%)	(35%)	(8%)	(29%)	(32%)	(43%)	(36%)	(28%)	(47%)	(37%)
* (1-%Plan-Steuerquote)	30%		30%	30%	30%	30%	30%	30%	30%	30%	30%	30%
= $NOPAT_{BI}$ (=Net operating profit after taxes before interest)	93	0	93	71	5	76	58	47	105	46	67	113
+ Abschreibungen	40	0	40	40	4	44	40	45	85	40	45	85
= Brutto Cash Flow	**133**	**0**	**133**	**111**	**9**	**120**	**98**	**92**	**190**	**86**	**112**	**198**
./. Investitionen ins Sachanlagevermögen	35	6	41	25	11	36	25	15	40	25	17	42
Invest ins Net Working Capital												
- Aufbau / -(-Abbau) Vorräte	-11	0	-11	-12	13	1	-6	23	17	-6	32	26
- Aufbau / -(-Abbau) Ford. L+L	-5	0	-5	-6	11	5	-3	18	15	-3	24	21
+ Aufbau / - Abbau Verbindl. aus L+L	6	0	6	6	8	14	3	14	17	3	19	22
= Free Cash Flow	**120**	**-6**	**114**	**110**	**-18**	**92**	**85**	**50**	**135**	**73**	**58**	**131**

Abb. 9: Vereinfachtes integriertes Beurteilungsschema für den Business Case (beispielhaft: 4 Jahre)

Diese Darstellung kombiniert Strategie mit Ergebnis- und Wertsicht. Hinter dem Absatzvolumen findet sich die zu Anfang gestellte Frage der Effektivität wieder. Darauf baut die Logik der Deckungsbeitragsrechnung auf und unterstützt die kurzfristige Ergebnissteuerung. Im dritten Teil wird zur Liquidität in der Form der vereinfachten Sicht des Wertmanagements gewechselt. Alle drei Spalten des Triptychons sind damit in konkrete Zahlen überführt worden.

Die Rechnung muss genauso ganzheitlich aufgebaut sein wie die Analyse

Die Free Cashflows (FCF) zeigen frühzeitig Finanzierungslücken auf. Darüber hinaus ist der Barwert der FCF der Wertbeitrag der strategischen Option. Auf dieser Basis lassen sich die verschiedenen strategischen Optionen ökonomisch sinnvoll vergleichen. Auch erlauben die Spalten „Jetziges" und „Neues" den direkten Vergleich von bisherigem Geschäft und neu zu gründender Sparte.

4.5.5 Durchführung einer Plausibilitätsprüfung

Die komprimierte Zusammenfassung in der Tabelle bietet noch einmal die Möglichkeit, die Plausibilität des Business Case zu prüfen. Das ist nötig, wenn der Controller an den bisherigen Arbeitsschritten nicht beteiligt war. Dieses Vorgehen bietet sich auch dann an, wenn eine neutrale Person, wie z. B. der zentrale Unternehmens-Controller, mit Fremdblick auf die Daten schaut.

Plausiblitätsprüfung durch eine neutrale Person

Die Zahlen bieten dazu zahlreiche Anknüpfungspunkte. Am einfachsten ist es, die Entwicklung des Marktvolumens zu prüfen. Bei direkten Substitutionsprodukten wäre ein Anstieg ausgeschlossen. Walkman/MP3-Player oder Röhren-TV/LCD-TV könnten solche direkten Substitute sein. Alpinski und Langlaufski waren es dagegen nicht.

Während beim Absatzvolumen noch eine Mengensteigerung möglich ist, muss bei der Ziel-Deckungsbeitragsmarge von einem Verfall im Zeitablauf ausgegangen werden. Der Preisverfall ist schon früh im Lebenszyklus stärker ausgeprägt als die potenziellen Kostenvorteile, z. B. aus dem Erfahrungskurvengesetz. Die Rentabilität sinkt i. d. R. bereits vor Erreichen der Reifephase (vgl. Abb. 6).

Dazu gehört auch, dass gerade in der Markteinführung erhebliche Werbeaufwendungen anfallen und durch den Kapazitätsaufbau die Abschreibung deutlich ansteigt. In diesem Zusammenhang lässt sich auch prüfen, ob der für die Absatzplanung benötigte Kapazitätsaufbau richtig dargestellt wird. Das betrifft die Zahlungsströme der Investition einerseits und die zeitlich verschobenen Abschreibungen (inkl. der Integration in die Strukturkosten) andererseits.

Zur Plausibilitätsprüfung gehört insbesondere die Prüfung des Net Working Capital. Häufige Fehler bestehen darin, dass

- Vorratsaufbau und Absatz nicht aufeinander abgestimmt sind,
- Veränderungen im Cashflow auf Bestandsgrößen anstelle von Flussgrößen gerechnet werden,
- sinkender Absatz bzw. Umsatz in späteren Lebenszyklusphasen nicht zum Rückgang der Verbindlichkeiten L+L führt und somit zu einem negativen Finanzierungseffekt,
- die Inflation nicht richtig abgebildet wird, d. h. in Umsatz, Kosten und Diskontierungszinsfuß,

falsche Bezugsgrößen verwendet werden.

Umsatz-orientierung führt häufig zu falschen Bezugsgrößen

Der letzte Punkt findet sich insbesondere in der Orientierung am Umsatz. Dabei ist es einleuchtend, dass höhere/niedrigere Verkaufspreise mit entsprechender Umsatzwirkung nicht automatisch zu Veränderungen im Werbebudget führen. Andere Beispiele sind Verbindlichkeiten und Vorräte. Erstere sind auf Materialeinzelkosten, Letztere auf Herstellungskosten zu beziehen. Schließlich sind mit Einkaufsrabatten, Rüstkosten, Lohnsteigerungen etc. zahlreiche Faktoren beteiligt, die nicht umsatzgetrieben sind.

Schwieriger zu bemerken sind Veränderungen in der Art des Wettbewerbs (z. B. Wechsel vom Qualitäts- zum Preiswettbewerb), die sich nicht in Zahlen widerspiegeln. Hier hilft nur die genaue Kenntnis der Branche mit entsprechenden Erfahrungswerten für den typischen Verlauf des Lebenszyklus.

Die Beispiele sollen zu weiteren unternehmensspezifischen Fragen anregen und können hier nicht vollständig sein. Sofern alle Fragen aber plausibel beantwortet sind, erscheint der Business Case aus reiner Zahlensicht stimmig. Die Diskontierung der Free Cashflows zeigt, ob ein positiver Unternehmenswertbeitrag geschaffen wird. Ob er jedoch „richtig" ist, d. h. eintreten wird, entscheidet sich (allein) in der Strategie.

Identifizierte Risiken mit anderen Instrumenten noch einmal prüfen

Auch wäre ein höherer Detaillierungsgrad der Rechnung zwar möglich, aber nicht sinnvoll. Im gezeigten Beispiel wurde bewusst gerundet. Angesichts der erheblichen Unsicherheit bzgl. der verschiedenen zu ermittelnden Größen stände dem Mehraufwand nur scheinbar mehr Genauigkeit gegenüber. Deshalb ist es wichtiger, die bis hierhin identifizierten Risiken der Planung noch einmal, d. h. mit anderen Instrumenten, systematisch zu prüfen und zu analysieren.

5 Chancen und Risiken – alternative Szenarien

Auch wenn Risikomanagement zuallererst aus einer gründlichen Planung besteht und mit den bisherigen Arbeitsschritten bereits viele Risiken vermieden wurden, so sollten zum Abschluss noch einmal bewusst die bereits erkannten Chancen und Risiken auf Vollständigkeit geprüft werden. Eine erste, qualitative Einschätzung des Risikos ermöglicht die Quo-vadis-Matrix: Handelt es sich um einen neuen Markt, ein neues Produkt (bzw. Dienstleistung) oder gar um beides?

Qualitative Risikoeinschätzung mit der Quovadis-Matrix

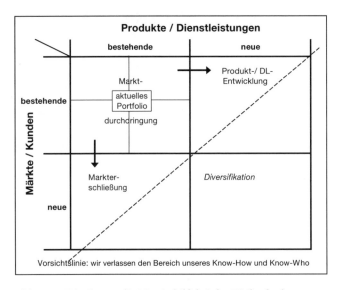

Abb. 10:   Die Quo-vadis-Matrix hilft bei der Risikoabschätzung

Die Frage, ob es sich beim Tuning um neue Kunden oder nur um neue Produkte handelt, lässt sich ohne Referenzpunkte kaum beantworten. Die Einordnung des neuen Produkts erfolgt relativ zum bisherigen Produkt Reifenwechsel. Die Basis bilden die bestehenden Produkte in den bestehenden Märkten: Diese waren im Rahmen des Lebenszyklus (= aktuelles Portfolio) ja bereits untersucht worden.

Einordnung des neuen Produkts anhand von Referenzpunkten

Die Einordnung erfolgt aber auch relativ zu den anderen strategischen Optionen wie z. B. Filialgründung. Die Aussage der Quo-vadis-Matrix lautet: Je weiter man sich vom angestammten Geschäft entfernt, desto größer wird das Risiko. Oberhalb der Vorsichtslinie hofft man, Synergien zu realisieren, und unterhalb der Vorsichtslinie droht die Gefahr von „Allergien". Dabei sollte nicht vergessen werden: Die Reaktionen wegen Unverträglichkeit bedrohen in Medizin und Wirtschaft gleichermaßen nicht nur das neu Hinzugekommene, sondern auch das bisher schon Dagewesene!

Diese nur qualitative Risikoeinschätzung kann mit dem Synergieschema weiter detailliert werden. Je nach Fragestellung ergeben sich verschiedene Kriterien. Für ein neues Produkt könnten diese z. B. lauten:

- materialbezogene Kriterien (z. B.: Ähnlichkeit der zu verarbeitenden Materialien, Ähnlichkeit der benötigten Werkzeuge),

- prozessbezogene Kriterien (z. B.: Werden ähnliche oder gar identische Prozessschritte durchlaufen? Können vorhandene Kapazitäten besser genutzt werden? Lässt sich vorhandenes Wissen nutzen?) und

- akzeptanzbezogene Kriterien (z. B.: Passt die Qualität des Angebots zu unseren bisherigen Leistungen? Sind wir in den Augen des Kunden für die neue Leistung kompetent?).

Risiko-
identifzierung
mit der
SWOT-Analyse

Um alle Risiken zu erkennen, kann mit einer Risiko-Checkliste gearbeitet werden. Alternativ bietet sich eine SWOT-Analyse an. Sie hat eine etwas andere Zielrichtung, da sie auch Chancen in die Analyse integriert. Insofern ist die SWOT-Analyse ganzheitlicher, aber auch aufwendiger als die alleinige Analyse des Risikos. Idealerweise wird sie zweimal – für den Istzustand und für die Zukunft – erstellt.

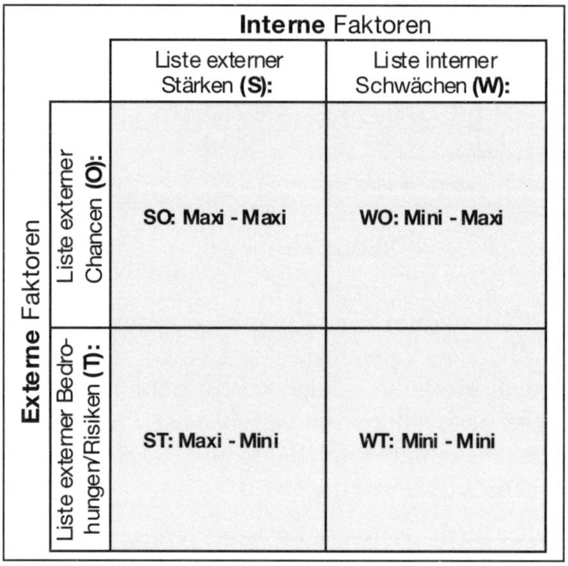

	Interne Faktoren	
	Liste externer Stärken **(S):**	Liste interner Schwächen **(W):**
Liste externer Chancen **(O):**	SO: Maxi - Maxi	WO: Mini - Maxi
Liste externer Bedrohungen/Risiken **(T):**	ST: Maxi - Mini	WT: Mini - Mini

(**Externe** Faktoren)

Abb. 11: Die SWOT-Analyse systematisiert zukünftige mögliche Unternehmenssituationen

Dort, wo die Unternehmensstärken auf Chancen im Umfeld treffen bzw. interne Schwächen und externe Gefahren zusammenkommen, entstehen Extrempositionen. Sie stellen Best und Worst Case des Szenario-Trichters (vgl. Abb. 12) dar. Hinzu tritt der erwartete Verlauf mit Störereignissen und Gegenmaßnahmen. Dafür lässt sich jeweils der Free Cashflow ermitteln und diskontieren (vgl. Abb. 9).

Ob eine Monte-Carlo-Simulation eine sinnvolle Vertiefung darstellt, ist schwer zu entscheiden. Zunächst ist daran zu erinnern, dass die Simulation für jede Variable eine Verteilungsfunktion und Extremwerte für deren Ausprägung benötigt. Insofern kann eine Simulation nur sinnvoll erstellt werden, wenn die bereits dargestellten Zwischenschritte des Business Case auch tatsächlich vorliegen.

Wahrscheinlichkeitsrechnung kein Ersatz für Plausibilitätsprüfung, sondern Ergänzung

Darüber hinaus muss man sich bewusst machen, wie die Monte-Carlo-Simulation arbeitet. Sie ermittelt bei einer hinreichend großen Anzahl Durchläufen „alle" möglichen, d. h. alle nicht vorab ausgeschlossenen, Erwartungswerte. Die darauf aufbauende Wahrscheinlichkeitsverteilung suggeriert, dass alle berechneten Zukunftskonstellationen der Variablen auch tatsächlich eintreten können.

Monte-Carlo-Simulation ermittelt Erwartungswerte

Falls man z. B. ein mehrjähriges starkes Weltwirtschaftswachstum bei niedrigen Rohstoffpreisen für unplausibel hält, muss diese Kombination vorab, d. h. in der Konzeption der Simulation, ausgeschlossen werden. Ohne diese Nebenbedingung ist das Konfidenzniveau von z. B. 95 % wie im Szenario-Trichter (vgl. Abb. 12) nur eine statische Illusion.

Die subjektive Erarbeitung der Quo-vadis-Matrix kann darum zutreffender sein als die nur scheinbar objektivierte Wahrscheinlichkeitsverteilung der Monte-Carlo-Simulation.

Einfacher dürfte oft die Durchführung einer Sensitivitätsanalyse sein. Die Konzentration auf wenige, aber bedeutsame Einflussgrößen ist nicht nur sehr zielgerichtet, sondern zwingt dazu, sich mit der Wirkung einzelner Größen inhaltlich – statt nur mathematisch – auseinanderzusetzen. Darum eignet sich die Sensitivitätsanalyse auch als Zwischenschritt nach der SWOT-Analyse und vor der Monte-Carlo-Simulation.

Sensitivitätsanalyse als Zwischenschritt durchführen

Die bestmöglichen Gegenmaßnahmen auf Störereignisse bereits bei der Erarbeitung des Business Case zu suchen ist übrigens nicht nur für Szenario- (bzw. Monte-Carlo-Simulation) und die darauf aufbauenden alternativen Rechnungen des Free Cashflow wichtig. Falls in der Umsetzung des Business Case Abweichungen auftreten, steht nicht nur eine gute Reaktion zur Verfügung. Vor allem wird die Reaktionszeit verkürzt, weil die richtige Maßnahme bereits bekannt ist. Im Idealfall ist eine Standard Operating Procedure bereits festgelegt. Anders ausgedrückt: Wenn es brennt, ist es nicht nur wichtig, wie viel Wasser zur Verfügung steht, sondern auch, wie lange es bis zum Eintreffen der Feuerwehr dauert.

Der Business Case maximiert nicht Ergebnis oder Wert, sondern erhöht die Erfolgswahrscheinlichkeit

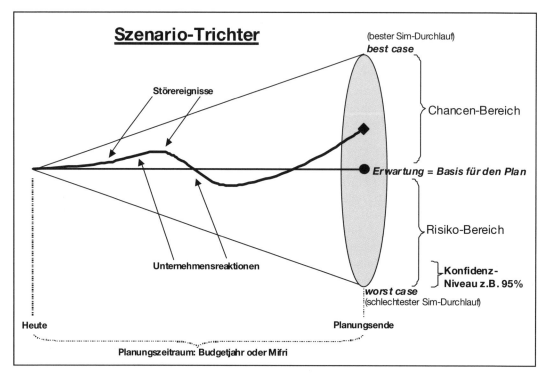

Abb. 12: Der Szenario-Trichter zeigt den Raum möglicher Ereignisse

6 Fazit

Auch ein Business Case kann keine Erfolgsgarantie geben, die richtige strategische Option auszuwählen. Das hier beschriebene Vorgehen senkt das Risiko einer gravierenden Fehlentscheidung aber deutlich, weil Plausibilität und Konsistenz im Vordergrund stehen und nicht die Zahlen. In Anlehnung an eine bekannte Empfehlung des großen Investors *Warren Buffett* könnte man sagen, dass man sich nur für die strategischen Optionen entscheiden sollte, die man selbst im Kern verstanden hat.

7 Literaturhinweise

Kleinhietpaß, Potenzialprofil – am Kundennutzen orientierte Verkaufspreise finden, Controller Magazin, 5/2009, S. 10–17.

Nagl, Der Businessplan, 2. Aufl. 2005.

Portfolioanalyse: Einsatz im strategischen Controlling

- Ziel von Portfolioanalysen ist es, ein ausgewogenes Portfolio zu entwickeln, um das Unternehmen abzusichern sowie Wachstum und Rentabilität zu gewährleisten.

- Sie ermöglicht es, ein Portfolio, bestehend aus strategischen Geschäftseinheiten, Produktkategorien oder Kunden, in einer Matrix darzustellen und anhand der jeweiligen Positionierung Handlungsempfehlungen in Form von Normstrategien zu geben.

- Relevanz und Nutzen von Portfolios werden anhand zweier Praxisbeispiele aus den Bereichen Strategie (GE-Matrix) sowie Vertrieb und Marketing (Kundenportfolio) verdeutlicht.

- Anwendungstipps zur Vorgehensweise hinsichtlich der Auswahl und Gewichtung möglicher Kriterien für die Operationalisierung der Portfolioachsen auf Basis von Scoring-Modellen erleichtern die Übertragung auf das eigene Unternehmen.

- Acht zentrale Hinweise für die praktische Anwendung der Portfoliotechnik schließen den Beitrag ab.

■ Die Autoren

Randolf Schrank, Professor an der Fachhochschule Mainz und Mitglied der Geschäftsführung der Perlitz Strategy Group, Mannheim.

Dr. Thorsten Giesa, Manager, Perlitz Strategy Group, Mannheim.

1 Das Konzept: Portfolioansätze im strategischen Controlling

Die Portfolioanalyse bildet ein zentrales Instrument im Strategieprozess. Dabei stellen Portfoliokonzepte in jedem Falle eine Vereinfachung der Realität dar. Gerade dies ist aber ihre Funktion! Eine komprimierte und daher notwendigerweise vereinfachte Darstellung der realen Situation ist für strategische Entscheidungen unumgänglich. Die „Zahlenfriedhöhe" des klassischen Rechnungswesens hingegen haben schon lange ausgedient.

Im Folgenden werden Portfolios in einen Strategieprozess des Unternehmens eingeordnet. Nach einer kurzen methodischen Fundierung werden ausgewählte Portfoliokonzepte anhand konkreter Beispiele besprochen:

Rolle im Strategieprozess

- Strategieportfolios
- Kundenportfolios
- Weitere Portfoliovarianten (Technologie-, Länder- und Qualitätsportfolios)

Auf Basis der Scoring-Methodik ist eine Vielzahl weiterer Portfolios denkbar, welche eine wichtige Rolle für die Meinungsbildung im Strategieprozess bilden. An dieser Stelle sei z. B. das Preis-Qualitätsportfolio genannt, welches den häufig vorhandenen „Trade-Off" zwischen Kosten, einem wettbewerbsfähigen Angebot und dem Marktpreis transparent darstellt. Abbildung 1 zeigt einen Strategieentwicklungsprozess entlang des Sanduhr-Modells.

Die Darstellung lehnt sich bewusst an die Logik des Prozesses an.

- Ausgehend von einer breiten Datenbasis entlang der Geschäftsfelder werden in der internen und der externen Analysephase die Daten interpretiert und erste Schlüsse gezogen.
- In der hier mit Phase III bezeichneten zusammenfassenden Analyse gilt es nun aber, die gesammelten Informationen so weit wie möglich zu *verdichten*. Hierzu dienen neben der klassischen SWOT-Analyse eben Portfoliokonzepte wie das BCG-Portfolio oder die GE-Matrix.
- Erst nach diesem Schritt kann aufgrund fokussierter, komprimierter Informationen eine Grundsatzentscheidung über die strategische Ausrichtung des Unternehmens getroffen werden.

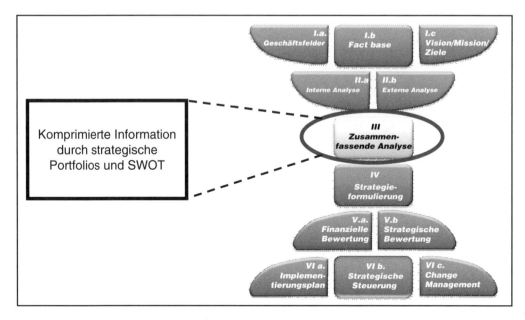

Komprimierte Information durch strategische Portfolios und SWOT

Abb. 1: Struktur des Strategieprozesses[1]

Einsatz von Portfolios in Strategiemeetings

In dieser entscheidenden Phase des Strategieprozesses geht von Portfoliokonzepten ein wichtiger Impuls aus. Vor der Strategiesitzung sollte das jeweilige Portfolio datenmäßig bereits vorbereitet sein. Dem strategischen Controller kommt dabei – ggf. neben dem Berater – die Rolle des „Hüters der Daten zu". Schritt für Schritt werden die einzelnen Kriterien des Portfolios besprochen bzw. evaluiert. Der große Vorteil hierbei ist, dass ein Wechselspiel zwischen vorhandenen Daten, persönlichen Einschätzungen des Managements und einer abschließenden Konsensbildung eine gemeinsame Ausgangsbasis schafft. Die vormals oft vorhandene Masse an Zahlen weicht einer gezielten, sinngebenden Darstellung, welche erste Rückschlüsse auf den folgenden Schritt, die Strategieformulierung, zulässt. Der Moderator kann durch die eingängige Darstellungsweise in einem dreidimensionalen Diagramm über Abteilungsgrenzen hinweg einen Konsens einfordern. Die Frage „Kann sich jeder mit dieser Darstellung einverstanden erklären?" gehört zwar zum Standardrepertoire bei Präsentationen, hat aber in diesem Falle erhebliche Auswirkungen:

- Gibt es keinen Konsens, wird in die Daten bzw. Bewertungsskalen zurückgesprungen, um verschiedene Einschätzung zu klären und auszuräumen.

- Wird das Portfolio verabschiedet, stellt es einen zentralen Meilenstein der Strategieentwicklung dar, welche sich optisch und inhaltlich in die

---

[1]   Schrank (2008).

Köpfe der Mitglieder des Strategieteams einprägt und in den folgenden Phasen des Prozesses immer wieder herangezogen wird.

Um dieses wichtige Instrument mit Leben zu füllen, werden im Folgenden Methodik und ausgewählte Ausprägungen dargestellt.

2 Methodik: Scoring auf Basis von Daten und Einschätzungen

Ziel von Portfoliotechniken im Rahmen des strategischen Controllings ist es, ein ausgewogenes Portfolio zu entwickeln, um das Unternehmen abzusichern sowie Wachstum und Rentabilität zu gewährleisten. Die Portfolioanalyse ermöglicht es dabei, ein Portfolio, bestehend aus strategischen Geschäftseinheiten, Produktkategorien oder Kunden, in einer Matrix darzustellen und anhand der jeweiligen Positionierung Handlungsempfehlungen in Form von Normstrategien zu geben. Für die zwei Dimensionen der Portfoliomatrix werden dabei häufig

Handlungsempfehlungen durch Normstrategien

- eine unternehmensexterne (z. B. Marktattraktivität, Kundenattraktivität) sowie
- eine unternehmensinterne Sichtweise (z. B. Wettbewerbsstärke, eigene Positionierung)

gewählt. Im Rahmen dieser Darstellung drückt die Blasengröße meist die Bedeutung dieses Segments (z. B. in Form des Istumsatzes oder des Umsatzpotenzials) für das Unternehmen aus. (vgl. Abb. 2).

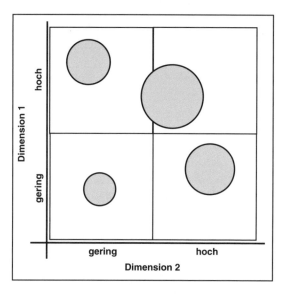

Abb. 2: Grundstruktur eines Portfolios

Im Folgenden werden zwei Möglichkeiten skizziert, wie die Positionierung innerhalb des Portfolios vorgenommen werden kann. Neben der direkten Abbildung durch Daten wird insbesondere auf die Nutzung von Scoring-Modellen zur Operationalisierung der Dimensionen eingegangen.

2.1 Direkte Abbildung durch Daten

Die einfachste Möglichkeit zur Erstellung eines Portfolios besteht darin, jeder Dimension einfach einen klaren Datenwert zuzuordnen. Zum Beispiel lassen sich Kunden durch die Gegenüberstellung von Potenzial- und Umsatzwerten in Euro direkt in ein Portfolio überführen. Häufig sollen Dimensionen jedoch vielschichtiger aufgebaut werden. Nur einen Indikator für eine Dimension wie Marktattraktivität zu finden ist dabei meist nicht zufriedenstellend. Vielmehr sollen in die Bewertung der Dimensionen verschiedene Kriterien eingehen. Abhilfe zur Erreichung dieses Ziels können die Scoring-Modelle schaffen.

2.2 Scoring-Modelle

Operationali-
sierung der
Dimensionen

Scoring-Modelle (auch Punktbewertungsverfahren genannt) sind die in der Praxis am weitesten verbreitete Methode zur Operationalisierung der Dimensionen. Im ersten Schritt werden die Dimensionen zunächst anhand mehrerer Einzelkriterien bewertet. Im zweiten Schritt können die Kriterien untereinander noch unterschiedlich gewichtet werden. Abbildung 3 stellt den Zusammenhang zwischen Dimension, Kriterien und Gewichtung dar.

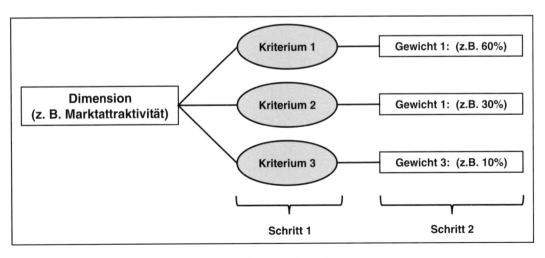

Abb. 3: Zusammenhang zwischen Dimension, Kriterien und Gewichtung

128

Die Dimension Marktattraktivität kann z. B. durch Kriterien wie Marktvolumen, Marktwachstum oder Wettbewerbsintensität ausgedrückt werden. Die Ausprägung der Kriterien wird dann im Rahmen eines Scoring-Modells auf einer Skala, die meist zwischen 5 und 10 Punkte umfasst, bewertet.

Die Punktwerte können den Kriterien dabei

- auf Basis quantitativer Daten (z. B. Umsatz: 100 – 150 TEUR),
- auf der Grundlage von Umschreibungen quantitativer Daten (z. B. Marktposition: Marktführer nach Umsatz) oder
- basierend auf rein qualitativen Beschreibungen (z. B. Wettbewerbsintensität: sehr niedrig – sehr hoch)

zugeordnet werden.

Während für ein Unternehmen der eigene Umsatz leicht auszuwerten ist (quantitative Bewertung), stellt die Bestimmung des eigenen Marktanteils häufig ein schwieriges Thema dar. Der Vertrieb kann jedoch i. d. R. eine Einschätzung geben, ob man

- selbst Marktführer,
- im Mittelfeld angesiedelt oder
- ein Nischenspieler im Markt

ist. Dies wäre ein Beispiel für eine umschreibende Bewertung. Zuletzt lässt sich ein Kriterium wie die Wettbewerbsintensität nur schwierig in einen Zahlenwert umwandeln. Hier empfiehlt es sich, auf eine rein qualitative Bewertung zurückzugreifen. Tabelle 1 stellt mögliche Ausprägungen für die genannten Kriterien dar.

#	Kriterien	Punktwert				
		1	2	3	4	5
1	Umsatz in Mio. EUR	>= 2,5- <12,5	>= 12,5- < 50	>= 50 -< 100	>= 100- <150	>= 150
2	Marktposition bzw. Marktanteil	keine Bedeutung	geringe Bedeutung	im Mittelfeld	im vorderen Feld	Nr. 1 oder 2
3	Wettbewerbsintensität	sehr hoch	hoch	mittel	gering	sehr gering

Tab. 1: Verschiedene Scoring-Varianten

Um die Kriterien zu der Dimension Marktattraktivität zusammenzuführen, kann entweder der Durchschnitt über die Punktwerte gebildet oder eine gesonderte Gewichtung vorgenommen werden. Zur Gewichtung stehen verschiedene Ansätze zur Verfügung.[2]

Gewichtung der Kriterien

---

[2] Für weitere methodische Ansätze zur Bestimmung der Wichtigkeiten vgl. Giesa (2007), S. 24 ff.

Eine Möglichkeit besteht darin, 100 Prozentpunkte auf die einzelnen Kriterien gemäß ihrer eingeschätzten Wichtigkeit zu verteilen. Der Vorteil dieser Methodik ist, dass ein „Trade-Off" zwischen den einzelnen Kriterien vorgenommen werden muss und nicht jedes Kriterium als wichtig eingestuft wird. Nachteilig ist, dass gerade bei nicht IT-gestützter Abfrage die Verteilung der Prozentpunkte oftmals als zu komplex wahrgenommen wird.

Abhilfe schafft hier eine direkte Abfrage der Wichtigkeit in Form eines Punktwerts, z. B. auf einer Skala von 1 bis 10. Dies fällt in der Praxis häufig leichter. Um auch hier den wichtigen Trade-Off-Gedanken wieder zu berücksichtigen, werden die einzelnen Bewertungen aufsummiert und daraus die prozentuale Wichtigkeit der Einzelkriterien abgeleitet. Hierfür teilt man einfach den Wichtigkeits-Punktwert eines Kriteriums durch die aufsummierten Wichtigkeits-Punktwerte aller Kriterien. Tabelle 2 stellt dies exemplarisch dar.

#	Kriterien für Dimension 1	Punktwert Kriterium	Gewicht (in %)	Gewicht (Punktwert)
1	Kriterium 1	5	25 %	9
2	Kriterium 2	2	19 %	7
3	Kriterium 3	4	17 %	6
4	Kriterium 4	3	28 %	10
5	Kriterium 5	4	11 %	4
			100	36

Tab. 2: Grundschema der Scoring-Technik

Multipliziert man nun den Punktwert eines jeden Kriteriums mit dessen zugehörigem prozentualem Gewicht, ergibt sich die Bewertung der Dimension. In dem oben darstellten Beispiel ergibt sich für die Dimension ein Wert von $5 \times 25\ \% + 2 \times 19\ \% + 4 \times 17\ \% + 3 \times 28\ \% + 4 \times 11\ \% = 36$.

3 Der Einsatz von Portfoliotechniken in der Praxis

Portfolios in der Praxis

Portfoliotechniken können in vielen Bereichen des Unternehmens sinnvoll eingesetzt werden. Während sie aus Sicht der Autoren einen unerlässlichen Bestandteil im Rahmen des Strategieprozesses darstellen, können Portfolios auch sinnvoll in den Bereichen Vertrieb und Marketing eingesetzt werden. Portfolios sind somit eine generell anwendbare Technik zur Komprimierung strategischer Daten. Dabei stellt sich immer wieder die Frage, welche Dimensionen für die Achsen ausgewählt werden und wie diese anhand von Kriterien operationalisiert werden können. Dies wird anhand zweier unterschiedlicher Portfolios dargestellt.

- Bei der sog. *GE-Matrix* wird im Detail auf die Kriterien zur Erfassung der Achsendimensionen Marktattraktivität sowie Wettbewerbsstärke eingegangen.
- Für die Bereiche *Vertrieb und Marketing* steht das *Kundenportfolio* im Vordergrund. Hierbei wird insbesondere die unterschiedliche Anwendung für Unternehmen mit geringer bzw. hoher Kundenanzahl thematisiert.

4 Strategieportfolios

Die GE-Matrix ist eines der bekanntesten Managementinstrumente unserer Zeit. Das Modell ist auch bekannt unter dem Namen „Marktattraktivitäts-Wettbewerbsstärke-Portfolio" oder „McKinsey-Matrix". Die GE-Matrix wurde in den 70er Jahren von General Electric in Zusammenarbeit mit McKinsey entwickelt. Ergebnis der Analyse war damals, dass General Electric seine 170 Profit-Center in strategische Geschäftseinheiten, sog. SGEs, zusammenfasste.

Ansatz der GE-Matrix

Im Unterschied zur BCG-Matrix[3] mit den Kriterien Marktwachstum und Marktanteil wird die GE-Matrix nicht nur in vier, sondern in neun Felder unterteilt. Dies erlaubt etwas präzisere Ableitungen; die Matrix als Hilfsmittel der Visualisierung bleibt aber immer noch überschaubar. Die Anzahl der Felder ist aber im Grunde austauschbar und stellt keinen konzeptionellen Unterschied dar. Der grundlegende unterschiedliche Ansatz der GE-Matrix besteht vielmehr darin, dass die GE-Matrix eine Vielzahl von Kriterien über die oben beschriebene Scoring-Technik verdichtet. Dieser Ansatz macht verschiedene Schritte notwendig:

1. Ermittlung von Kriterien für *Marktattraktivität* und *Wettbewerbsstärke*
2. Skalierung dieser Kriterien in datenbasierte oder einschätzungsbasierte Skalen
3. Bewertung der einzelnen Kriterien je strategisches Geschäftsfeld
4. Zuweisung von Gewichten zu jedem Kriterium
5. Interpretation der Ergebnisse und *Ableitung von Strategien*

▦ Auswahl von Kriterien

Die Ermittlung der Kriterien folgt der strategischen Ausrichtung des Unternehmens. Es gibt mit Rendite, Wachstum, Marktvolumen und der Wettbewerbssituation bei der Marktattraktivität einige klassische Krite-

---

[3] BCG = Boston Consulting Group, vgl. Welge/Al-Laham (2008), S. 477 ff.

rien, welche fast immer Anwendung finden. Die Wettbewerbsstärke ist hingegen in vielen Fällen nur anhand qualitativer Punkwerte zu ermitteln. Auch hier sollte aber so weit wie möglich quantifiziert werden.

Tabelle 3 zeigt ein Beispiel für die Auswahl und Gewichtung der Kriterien für Marktattraktivität anhand eines Komponentenzulieferers für den Maschinenbau.

#	Kriterien für Markt-attraktivität	Einheit	Score Kriterien	Gewicht Kriterien
1	Marktrendite	DB I (2008) in % v. Umsatz (DB-Rate/Handelsspanne)	10	25,6 %
2	Marktwachstum bis 2012 (%)	CAGR Marktvolumen 2008–2012 in %	8	20,5 %
3	Wettbewerbsintensität/ Substitutionsgefahr	Score	7	17,9 %
4	Marktvolumen (Mio. EUR)	Marktvolumen 2008 (Mio. EUR)	9	23,1 %
5	Synergie mit anderen Segmenten	Score	5	12,8 %
			39	100 %

Tab. 3: Kriterien der Marktattraktivität anhand eines Praxisbeispiels

Kriterien zur Marktattraktivität

Im vorliegenden Fall wurde zusätzlich zu den bereits erwähnten zentralen Kriterien „Synergie mit anderen Segmenten" aufgenommen. Zusätzlich zu den fundamentalen ökonomischen Aussagen wird hierdurch eine stärker strategisch geprägte Komponente eingebracht. Geschäftsfelder, welche Synergieeffekte mit dem Gesamtportfolio aufweisen, werden bessergestellt. Gründe hierfür sind Cross-Selling-Potenziale, gemeinsame Nutzung zentraler Ressourcen, bessere Austauschbarkeit qualifizierter Mitarbeiter etc. Dieser strategische Effekt ist allerdings schwer direkt zu quantifizieren, weshalb hier auf einen qualitativen Score zurückgegriffen wurde. Anders bei einigen anderen Kriterien:

- Die Marktrendite über alle Marktteilnehmer hinweg ist nur schwer abschätzbar. Es ist daher gängige Praxis, die Rendite des Marktes aufgrund der bislang erzielten Rendite des eigenen Unternehmens abzuschätzen. Hier wurde der Deckungsbeitrag I herangezogen. Dieser stellt natürlich nur eine grobe Orientierung dar, ist aber im Branchenumfeld verlässlicher als die durch Kostenverrechnungen beeinflussten weiteren Deckungsbeiträge II und III.

- Beim Marktwachstum muss notwendigerweise mit Prognosen gearbeitet werden; eine Ausrichtung an Vergangenheitswerten ist nur mit

Einschränkungen sinnvoll. Dies ist ein Punkt, welcher beim BCG-Portfolio häufig kritisiert wird.

Die Wichtigkeiten wurden anhand des bereits dargestellten Vorgehens durch Punktbewertung ermittelt, wobei Profitabilität und Marktvolumen als zentrale Elemente der Attraktivität ausgewählt wurden.

▨ Skalierung der Marktattraktivität

Tabelle 4 zeigt die konkreten Ausprägungen, welche den einzelnen Kriterien der Marktattraktivität zugewiesen wurden. Die Daten wurden leicht verändert, entsprechen aber grob den ursprünglichen Relationen. Bei der Einteilung der Datenpunkte ist es zunächst sinnvoll, die Extremausprägungen, also das Optimum und den ungünstigsten Fall, festzulegen. Darauf aufbauend können die Kategorien entlang der Datenskala in gleichen Schritten (also bei der Marktrendite bspw. in 10 %-Schritten) festgelegt werden. Es sind aber durchaus auch Schritte zulässig, welche nicht auf solch einer linearen Einteilung beruhen.

#	Kriterien für Marktattraktivität	Punktwert				
		1	2	3	4	5
1	Marktrendite	<30 %	30–<40 %	40 %–<50 %	50–<60 %	>= 60 %
2	Marktwachstum bis 2012 (%)	<0	0	>= 1 %–<5 %	>= 5 %–<10 %	>= 10 %
3	Wettbewerbsintensität/ Substitutionsgefahr	sehr hoch	hoch	mittel	gering	sehr gering
4	Marktvolumen (Mio. EUR)	>= 3–<15	>= 15–< 40	>= 40–< 80	>= 80–<120	>= 120
5	Synergie mit anderen Segmenten	sehr gering	gering	mittel	hoch	sehr hoch

Tab. 4: Herunterbrechen der Scores zur Marktattraktivität in Daten oder qualitativne Skalen

▨ Skalierung der Wettbewerbsstärke

Die Wettbewerbsstärke kann besser über qualitative Skalen abgebildet werden, da sich die Quantifizierung der entsprechenden Kriterien meist schwieriger gestaltet. Dies hängt aber letztlich von der Datenlage in der entsprechenden Branche ab. So ist im Falle des vorliegenden Komponentenherstellers der Marktanteil nur sehr schwer zu quantifizieren, da die entsprechenden Daten nicht vorliegen. Eine Einschätzung entlang der in Tab. 5 genannten Kategorien zwischen „Keine Bedeutung" und „Nr. 1 oder Nr. 2" wird jedoch den Vertriebsmitarbeitern relativ leicht fallen. Auch bei den anderen Kriterien herrschen qualitative Scores vor, wobei natürlich quantifizierbare Daten wünschenswerter wären.

Skalen zur Wettbewerbsstärke eher qualitativ

#	Kriterien für Wettbewerbsstärke	Einheit	Score Kriterien	Gewicht Kriterien
1	Marktposition bzw. Marktanteil	Score	7	16,7 %
2	Umsatzwachstum im Vergleich zum Marktwachstum	CAGR[4] Umsatz 2005–2008 in %	8	19,0 %
3	Entwicklungskompetenz/ Entwicklungsstärke	Score	9	21,4 %
4	Marketingkompetenz/Vertriebs-kompetenz	Score	9	21,4 %
5	Logistikleistung/Servicequalität	Score	9	21,4 %
			42	100 %

Tab. 5: Kriterien der Wettbewerbsstärke anhand eines Praxisbeispiels

Wie Tab. 6 zeigt, spielen neben Marktdaten insbesondere die Bereiche der Wertschöpfungskette und deren Stärke im Wettbewerbsvergleich eine Rolle. In diesen Bereichen werden oft Benchmarking-Daten eingesetzt. Alternativ ist aber auch die Nutzung des Branchenwissens der Mitarbeiter eine nicht weniger Erfolg versprechende Variante. Bei aller Kritik an subjektiven Einschätzungen bleibt festzuhalten, dass viele der einzuschätzenden Daten von der Größenordnung her bereits in den Köpfen der Mitarbeiter sind. Insofern sollte man vor qualitativen Einschätzungen keinesfalls zurückschrecken, sondern diese aktiv hinterfragen und nutzen.

#	Kriterien für Wettbewerbsstärke	Punktwert				
		1	2	3	4	5
1	Marktposition bzw. Marktanteil	keine Bedeutung	geringe Bedeutung	im Mittelfeld	im vorderen Feld	Nr. 1 oder 2
2	Umsatzwachstum im Vergleich zum Marktwachstum	viel schwächer	schwächer	gleich	stärker	viel stärker
3	Entwicklungskompetenz/ Entwicklungsstärke	viel schwächer	schwächer	gleich	besser	viel besser
4	Marketingkompetenz/ Vertriebskompetenz	viel schwächer	schwächer	gleich	besser	viel besser
5	Logistikleistung/Servicequalität	viel schwächer	schwächer	gleich	besser	viel besser

Tab. 6: Herunterbrechen der Scores zur Wettbewerbsstärke in Daten oder qualitativen Skalen

---

[4] CAGR = Compound Annual Growth Rate (durchschnittliche Wachstumsrate).

▨ Erarbeitung der Normstrategien

Im nächsten Schritt werden die strategischen Geschäftsfelder anhand der Kriterien bewertet und in ein Gesamtportfolio eingeordnet. Dieses empfiehlt Normstrategien, d. h. Strategien, welche das Verhalten pro Subsegment der Matrix determinieren. Ob diesen jedoch gefolgt wird, liegt in der Entscheidung des Unternehmers bzw. des Strategieteams begründet. Eine häufige Kritik an Portfoliokonzepten ist die Tatsache, dass die Strategieentscheidung quasi vorweggenommen wird. Genau dies sollte jedoch in der Praxis nicht der Fall sein.

So zeigt Abb. 4 die drei wesentlichen Sektoren der GE-Matrix mit den entsprechenden Strategieempfehlungen im Kasten an der Seite. Sollte ein Bereich in den Feldern in der Mitte positioniert sein, so ist ohnehin klar, dass es einer Richtungsentscheidung des Managements bedarf, um über die Mittelverwendung zu entscheiden. Aber auch in den Investitions- und Desinvestionsbereichen kann eine Entscheidung nicht auf einem Automatismus beruhen.

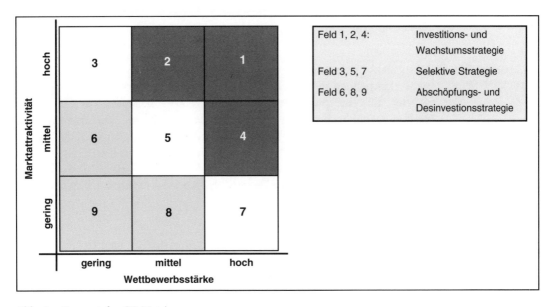

Abb. 4: Konzept der GE-Matrix

Dies soll wieder am Beispiel des genannten Komponentenlieferanten erläutert werden.[5]

---

[5] Die Produktnamen wurden zur Anonymisierung verändert.

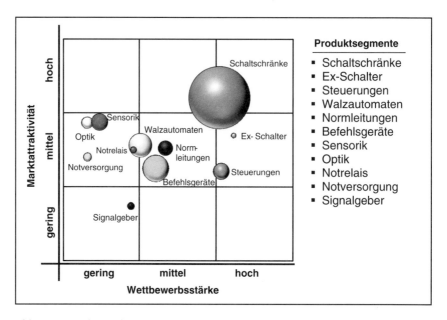

Abb. 5: Praxisbeispiel GE-Matrix

Interpretation
einer GE-Matrix

Das in Abb. 5 dargestellte Portfolio legt zwar gewisse Schlussfolgerungen nahe, kann aber nicht als „Blaupause" für eine Entscheidung gesehen werden. Die Interpretation ist dennoch relativ eindeutig: Die Geschäftseinheit „Schaltschränke" dominiert das Portfolio. Die Blasengröße wurde proportional zum Umsatz gewählt, sodass die finanzielle Bedeutung des Kerngeschäftsfeldes deutlich wird. Auf der anderen Seite führen die „Signalgeber" ein Schattendasein. Bei geringer Marktattraktivität und geringer Wettbewerbsstärke bietet sich eher eine Desinvestition an.

▪ Individuelle Analysen erforderlich

Dies kann jedoch kein Automatismus sein. Auch dieser Produktbereich hat ggf. Potenziale, welche es zu heben gilt. Dennoch sollte sich das Management mit der anscheinend prekären Situation in diesem Bereich auseinandersetzen. Neben dem Standbein Schaltschränke findet sich jedoch auch eine Vielzahl von Bereichen, welche man als „stuck in the middle" bezeichnen könnte (mittleres Feld). Hier ist zu entscheiden, welche Bereiche evtl. zu einem „zweiten Standbein" werden könnten, um die Schaltschränke zu ergänzen. Dies ist nämlich vielleicht die wesentlichste Aussage bei der Interpretation dieses Portfolios: Die Positionierung der Schaltschränke ist zwar hervorragend, die strategische Zukunft des Unternehmens hängt aber von diesem Bereich ab. Insofern ist das gezeigte Portfolio durchaus mit Risiken behaftet und bedarf ggf. einer Diversifikation.

Im vorliegenden Fall wurde die Portfoliotechnik auch tiefergehend angewandt: Da der Bereich Schaltschränke zumindest mittelfristig entscheidend ist, wurde dieser einer eingehenden Analyse unterzogen. Die strategische Geschäftseinheit wurde in Produktgruppen heruntergebrochen und für diese wurde ein Subportfolio ermittelt. Ziel war es dabei, sicherzustellen, dass man den Markt in diesem Bereich weiterhin dominiert. Flankiert wurde diese Maßnahme durch korrespondierende Portfolioanalysen für Technologien, Entwicklungsprojekte und Kunden. Die Akzeptanz im Management war außerordentlich hoch.

Neben den im Praxisbeispiel bereits dargestellten Kriterien gibt es eine Vielzahl an weiteren Optionen für die Operationalisierung der Marktattraktivität. Ein paar ausgewählte Kriterien, die sich in der Praxis bewährt haben, sind in Tab. 7 aufgeführt.

#	Marktattraktivität	Erklärung
1	Historisches Marktwachstum	Durchschnittliches Wachstum des Marktvolumens über die letzten 5 Jahre (historisches Wachstum als ein Indikator für das zukünftige Wachstum)
2	Marktpreisniveau	z. B. bei mehreren Ländern in der GE-Matrix: Marktpreisniveau im Verhältnis zum Europa-Durchschnitt (in % des Europa-$\varnothing$)
3	Geschätzte Veränderung des Marktpreisniveaus	Einschätzung des Managements (% p. a., die nächsten 5 Jahre)
4	Verfügbares Marktpotenzial	100 % minus Marktanteil der relevanten Wettbewerber; Logik: Der Marktanteil kleiner Konkurrenten ist einfacher angreifbar.
5	Phase im Marktlebenszyklus	Entstehung, Wachstum, Reife, Abschwung
6	Wettbewerbsintensität	Allgemeine Einschätzung von sehr niedrig bis sehr hoch auf Basis aktiver Wettbewerber etc.
7	Marktakzeptanz des Produktnutzens	Sieht der Markt die angebotene Lösung überhaupt als relevant für sich an?
8	Markteinstiegsbarrieren	Notwendige Ressourcen, um im Markt erfolgreich zu agieren

Tab. 7: Weitere Kriterien der Marktattraktivität

Auch für die Dimension Wettbewerbsstärke lassen sich weitere Kriterien heranziehen. Ein Auszug geeigneter Kenngrößen ist in Tab. 8 dargestellt.

#	Wettbewerbsstärke	Erklärung
1	Relativer Marktanteil [%]	Umsatz Unternehmen/Umsatz größter Konkurrent Aussagekraft: Der relative Marktanteil gibt an, wie groß das Unternehmen im entsprechenden Markt im Vergleich zum größten Konkurrenten ist (in %)
2	Rentabilität [%]	Bruttogewinn oder EBIT-Rendite
3	Bedarfskenntnis [%]	Anteil der Nachfrage im Markt, die bekannt und somit für den weiteren Akquiseprozess zugänglich ist
4	Abschlussquote [%]	Anteil des bekannten Bedarfs (= Bedarfskenntnis), der erfolgreich zu Umsatz führt
5	Vertragsquote [%]	z. B. im Servicegeschäft: Anteil der abgeschlossenen Verträge an der bekannten Nachfrage im Markt (=Bedarfskenntnis)
6	Verfügbarkeit der Produkte/Lieferzeit	Anteil der Produkte, die nicht innerhalb der vereinbarten Lieferzeit ausgeliefert werden konnten
7	Ressourcen	Finanzielle Reserven und auch verfügbare Personalressourcen
8	Intelectual Property	Geistiges Eigentum für neue Produkte als zukünftiger Wettbewerbsvorteil
9	Erfahrung und Qualität hinsichtlich der Geschäftsbereiche	Entwicklung, Vertrieb & Marketing, Markenimage, Partnernetzwerk etc.

Tab. 8: Weitere Kriterien der Wettbewerbsstärke

5 Portfolios für Vertrieb & Marketing

Einsatz von Portfolios in Vertrieb und Marketing

Auch im Sektor Vertrieb und Marketing lassen sich Portfoliotechniken sinnvoll einsetzen. Beispielsweise bietet sich die Darstellung von Kunden in einem Portfolio mit den Dimensionen „Kundenattraktivität" sowie „Eigene Positionierung" an. Für die effektive Anwendung muss dabei zwischen Unternehmen mit geringer Anzahl an Kunden sowie Unternehmen mit mittlerer bis hoher Kundenanzahl unterschieden werden.

5.1 Portfoliodarstellung für Unternehmen mit geringer Kundenanzahl

Unternehmen mit geringer Anzahl an Abnehmern (Key Account Management) können gezielt einzelne Kunden anhand von Scoring-Modellen bewerten und analysieren. Dabei stellt jeder Kunde eine eigene Blase dar, deren Größe durch den Istumsatz des Kunden definiert ist.

Tipp: Vorgehen bei deutlichen Größenunterschieden

Falls zwischen den Umsätzen ausgeprägte Größenunterschiede bestehen, kann es durchaus Sinn machen, den Umsatz zunächst in Spannen aufzuteilen und dann in einen Punktwert umzurechnen. Dieser Punktwert bestimmt dann die Größe der Blase. Dadurch wird verhindert, dass ein oder zwei Kunden durch die schiere Blasengröße das komplette Portfolio dominieren und alle anderen Kunden überdecken.

Aus der Positionierung im Portfolio können nun Handlungsempfehlungen abgeleitet werden. Abbildung 6 stellt ein solches Kundenportfolio schematisch dar.

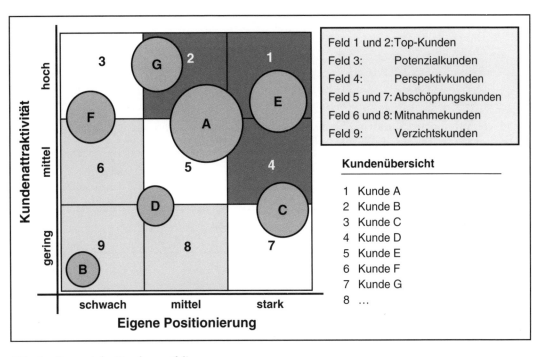

Abb. 6: Konzept des Kundenportfolios

#	Kundenattraktivität	Erklärung
1	Umsatz/DB	Istumsatz bzw. DB des Kunden, entweder des letzten Geschäftsjahres oder aggregiert über die letzten Jahre
2	⌀ Umsatz pro Bestellung	Kleine Bestellmengen führen zu relativ hohen Zusatzkosten pro Bestellung und sind dadurch i. d. R. nicht von Vorteil
3	Potenzial des Kunden	Potenzial des Kunden entweder monetär (Umsatz/DB) bewertet oder durch die Anzahl eingesetzter Produkte
4	Potenzielles Bedarfswachstum	Durchschnittliches erwartetes Wachstum z. B. über die nächsten 5 Jahre
5	Preisdurchsetzbarkeit	Durchschnittliche Durchsetzung von Nettopreisen im Vergleich zum Bruttolistenpreis
6	Bonität/Zahlungsverhalten	Durchschnittliche Dauer von Rechnungsstellung bis Zahlungseingang oder Bonitäts-Rating
7	Loyalität	Erfasst z. B. im Rahmen von Kundenzufriedenheitsstudien
8	Customer Lifetime Value	Berechneter Wert des Kunden bspw. in Form eines Kapitalwerts über seinen kompletten Lebenszyklus

Tab. 9: Mögliche Kriterien der Kundenattraktivität

#	Eigene Positionierung	Erklärung
1	Umsatz/DB	Istumsatz bzw. DB des Kunden, entweder des letzten Geschäftsjahres oder aggregiert über die letzten Jahre
2	Lieferanteil beim Kunden (Kundendurchdringung)	Share of Wallet: Welchen Anteil habe ich an den beim Kunden eingesetzten Produkten?
3	Dauer der Kundenbeziehung	Als Indikator für die Intensität der Beziehung
4	Auftragskontinuität	Als Indikator für die Intensität der Beziehung
5	Kundenzufriedenheit	Erfasst z. B. im Rahmen von Kundenzufriedenheitsstudien
6	Image beim Kunden	Erfasst z. B. im Rahmen von Kundenzufriedenheitsstudien

Tab. 10: Mögliche Kriterien der eigenen Positionierung

Kriterien zur Operationalisierung der Dimensionen

Hinsichtlich der Kriterien zur Bestimmung der Kundenattraktivität gibt es eine Vielzahl an Optionen. Angefangen vom bestehenden Istumsatz bis zur komplexen Berechnung des Customer Lifetime Value ist alles möglich. Wie am Beispiel der GE-Matrix bereits aufgezeigt wurde, macht es wiederum Sinn, zunächst definierte Spannen für die Kriterien vorzugeben, um daraus einen konkreten Punktwert zwischen 1 und 5 abzuleiten. Potenzialorientierte Kriterien sind für die Kundenattraktivität dabei aussagekräftiger als Merkmale, welche auf Istdaten basieren (wie Umsatz oder DB). Diese können eher für die Bewertung der eigenen Positionierung herangezogen werden. Mögliche Kriterien für die Dimension Kundenattraktivität sind in Tab. 9 gelistet. Ansätze zur Bewertung der eigenen Positionierung werden in Tab. 10 aufgeführt.

5.2 Portfoliodarstellung für Unternehmen mit mittlerer bis hoher Kundenanzahl

Unternehmen mit mittlerer bis hoher Kundenanzahl können nicht ohne Weiteres jeden einzelnen Kunden in einem manuellen Prozess bewerten. Dennoch können auch diese Unternehmen von der Darstellung ihrer Kunden in einem Kundenportfolio profitieren. Zur Visualisierung der hohen Kundenanzahl im Portfolio müssen diese zunächst in Gruppen zusammengefasst werden. Dafür stehen zwei Ansätze zur Verfügung:

1. Die Kunden werden im Vorfeld durch eine A-priori-Segmentierung zusammengefasst.

2. Die Kunden werden unmittelbar auf Basis der Ausprägung ihrer Dimension in das Portfolio eingeordnet.

Eine A-priori-Segmentierung bietet sich z. B. auf Basis der Branchenzugehörigkeit oder der Unternehmensgröße an. Die einzelnen Kundensegmente werden dann hinsichtlich der Dimensionen „Kundenattraktivität" und „Eigene Positionierung" bewertet. Eine A-priori-Segmentierung ist von Vorteil, wenn man gezielt seine Positionierung in einer fest definierten Kundengruppe untersuchen möchte. Oftmals steht in der Praxis aber im ersten Schritt die Identifikation der attraktiven Kunden im Vordergrund. Eine Charakterisierung der attraktiven Segmente erfolgt dann erst im Nachgang. Dadurch lässt sich feststellen, ob z. B. ein signifikanter Zusammenhang zwischen Kundenattraktivität und Branchenzugehörigkeit besteht.

Zusammenfassung durch A-priori-Segmentierung

Bei der Zusammenfassung durch direkte Einordnung werden die Einzelkunden direkt hinsichtlich ihrer Ausprägungen bewertet und in das Portfolio einsortiert. Um dies zu gewährleisten, sollte für die Dimensionen „Kundenattraktivität" sowie „Eigene Positionierung" jeweils nur ein Kriterium gewählt werden. Dies ist erforderlich, da durch die Zusammenfassung der Kunden in Gruppen es ansonsten bei mehreren Kriterien eine sehr hohe Anzahl an Kundengruppen geben kann, die nicht mehr anschaulich im Portfolio darstellbar sind. Bei nur einem Kriterium pro Achse und einer Skala von 1 bis 5 ist die maximale Anzahl an Kundengruppen auf $5 \times 5 = 25$ beschränkt, wodurch das Portfolio noch auswert- und darstellbar bleibt. Die Blasengröße kann entweder über die Anzahl der Unternehmen oder über den kumulierten Umsatz der Kunden ermittelt werden. Wie bereits zuvor erwähnt, können die

Zusammenfassung durch direkte Einordnung

Segmente im Nachgang anhand externer Kriterien wie der Branche oder der Unternehmensgröße beschrieben werden. Dadurch kann festgestellt werden, ob die externen Kriterien überhaupt eine signifikante Bedeutung für die Zusammensetzung der Gruppen haben.

Auswahl des richtigen Kriteriums

Bei der direkten Einordnung der Kunden in das Portfolio sollte das gewählte Kriterium für die Bewertung der Kundenattraktivität und der eigenen Positionierung nach Möglichkeit direkt aus der Systemlandschaft extrahierbar sein. Im Falle der Kundenattraktivität eignet sich z. B. der Istumsatz, besser noch, wenn vorhanden, das Potenzial oder der Customer Lifetime Value. Insbesondere Umsatz und Potenzial können meist direkt aus dem ERP oder aus dem CRM-System entnommen werden.

Die automatische Abbildung der eigenen Positionierung gestaltet sich für viele Unternehmen schwieriger. Manche Unternehmen haben den Lieferanteil beim Kunden in Form des „Share of Wallet"[6] im CRM hinterlegt. Im Maschinen- und Anlagenbau besteht oftmals die Möglichkeit, den eigenen Maschinenbestand gegen den durch den Vertrieb oder Service erfassten Gesamtmaschinenbestand des Kunden laufen zu lassen und so die Kundendurchdringung zu bestimmen.

Praxisbeispiel Kundenportfolio

Liegen Istumsatz und Potenzial für alle Kunden bei einem Unternehmen vor, können diese Werte herangezogen werden, um eine aufeinander abgestimmte, zweifache Klassifizierung zu generieren. Sowohl Umsatz als auch Potenzial werden dabei z. B. anhand einer A–E-Klassifizierung kategorisiert. Ein C/A-Kunde würde demnach einen Kunden mit C-Umsatz, aber A-Potenzial darstellen. Das Potenzial kann in diesem Fall direkt als Kriterium für die Kundenattraktivität und der Umsatz als Kriterium für die eigene Positionierung dienen. Dabei werden für Umsatz wie auch für Potenzial die gleichen monetären oder stückbezogenen Spannen herangezogen. Ein solches Portfolio ist bei einer A–E-Klassifizierung inhaltlich auf 15 Felder begrenzt. Dies ist darauf zurückzuführen, dass der Umsatz nicht höher sein kann als das Potenzial des Kunden. Ein Beispiel für ein Kundenportfolio, welches aus einer solchen zweifachen Klassifizierung entstanden ist, wird in Abb. 7 dargestellt. Die Beschriftung der Blasen bezieht sich dabei auf die Anzahl der Kunden innerhalb der Segmente.

---

[6] Mit „Share of Wallet" ist der Anteil der Gesamtausgaben gemeint, die ein Kunde bei einem bestimmten Unternehmen für ein definiertes Produkt oder eine definierte Produktkategorie ausgibt.

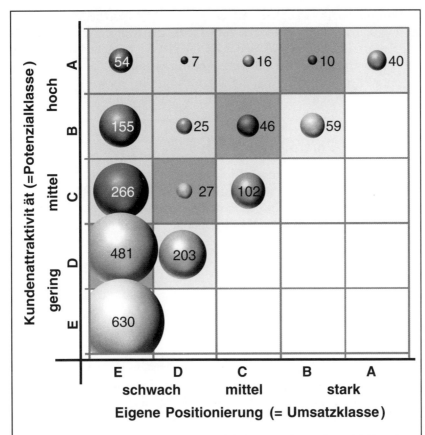

Blasengröße = Anzahl Kunden

Status	Anzahl Kunden	In %
Ideal	1.034	49%
Leichtes Verbesserungspotenzial	564	27%
Hohes Verbesserungspotenzial	523	25%
Gesamt	**2.121**	**100%**

Abb. 7: Praxisbeispiel Kundenportfolio

Im Portfolio zeigt sich, dass immerhin 25 % der bestehenden Kunden ein hohes zusätzliches Potenzial aufweisen. Hier liegt der größte Handlungsbedarf. Bei weiteren 27 % der Kunden ist die Umsatzklassifizierung eine Stufe unterhalb der Potenzialklassifizierung. 49 % der Kunden werden weitestgehend vollständig ausgeschöpft; bei diesen Kunden sind Umsatz- und Potenzialklasse identisch. Sie tragen den Status „Ideal".

6 Weitere Portfoliovarianten

Technologie-, Länder- und andere Portfolios

Portfolios stellen eine umfassende Methodik im Rahmen der strategischen Planung dar. In diesem Beitrag konnte dieses Potenzial nur kurz beleuchtet werden. Über die genannten Anwendungen hinaus lässt sich – neben der Strategie und der Kundenanalyse – die gleiche Methodik in anderen Bereichen anwenden:

- Technologieportfolios
- Projektportfolios
- Länderportfolios
- Standortportfolios
- Fertigungsportfolios etc.

Gerade Länderportfolios werden oft unterschätzt. Viele Unternehmen tendieren dazu, vermeintliche Branchentrends aufzugreifen, ohne die fundamentalen Daten einzelner Länder genau zu analysieren. In Zeiten des globalen Wettbewerbs und der relativ guten Datenverfügbarkeit ist dies aber ein zentraler Wettbewerbsfaktor. Ähnliches gilt für die zentralen Faktoren Technologie und Innovation.

7 Hinweise zur praktischen Anwendung der Portfoliotechnik

Zum Abschluss sollen noch einmal acht Hinweise für die Anwendung von Portfolios in der Praxis gegeben werden:

1. Der Weg ist das Ziel: Portfolios sind Instrumente zur *Kommunikation* im Strategieprozess; sie geben keine Entscheidung vor.
2. Portfolios dienen der *Komprimierung*, nicht der komplexen Darstellung der Realität.
3. *Normstrategien sind Anregungen*, können jedoch nicht die unternehmerische Entscheidung ersetzen.

4. Die Achsendimensionen sollten anhand von Kriterien messbar gemacht werden. Es empfiehlt sich, *nicht mehr als fünf Kriterien* pro Achsendimension zu verwenden.

5. Das strategische Controlling sollte Kriterien, die durch Daten messbar sind, bereits in der *Entscheidungsvorbereitung* quantifizieren.

6. Die Kriterien sollten mit einer *prozentualen Gewichtung* versehen werden, um einen Trade-Off der Wichtigkeiten zu gewährleisten.

7. Die Kriterien müssen *nicht zwingend anhand von Daten* messbar sein. Punktwerte können auch auf Basis von Umschreibungen sowie auf Basis rein qualitativer Aussagen vergeben werden.

8. Bei der Erstellung von Kundenportfolios sollte man den Ansatz von der *Anzahl der betrachteten Kunden* abhängig machen. Bei geringer Anzahl an Kunden (< 50) können diese direkt im Portfolio abgebildet werden. Bei höherer Anzahl sollte eine Clusterbildung der Kunden vorgenommen werden.

8   Einsatz von Software

Die Darstellung von Portfolios wird in der Praxis zumeist mithilfe von Microsoft Excel ermöglicht. Leider ist die Erstellung von Blasendiagrammen nicht so benutzerfreundlich wie andere Funktionen, was zu einem relativ hohen manuellen Aufwand bei der Erstellung beispielsweise einer GE-Matrix führt. Standardsoftware für die Anwendung der Portfolio-Technik ist nicht sehr weit verbreitet. Die Perlitz Strategy Group verwendet für diese Zwecke den eigens entwickelten *PipelinePlanner*, ein webbasiertes Innovationsmanagement-Tool, welches optional auch über weiterreichende Module für beispielsweise den Bereich Strategie verfügt[7]. Abbildungen 8 und 9 zeigen die Abbildung und Bewertung der Kriterien sowie die Darstellung der GE-Matrix im *PipelinePlanner*.

---

[7]   Weitere Informationen zu der Software und deren Funktionalitäten finden sich unter www.pipelineplanner.com.

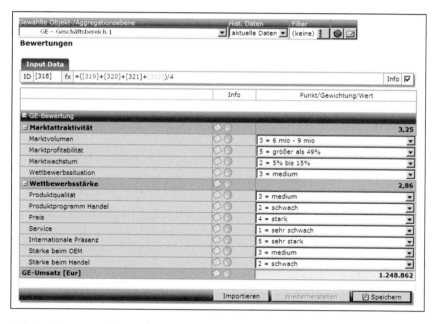

Abb. 8: Bewertung der Kriterien im PipelinePlanner

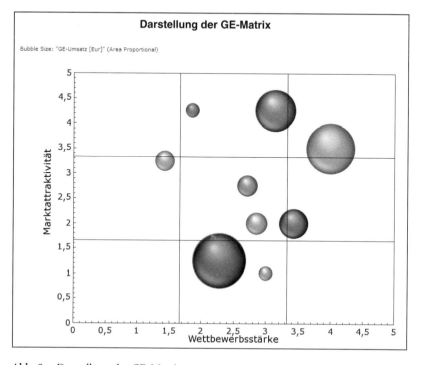

Abb. 9: Darstellung der GE-Matrix

9 Literaturhinweise

Aeberhard, Strategische Analyse: Empfehlungen zum Vorgehen und zur sinnvollen Methodenkombination, 1996.

Baum/Coenenberg/Günther, Strategisches Controlling, 4. Aufl. 2007.

Dunst, Portfolio Management, 1979.

Eschenbach/Eschenbach/Kunesch, Management-Ansätze von Ansoff bis Ulrich, 4. Aufl. 2003.

Friga/Rasiel, The McKinsey Mind: Understanding and Implementing the Problemsolving Tools and Management Techniques of the World's Top Strategic Consulting Firm, 2001.

Giesa, Bestimmung relativer Wichtigkeiten in der Kundenzufriedenheitsmessung, 2007.

Grant, Contemporary Strategy Analysis, 6. Aufl. 2008.

Günther/Schmidt, Externe Portfolioanalyse auf der Basis von Segmentinformationen am Beispiel von DAX-30-Unternehmen, Finanzbetrieb, 8 (5) 2006, S. 323–329.

Hahn, Strategische Unternehmungsplanung – Strategische Unternehmungsführung – Stand und Entwicklungstendenzen, 7. Aufl. 1997.

Hamermesh, Die Grenzen der Portfolio-Planung, Harvard Business Manager, 9. Jg., 1987, S. 68–74.

Hedley, Strategy and the „business portfolio", Long Range Planning, Vol. 10, H. 1/1977, S. 9–15.

Hinterhuber, Strategische Unternehmensführung, Bd. 1: Strategisches Denken. Visionen, Unternehmenspolitik, Strategie, 7. Aufl. 2004.

Kerth/Asum, Die besten Strategietools in der Praxis, 3. Aufl. 2008.

Kotler/Keller/Bliemel, Marketing-Management: Strategien für wertschaffendes Handeln, 12. Aufl. 2007.

Mauthe/Roventa, Versionen der Portfolio-Analyse auf dem Prüfstand: Ein Ansatz zur Auswahl und Beurteilung strategischer Analysemethoden, Zeitschrift Führung + Organisation, 51. Jg., H. 4/1982, S. 191–204.

Müller-Stewens/Lechner, Strategisches Management, 3. Aufl. 2005.

Pfau/Jänsch/Mangliers, Mittelstandsstudie zur Strategischen Kompetenz von Unternehmen – Ergebnisbericht 2007.

Roventa, Portfolio-Analyse und strategisches Management, 1979.

Schneider, Unternehmensführung und strategisches Controlling – Überlegene Instrumente und Methoden, 4. Aufl. 2005.

Schrank, The Continued Need for Strategy Innovations: Post Modern Strategic Thinking and the Blue Ocean Approach, in: Niederkorn/Barth/Becker/Schulze (Hrsg.), Managing Challenges in a Globalized World, Mannheim 2008, S. 191–204.

The Boston Consulting Group on Strategy: Classic Concepts and New Perspectives, 2. Aufl. 2006.

Welge/Al-Laham, Strategisches Management, 5. Aufl. 2008.

Controlling der Strategieumsetzung: Die Beachtung im operativen Alltag sichern

■ Viele Strategie-Umsetzungen kommen nicht im Alltag der Unternehmen an. Ein systematisches Controlling kann dem abhelfen.

■ Wer ein Controlling der Strategieumsetzung aufbauen will, sollte bereits damit beginnen, dass er seine unternehmenspolitische Orientierung messbar gestaltet.

■ Der Weg der Umsetzung in den Alltag geht über viele Stufen. Für jede Stufe gibt es Möglichkeiten, die Prozesse transparent zu halten.

■ Der Einführungsprozess braucht Zeit und Aufmerksamkeit. Es lohnt sich, diese zu investieren.

■ Der Beitrag beschreibt die notwendigen Schritte von der Formulierung der Strategie bis hin zur Umsetzung im Alltag – dort geht die strategische Arbeit nur allzu oft unter.

■ Die Autoren

Dr. Walter Schmidt ist Inhaber der Unternehmensberatung ask – Dr. Walter Schmidt in Berlin. Er ist Mitglied des Vorstands im Internationalen Controller Verein (ICV), Lehrbeauftragter an der Humboldt-Universität zu Berlin und Mitglied im Fachbeirat des Controlling-Beraters.

Dr. Herwig Friedag, Volkswirt, ist Inhaber der Friedag Consult in Berlin. Im ICV ist er seit mehr als 20 Jahren aktiv; er leitet den ICV-Ausschuss für Öffentlichkeitsarbeit. Außerdem ist Dr. Friedag Lehrbeauftragter an der Humboldt-Universität zu Berlin.

1 Von der unternehmenspolitischen Orientierung über strategische Projekte zum laufenden Geschäft

Viele Konzepte zur Umsetzung von Strategien haben einen großen Schwachpunkt: die mangelnde Verankerung strategischer Ziele im Alltag des Unternehmens. Das beginnt bei der oft unverbindlichen, nicht messbaren Formulierung der Unternehmenspolitik. Es setzt sich fort in der inkonsequenten Ableitung klarer Geschäftsmodelle und fehlender Abgrenzung zwischen strategischer Entwicklung und operativer Nutzung von Erfolgspotenzialen. Und es mündet meist in ein Bündel aktionistischer Maßnahmen, die neben dem Budget und der daran gebundenen Incentivierung organisiert werden und ein dementsprechendes Schattendasein fristen. Es liegt in der Verantwortung der Führungskräfte, das zu ändern – es liegt in der Verantwortung der Controller, dafür geeignete Methoden und Kenngrößen zur Verfügung zu stellen.

Mangelnde Verankerung strategischer Ziele im Alltag des Unternehmens

Die Führungsaufgabe einer systematischen Zielsetzung, Planung und Steuerung (Controlling[1]) der Strategieumsetzung baut auf folgenden Punkten auf (s. auch Abb. 1):

Sieben Punkte der Strategie-umsetzung

1. Eine verbindliche und messbare unternehmenspolitische Orientierung der Gesellschafter bzw. des Vorstands als Voraussetzung für eine strategische Orientierung des Unternehmens.

2. Die Präzisierung bzw. Anpassung der Zweckbestimmung des Unternehmens an die unternehmenspolitische Orientierung und eine Formulierung der zentralen Herausforderung für die beteiligten Menschen

3. Die Erarbeitung bzw. Schärfung des Geschäftsmodells

4. Die Entwicklung eines Strategischen Hauses (Leitbild, Leitziel, Leitkennzahl, strategische Themen, Perspektiven der einzubeziehenden Interessengruppen) und einer Berichts-Scorecard als Bindeglied zur mittelfristigen Planung

5. Die Ableitung von strategischen Projekten zur Entwicklung erforderlicher Potenziale

6. Die Überleitung der Ergebnisse strategischer Projekte entweder in operative Projekte zur Verbesserung der Nutzung verfügbarer Potenziale oder direkt in das laufende operative Geschäft

7. Eine verbindliche Einbindung der erwarteten Effekte und Aufwendungen der Strategieumsetzung in die mittelfristige Planung und den daraus abgeleiteten Budgetierungsprozess.

---

[1] Zur Definition des Begriffes „Controlling" vgl. DIN SPEC 1086 (2009).

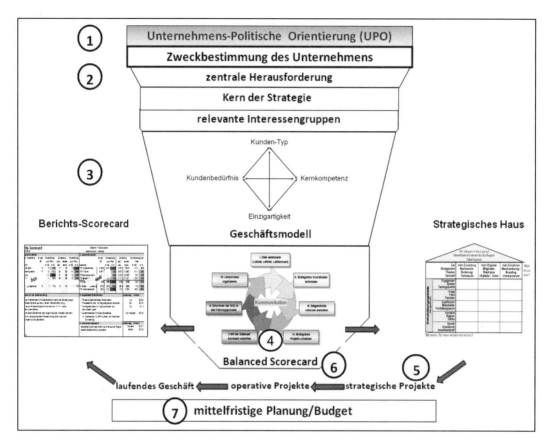

Abb. 1: Sieben Schritte der Strategieumsetzung

Im Folgenden sollen die einzelnen Schritte kurz erläutert werden.[2]

Beispiel: Information zu den Beispielen

Die folgenden Beispiele sind auf den Erfahrungen eines Unternehmens im Bereich der technischen Dienstleistungen aufgebaut – die Zahlen sind allerdings verfremdet und daher fiktiv. Für unser Beispiel beschäftigt das Unternehmen derzeit ca. 2.500 Mitarbeiter in 4 europäischen Ländern und erwirtschaftet einen Umsatz von ca. 600 Mio. EUR. Das Unternehmen wurde 1920 gegründet und ist in dritter Generation im Besitz der Familie.

---

[2] Die detaillierte Vorgehensweise wird im Buch „Management 2.0 – Kooperation – der entscheidende Wettbewerbsvorteil" anhand eines konkreten Praxisbeispiels erläutert; vgl. Friedag/Schmidt (2009).

1.1 Die Unternehmenspolitik messbar formulieren

Erfolgreiche Unternehmen beruhen nicht nur auf einer „tragenden Idee".
Sie sind auch in der Lage, aus dieser Idee eine messbare unternehmenspolitische Orientierung abzuleiten.

Beispiel: Unternehmenspolitische Orientierung der BaDien AG
Das technische Dienstleistungsunternehmen (wir wollen es „BaDien AG"
nennen) hat seit vielen Jahren eine tragende Idee: „Der Bahnhof – Treffpunkt
aktiver Menschen". Seine Strategie ist auf ein engeres Zusammenwirken mit
Kunden, Mitarbeitern, Lieferanten und Partnern in allen unternehmens-
relevanten Bereichen ausgerichtet. Doch die Strahlkraft der Idee hat in den
letzten Jahren nachgelassen; die Wachstumsraten gingen zurück. Um diesem
Prozess entgegenzuwirken und einen neuen Impuls zu setzen, haben die
Gesellschafter einen konkreten Auftrag an die Geschäftsführung formuliert,
bis zum 100. Geburtstag des Unternehmens im Jahr 2020 folgende Ergebnisse
zu erreichen:

Unternehmenspolitische Orientierung (UPO)

- Steigerung des Umsatzes von heute 600 Mio. EUR auf 2,4 Mrd. EUR im Jahr
  2020
- Erhöhung des Brutto-Cashflow (Innovationsbeiträge der Unternehmens-
  bereiche) von heute 10 % auf 15 %
- Innovativstes Unternehmen in der Schweiz (gemessen an der Zielerrei-
  chung: „Preisträger des European Quality Award")
- Warteliste von Kunden mit einer Anwärterschaft auf den Status „Premium-
  Partner" mit einem Umsatzpotenzial von 2,0 Mrd. EUR

Es ist von Vorteil, wenn diese Orientierungen langfristig ausgerichtet sind und ambitionierte Ergebnisse avisieren. Gleichzeitig kommt es darauf an, den Menschen im Unternehmen zu vermitteln, dass diese Ergebnisse keine Utopien darstellen, sondern erreichbar sind. Dafür kann es hilfreich sein, ausgehend vom aktuellen Stand die formulierten Orientierungsgrößen zu strukturieren.

Ambitionierte Ziele so strukturieren, dass diese erreichbar erscheinen

Beispiel: Strukturvorgaben für die BaDien AG

Für die BaDien AG könnte eine derartige Strukturierung folgendermaßen aussehen (s. Abb. 2):

Umsatzentwicklung UPO

	IST 2009	Potenzial 2020	Kd. (T)	T€/Kd
Bestandsgeschäft (Mio. €)	600	1.650		
Kd. (T)	5,5	8,3		
T€/Kd	109	200		
Erschließen neuer Länder		Mio. €	Kd. (T)	T€/Kd
Ost-Europa		420	2,1	200
Japan		400	2,0	200
Korea		560	2,8	200
Indien		760	3,8	200
Neue Basis-Technologien				
Zusatz-Umsatz NT 1		560	8,0	70
Zusatz-Umsatz NT 2		450	4,5	100
Potenzial		4.800		
Nutzung		50%		
Umsatzchance		2.400		

Abb. 2:   Strukturierung des Umsatzpotenzials für die UPO

Die Darstellung konkretisiert dreierlei:

1. Das bisher auf den deutschsprachigen Raum konzentrierte Geschäft wird internationalisiert. 2020 sollen mehr als 50 % des Umsatzpotenzials von Kunden aus nicht deutschsprachigen Ländern kommen.

2. Die Steigerungsraten des Bestandsgeschäfts stellen realisierbare Anforderungen – die Zahl der Kunden soll um jährlich 2,4 % erhöht werden und die Leistung pro Kunde um 4,1 % pro Jahr steigen (bei einer durchschnittlichen Inflationsrate von 2,5 % verbleiben 1,6 % reale Leistungssteigerung).

3. Die Gesellschafter des Unternehmens gehen davon aus, dass nicht alle Blütenträume reifen und das strukturierte Potenzial zu 50 % realisiert werden kann.

Durch diese Strukturierung wurde die Diskussion in der BaDien AG positiv beeinflusst. Die ursprünglich als „weltfremd" angesehene „UPO" (von den Mitarbeitern auch als „UFO" bezeichnet) bekam nun eine ernst zu nehmende Gestalt. Die Umsetzung der Strategie konnte zielgerichtet angegangen werden.

1.2 Zweckbestimmung, zentrale Herausforderung und strategische Antwort

Von der Art der Strategie hängt es ab, welche Veränderungen des Unternehmens in Gang gesetzt werden sollen. Daher sollte eine unternehmenspolitische Orientierung mehr umfassen als ausschließlich finanzielle Erwartungen. In unserem Beispiel haben die Gesellschafter neben der Internationalisierung zwei weitere wesentliche Orientierungen gegeben – Preisträger European Quality Award werden und Kunden so bedienen, dass sie sich um den Status eines Premium-Partners bewerben.

Eine UPO sollte mehr umfassen als nur finanzielle Erwartungen.

1.2.1 Zweckbestimmung

Nun sind die Führungskräfte gefordert. Zunächst ist zu klären, ob die bisherige Zweckbestimmung des Unternehmens der formulierten Aufgabenstellung noch genügt. Die BaDien AG bspw. ist ein Spezialanbieter für Facility-Management im „Bahn-Umfeld"; ihre Geschäftsfelder sind die Betreuung, Wartung und Instandhaltung von Bahnhöfen und anderen Liegenschaften sowie die Vermietung von Bahnhofsgeschäften. Der eher technisch gefasste Geschäftsgegenstand „Sicherung einer nachhaltigen Rentabilität von Bahn-Liegenschaften durch aktive Bewirtschaftung" erschien allen Beteiligten nach wie vor als ein ausreichender Rahmen; er sollte nicht erweitert werden.

Die Führungskräfte sind gefordert

Gleichzeitig würden die Internationalisierung und die damit verbundene Dezentralisierung enorme strukturelle Veränderungen mit sich bringen. In dieser Beziehung musste die Zweckbestimmung präzisiert werden.

Die schließlich gefundene ergänzende Formulierung „BaDien – ein internationales, dezentral operierendes Unternehmen im Bereich der Dienstleistungen rund um den Bahnhof ..." kam für ein bisher eher zentral und schweizerisch-deutsch denkendes Unternehmen einem Paradigmenwechsel gleich. Gleichzeitig erhielt die vorher schon selbstverständliche Orientierung auf Kunden und Mitarbeiter durch diese Erweiterung der Zweckbestimmung eine völlig neue Dimension. Außerdem hatte sie mithilfe der UPO erstmalig eine konkrete Messlatte bekommen. Auch der erwünschte Impuls für eine neue Tragfähigkeit der dem Unternehmen zugrunde liegenden Idee nahm fassbarere Konturen an.

1.2.2 Zentrale Herausforderung

So wurde schnell klar, dass die zentrale Herausforderung der UPO nicht so sehr im technisch-technologischen als vielmehr im kulturellen Feld heranwachsen wird. Natürlich durfte der Vorsprung auf technischem Gebiet nicht verspielt werden. Aber hier hatte das Unternehmen jahre-

Die Herausforderung liegt oft eher im kulturellen als im technischen Feld

lange Erfahrungen und eine aus Erfolgen selbstbewusst gewordene Mannschaft. Dieses Feld beherrschen sie; da müssen sie „nur" dranbleiben.

Die kulturelle Herausforderung hingegen ist enorm. Der Erfolg hatte die BaDien AG behäbig werden lassen. Das Arbeitsleben war eingespielt und auf den Unternehmer orientiert. Sein Wort, seine Werte, seine Prinzipien galten seit mehr als 30 Jahren und wurden als die Basis des Erfolgs angesehen. Doch die Welt hatte sich gedreht. Das deutete sich schon im bisherigen Heimatmarkt an. Die Führungskräfte und Mitarbeiter der Stammkunden haben in den letzten 30 Jahren ihre Präferenzen und Arbeitsweisen stark verändert. Viele Firmen erwarten inzwischen von ihrem Dienstleister, dass er sie bei ihrer eigenen Internationalisierung begleitet. Außerdem sind die Anforderungen an die Arbeitsbeziehungen eher auf Kontinuität und Entscheidungsfähigkeit vor Ort gerichtet. Internationalisierung und dezentral gesteuerte Kooperation mit den Kunden sind daher generell entscheidende Wettbewerbsfaktoren geworden.

Vernachlässigung des Networkings korrigieren

Die kulturelle Herausforderung für die BaDien AG hatte aber noch eine weitere Komponente: die Organisation eines ganzen Netzwerks von Beziehungen. Komplexe Wartung, Betreuung, Instandhaltung und Erneuerung verlangen heute vor allem das Zusammenspiel vielfältiger Spezialisten. Für die Positionierung der Beteiligten ist es von entscheidender Bedeutung, wer dieses Netzwerk organisiert und koordiniert. Hier hatte das Unternehmen in den letzten Jahren Boden an einige Wettbewerber verloren.

Das erkannte auch die Unternehmerfamilie. Insofern war die UPO nur konsequent und hat einen konstruktiven Dialog zu den entscheidenden Fragen des Unternehmens auf die Tagesordnung gesetzt.

Die zentrale Herausforderung zu erkennen ist für die Umsetzung einer Strategie sehr wichtig, um sich auf die entscheidenden Fragen konzentrieren zu können. Gleichzeitig ist es jedoch genauso wichtig, diese Herausforderung so zu formulieren, dass es für möglichst alle Mitarbeiter eine erstrebenswerte Aufgabe wird, sich ihr zu stellen.

Beispiel: Formulierung der zentralen Herausforderung

Um ein anderes Beispiel zu zeigen, soll hier auf einen regionalen Energieversorger eingegangen werden, der mehrere Stadtwerke betreibt. Die Städte und Kommunen der Regionen haben beschlossen, ihre Versorgungskapazitäten zu bündeln. Damit war eine Option entstanden, vier in kommunalem Eigentum stehende Versorger zu fusionieren.

Für die Führungskräfte und Mitarbeiter der besagten vier Unternehmen erschien diese Perspektive eher bedrohlich und lähmte Denken und Initiativen.

Zunächst wurden als Herausforderung Fragen diskutiert wie die Renditean-forderungen des Konzerns oder die Heterogenität des Versorgungsgebiets oder die Preisgestaltung großer privater Wettbewerber. Das alles hat die Phantasie der Beteiligten nicht gerade beflügelt. Dann aber kam eine Frage auf den Tisch, die sofort alle Gemüter erregte: „Wer führt die Fusion?" Davon würde es maßgeblich abhängen, wie sich die Arbeitsbedingungen zukünftig verändern. Das berührte jeden Einzelnen. Die zentrale Herausforderung war gefunden: „Wie können wir uns so aufstellen, dass unser Unternehmen federführend wird im Fusionsprozess?"

Das Erkennen und noch mehr das die Herzen der Menschen ergreifende Formulieren der zentralen Herausforderung ist mitunter ein schwieriger Prozess. Bei der BaDien AG hat es mehr als ein Jahr gedauert, bis die Frage „Wie können wir ein international und dezentral denkendes Unternehmen werden, das als führender Organisator von Netzwerken seiner Kunden anerkannt ist?" als zentrale Herausforderung angenommen wurde. In der Konsequenz hat das den umfassendsten Veränderungsprozess in der gesamten Firmengeschichte ausgelöst, die dem Unternehmen im Gegensatz zur Branche in den letzten zwei Jahren weiteres Wachstum sowohl qualitativ als auch quantitativ gebracht hat.

Die zentrale Herausforderung zu erkennen und anzunehmen ist ein schwieriger und oft langwieriger Prozess

1.2.3 Die strategische Antwort

Wenn die zentrale Herausforderung klar ist, lässt sich auch die strategische Antwort oder der Kern der Strategieumsetzung klar formulieren. Der Energieversorger setzt darauf, sich als attraktive regionale Marke zu etablieren –- die BaDien AG hat ihre Strategie auf ein Wort gebracht: Kooperation. Sie will das Zusammenwirken eigenständiger Partner auf Augenhöhe praktizieren, nach innen und nach außen.

Umgekehrt ist es fast unmöglich. Wie soll eine Antwort gefunden werden auf eine Frage, die noch nicht formuliert werden kann oder manchmal auch nicht einmal formuliert werden darf? Dann entstehen meist so „richtige" wie unverbindliche Floskeln wie:

- „Wir wollen der beste Partner unserer Kunden sein" oder
- „Durch Innovation zur Qualitätsführerschaft" oder
- „Unser Ziel ist profitables Wachstum."

1.3 Das Geschäftsmodell schärfen

Es reicht nicht aus, die zentrale Herausforderung und den Kern der Strategie zu formulieren. Beides muss umgesetzt werden in ein messfähiges Modell, wie das Geschäft betrieben werden soll. Man kann ein Geschäftsmodell aus drei Bestandteilen aufbauen:

1. Mit welchen Kunden haben wir es zu tun bzw. wollen wir es zu tun haben?
   - Wie „ticken" Kunden mit jenen Bedürfnissen, die wir befriedigen wollen? Passen diese Kunden zu uns?
   - Welche Bedürfnisse wollen wir mit unserem Leistungsangebot befriedigen? Haben wir dazu die passenden Kunden?
2. Worin besteht unsere Kernkompetenz heute und zukünftig?
   - Welche Produkte/Tätigkeiten/Technologien beherrschen wir besonders gut? Haben wir dazu die passenden Lieferanten und Kooperationspartner?
   - Welche Kundenbedürfnisse können wir mit unserer Kernkompetenz besser bedienen als alle Wettbewerber? Passen wir zu dem Kundentyp, der diese Bedürfnisse hat?
3. Welches Umsatz- und Margen-Potenzial kann mit diesem Geschäftsmodell bedient bzw. erschlossen werden (s. Abb. 3)?

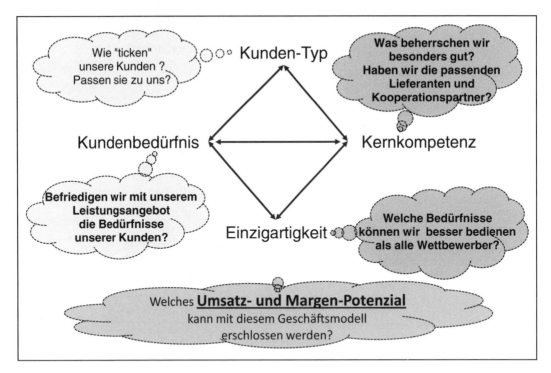

Abb. 3: Geschäftsmodell

Für das Controlling der Strategieumsetzung ist es wichtig, sowohl das heutige Geschäftsmodell zu kennen als auch jenes für die erwartete Zukunft zu skizzieren. Dann lassen sich die Schritte ableiten, die auf dem Weg vom Heute zum Morgen zu gehen sind. Die Modelle wie auch die Zwischenschritte sollte das Controlling durch Zahlen beschreiben können.

Tipp: Vorgehen bei mehreren Geschäftsfeldern

Die Erarbeitung und Beschreibung eines Geschäftsmodells sind normalerweise ein facettenreicher Prozess. In diesem Beitrag kann aus Gründen des verfügbaren Raums nur ein verkürztes Beispiel dargestellt werden. In der Praxis haben viele Unternehmen ein gemeinsames Modell für alle vertretenen Geschäftsbereiche, das in spezifische Modelle für die verschiedenen Geschäftsfelder untergliedert ist. Bei mehreren Geschäftsfeldern ist dabei immer die Frage zu beantworten: „Warum sind wir ein Unternehmen?"

Beispiel: Geschäftsmodell der BaDien AG

Die BaDien AG hat vier Kernpunkte formuliert:

1. Als Typus seiner Kunden konzentriert sie sich auf Unternehmen, die das Potenzial und Interesse haben, Premium-Partner zu werden.

2. Das Bedürfnis dieser Kunden besteht in einer verlässlichen Begleitung ihrer nationalen und internationalen Aktivitäten durch federführende Organisatoren effektiver Netzwerke für innovative Instandhaltung, Erneuerung und Bewirtschaftung von Liegenschaften.

3. Die angestrebte Kernkompetenz wurde an den Punkten
   - Wertschätzung (für Mitarbeiter, Kunden, Prozess-Partner und Lieferanten),
   - netzwerkbezogene Führungsfähigkeit, technologische Kompetenz sowie
   - Kooperation (Fähigkeit zu Transparenz und Organisation von Synergien)
   - festgemacht.

4. Einzigartigkeit im Vergleich zu den Wettbewerbern wird durch Nähe und Vertrautheit aller Partner im Netzwerk angestrebt.

Die Eckpunkte für Umsatz- und Margenpotenzial waren schon mit der UPO gesetzt worden. Sie wurden mit dem Geschäftsmodell verifiziert.

Um das Umsatzpotenzial einzuschätzen, muss zum einen abgeleitet werden, welches Jahresvolumen Kunden dieses Typs im Durchschnitt bereit sind für unsere Kernleistung zu zahlen, und zum anderen, wie viele zahlungsbereite Kunden sich identifizieren lassen. Dabei werden die Überlegungen oft zu sehr auf Preisvergleiche für einzelne Produkte und Leistungen reduziert. Für den Kunden sind jedoch wesentlich mehr Punkte interessant:

Einschätzung des Umsatzpotenzials nicht auf Preisvergleiche reduzieren

1. Welche <u>Leistungsmerkmale</u> unseres Angebots sind dem Kunden besonders wichtig und welche Vorteile bieten wir ihm bei diesen Merkmalen gegenüber Alternativen des Marktes? Davon hängt die Begehrlichkeit des Kunden für unser Angebot ab.

2. Wie hoch ist der Preis für das <u>gesamte Portfolio</u> an Produkten und Leistungen, die zur Problemlösung des Kunden erforderlich sind? Eventuell ist unser Angebot nur ein Teil eines größeren Pakets, das ein anderer Anbieter oder der Kunde selber zusammenstellt.

3. Wie hoch ist der <u>interne Zeitaufwand</u> des Kunden für die Einbindung und Nutzung der angebotenen Produkte und Leistungen? Das schließt die Verfügbarkeit von Support und Ersatzteilen ein.

4. Welche Wirkung hat unser Angebot auf die <u>Reputation</u> des Kunden? Davon hängt das realisierbare Umsatzvolumen für sein Angebot ab. Einen wesentlichen Aspekt bildet dabei das Vertrauen in stabile und verlässliche Arbeitsbeziehungen.

5. Wie flexibel können wir auf Umsatzentwicklungen des Kunden reagieren? Dieser Punkt hat starken Einfluss auf das <u>Working Capital Management</u> des Kunden.

6. Welchen <u>Know-how-Transfer</u> darf der Kunde von uns erwarten und zwischen welchen Alternativen kann er dabei wählen? In diesem Punkt beeinflussen wir unmittelbar die Kernkompetenz des Kunden.

7. Welche Motivation weckt das Angebot beim Kunden? Wenn die Menschen eine Beziehung angenehm empfinden, gibt das oft den Ausschlag für eine Zusammenarbeit.

Bei der Strukturierung des Geschäftsmodells sollte jeder Controller bestrebt sein, den gesamten Strauß dieser Fragen beantworten zu können. Erst aus der Kombination ergibt sich, inwieweit unser Angebot austauschbar oder einzigartig ist.

Mit der Strukturierung der UPO hatte die BaDien AG schon Vorarbeit geleistet. Es galt also nur noch zu prüfen und durch Marktforschung zu verifizieren, ob das Geschäftsmodell einen genügend großen Rahmen für die angestrebte Entwicklung bieten kann.

Schwieriger ist die Einschätzung des erwarteten Margenpotenzials; hier kann z. B. eine Faktorenanalyse hilfreich sein. Für die BaDien AG ergab sich folgendes Bild (s. Abb. 4):

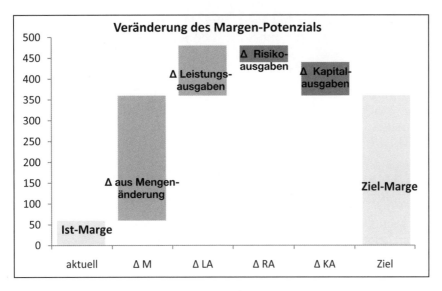

Abb. 4:   Faktorenanalyse zum Margenpotenzial

Legende

Δ M = Wirkung aus Mengenänderung;

Δ LA = Wirkung aus Änderung der Leistungsausgaben;

Δ RA = Wirkung aus Änderung der Risikoausgaben (Versicherungen, Gebühren für Avale, Gutachten);

Δ KA = Wirkung aus Änderung der Kapitalausgaben (durch Zinsen und Ausschüttungen abfließende Mittel)

Als Erstes wurden die Auswirkungen der angestrebten Absatz- und Umsatzerweiterung betrachtet (Δ M). Die daraus resultierenden Deckungsbeiträge werden jedoch nur zum Teil als Margenzuwachs wirksam, weil bei der anvisierten Entwicklung die Strukturkosten nicht konstant bleiben. Eine Faktorenanalyse zum Margenpotenzial muss daher auch eine Einschätzung der steigenden Ausgaben für erweiterte Strukturen einschließen. Insgesamt ergab sich aufgrund der Steigerung des Umsatzes um den Faktor 4 für diese Auswirkung das größte Potenzial.

Margen-Entwicklung kann durch Faktorenanalyse verifiziert werden

Als Zweites wurden die Ausgaben für die unmittelbare Leistungserstellung unter die Lupe genommen. Hier geht es um die „Lernkurve" von 1,0-1,5 % jährlichen Einsparungen, die mit jeder Leistungssteigerung verbunden sind. Das ergibt einen weiteren Margeneffekt (Δ LA).

Als Drittes galt es zu beachten, dass die anvisierte Entwicklung mit zusätzlichen Risiken verbunden ist, weil z. B. Gewährleistungen steigen und dafür in den Verträgen Absicherungen vorzuweisen sind mit entsprechend steigenden Ausgaben.

Schließlich müssen Fragen der Finanzierung von Erweiterungsmaßnahmen sowie Ansprüche der Gesellschafter an Ausschüttungen und daran gebundene zusätzliche Kapitalausgaben (Δ KA) in die Faktorenanalyse einbezogen werden.

Insgesamt war die konkrete Formulierung der UPO auch hier hilfreich, weil damit bereits eine Zielmarke gesetzt war, die es nun durch eine Faktorenanalyse zu verifizieren galt.

Einen kontinuierlichen Prozess von Einschätzung und Verifizierung durchführen

Ob beim Umsatz- oder dem Margenpotenzial: Ein kontinuierlich betriebener, iterativer Prozess von Beobachtung, Einschätzung und Verifizierung ist eine Kernaufgabe des Controllings der Strategieumsetzung. Das sollte nicht unterschätzt werden. Schließlich ist bei angemessener Handhabe bspw. das Verhältnis von Umsatzpotenzial zum realisierten Umsatz ein sensibler Frühindikator.[3]

1.4 Strategisches Haus und Berichts-Scorecard

Paradigmenwechsel lassen sich nicht so schnell vollziehen. Deshalb ist es wichtig, die ersten Schritte so zu wählen, dass die Menschen im „Hier und Heute" abgeholt werden können. Eine gute Methode hierfür bietet die von *Kaplan* und *Norton* entwickelte Balanced Scorecard (BSC). Es gibt verschiedene Anwendungsformen[4] – in unserem Beispiel wurde die Kombination von Strategischem Haus und Berichts-Scorecard gewählt. Mit einem Strategischen Haus werden die Schwerpunkte definiert, auf die sich ein Unternehmen beim Entwickeln seiner Potenziale in einem überschaubaren Zeitabschnitt konzentrieren will.[5]

Unternehmenspolitische Orientierung (UPO) in überschaubare Zeitabschnitte unterteilen

Im konkreten Fall galt es zunächst, die auf das Jahr 2020 ausgerichtete unternehmenspolitische Orientierung in Abschnitte zu untergliedern, für die Etappenziele festgelegt wurden. Die BSC liegt im Schnittfeld der Verknüpfung von „aus der Zukunft die Gegenwart gestalten" und „von den Erfahrungen der Vergangenheit lernen". Dieses Feld muss jedes Unternehmen nach seinen Bedingungen umreißen. Die BaDien AG hat einen Zeitraum von 3 Jahren gewählt (s. Abb. 5):

---

[3] Vgl. Friedag/Schmidt (2010).
[4] Vgl. Friedag/Schmidt (2005).
[5] Zu konkreten und sehr detaillierten Beschreibungen des Prozesses der Erarbeitung von Strategischem Haus und Berichts-Scorecard vgl. Friedag/Schmidt (2004), S. 54 ff. sowie Friedag/Schmidt (2009), S. 60 ff.

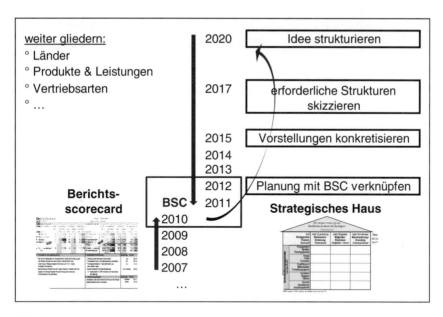

Abb. 5: Etappen gliedern

1. Für den gewählten Zeitraum werden als <u>erster Schritt</u> **Leitziel, Leitbild und Leitkennzahl** gewählt.
   - Mit dem Leitziel beschreiben wir vor allem für unsere Mitarbeiter, aber auch für andere einzubeziehende Interessengruppen (Stakeholder), was wir in der gewählten Zwischenetappe erreichen wollen. Im Beispiel wurde als Ziel formuliert: „Entwicklung von Mitarbeitern, Kunden und Lieferanten zu Partnern".
   - Mit dem Leitbild formulieren wir, wie wir von unseren Stakeholdern gesehen werden wollen, wenn wir unser Leitziel erreicht haben. Im Beispiel wurde als Bild skizziert: „Wir sind ein attraktives Netzwerk für technische Dienstleistungen."
   - Mit der Leitkennzahl definieren wir, woran wir bemerken wollen, dass wir unser Leitziel erfüllen bzw. woran wir uns messen lassen wollen. Von der Qualität dieser Kennzahl hängt das Maß an Verbindlichkeit und Transparenz ab, das wir mit dem Leitziel verknüpfen. Im Beispiel wurde als Leitkennzahl gewählt: „Umsatzpotenzial aus innovativen Projekten unter Beteiligung ausgewählter Kunden und Lieferanten".

2. Im <u>zweiten Schritt</u> erfolgt die Auswahl jener **strategischen Themen**, denen wir uns im gewählten Zeitraum schwerpunktmäßig zuwenden wollen, um unser Leitziel zu erreichen. Auch die Themen sollten konkret und verbindlich formuliert werden; dafür sind sie mit einer

Zielstellung und einer entsprechenden Kennzahl zu kombinieren. In der BaDien AG wurde folgende Wahl getroffen:

Thema 1:   **Marketing**

Ziel: Positionierung und Wahrnehmung als Netzwerkanbieter im Markt

Kennzahl: Anzahl spezifischer Anfragen

Thema 2:   **Partnerschafts-Kompetenz-Zentrum**

Ziel: Entwicklung gemeinsamer Lösungen

Kennzahl: Anzahl Anfragen nach Mitwirkung

Thema 3:   **Interne Kooperation**

Ziel: Entwicklung einer neuen Kultur der Zusammenarbeit zwischen den Bereichen Facility Management, Wartung/ Instandhaltung, Bau/Neubau und Vermietung

Kennzahl: Anteil bereichsübergreifender Projekte

3. Für die Realisierung des Leitziels braucht faktisch jedes Unternehmen die Mitwirkung von Interessengruppen (Stakeholder). Welche das sind, muss im spezifischen Fall festgestellt werden. Es ist jedoch nicht selbstverständlich, dass andere sich an der Umsetzung unserer Strategie beteiligen. Wir müssen daher in einem <u>dritten Schritt</u> herausfinden, auf welchen Gebieten wir gemeinsame Richtungen entwickeln können, damit das Engagement der für uns relevanten Stakeholder angeregt wird. Dazu ist es förderlich, sich in die Perspektive jeder relevanten Gruppe hineinzudenken: „Wie sehen sie die Zusammenarbeit mit unserem Unternehmen und was könnte sie veranlassen, mit uns zu kooperieren?" Im Ergebnis dieser Überlegungen gelangen wir zu **Entwicklungsgebieten/ Perspektiven** gemeinsamer Interessen, für deren Konkretisierung und Verbindlichkeit wir wiederum Ziele und Kennzahlen formulieren. In der BaDien AG wurden folgende Entwicklungsgebiete (EG) festgelegt:

EG 1:   **Premium-Kunden**

Ziel: Aktive Referenz

Kennzahl: Anzahl aktiver Referenz-Kunden

EG 2:   **Mitarbeiter**

Ziel: Know-how-Aufbau

Kennzahl: Anteil Mitarbeiter mit Kompetenzentwicklungs-Plan

EG 3:   **Geschäftspartner**

Ziel: Langfristige Geschäftsbeziehungen

Kennzahl: Anzahl A-Partner

EG 4:   Gesellschafter
Ziel: Reputation
Kennzahl: Reputations-Index

Damit haben wir das Zielsystem für die Entwicklung der Erfolgspotenziale im vorgesehenen Zeitraum erstellt (s. Abb. 6).

Das Strategische Haus

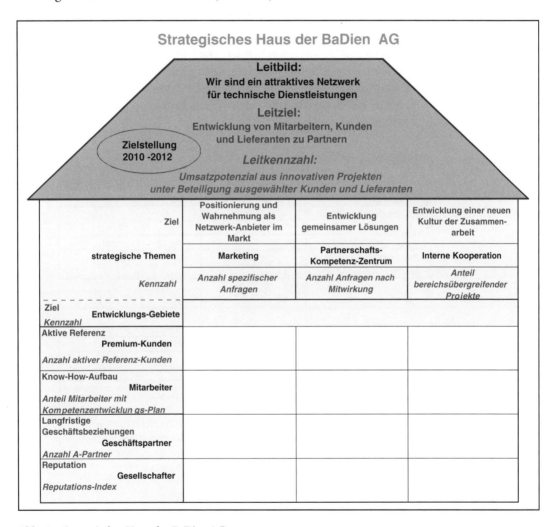

Abb. 6:   Strategisches Haus der BaDien AG

So ein Strategisches Haus ist nie „endgültig". Es sollte immer wieder geprüft werden, ob die Annahmen, die seinem Bau zugrunde lagen, noch aktuell sind. Außerdem ist es zweckmäßig, nach besseren Zielformulierungen und Kennzahlen zu suchen, weil im ersten Zugriff nicht immer die geeignetsten Lösungen gefunden werden. Mit den Jahren entsteht auf diese Weise ein allen Mitarbeitern vertrautes und verständliches Bild zur Orientierung auf die Schwerpunkte bei der Entwicklung von Erfolgspotenzialen.

4. Es bleibt noch ein vierter Schritt. Die Entwicklung von Potenzialen erscheint nur sinnvoll, wenn sie dann auch genutzt werden. Deshalb ist es zweckmäßig, ein Kennzahlen-Tableau zu erstellen, das beide Aspekte miteinander verbindet. Wir bezeichnen dies als „**Berichts-Scorecard**" (s. Abb. 7).

1. strategische Zahlen							
strategisch	Ist per	Abweichung zum Plan 06 in ME		Erwartung restl. Zeit	JE	Abweichung zum Plan JE in ME	
Umsatzpotenzial innov. Projekte	71	-2	◐	13	84	2	◐
# spez. Anfragen	595	125	◐	580	1.175	245	◐
% bereichsübergreif. Projekte	14	2	◐	0	14	-1	○
# akt. Referenzkunden	68	14	◐	90	158	34	◐
% MA mit Komp.entw.plan	40	-20	●	30	70	-30	●
# A-Partner	9	-1	○	27	36	1	◐
Reputationsindex	12	-3	●	3	15	-3	●
3. Probleme für die Zielerreichung							

Das zu geringe Umsatzpotenzial innovativer Projekte soll abgefangen werden durch eine verstärkte Zusammenarbeit mit unseren Partnern.
Zur verstärkten Neukundengewinnung wird eine Kundenoffensive
Zugunsten der zu startenden Kundenoffensive werden ein Teil der Fortbildungsprogramme in das kommende Jahr verschoben
Die dadurch frei werdenden personellen Kapazitäten werden genutzt für:
- Kundenbesuche
- Verstärkung Entwicklungsarbeit

◐	>	95%	
○	<>	95%	90%
●	>	90%	

2. operative Zahlen						
operativ	Ist per	Abweichung zum Plan 06 in ME		Erwartung restl. Zeit	JE	Abweichung zum Plan JE in ME	
Mio. € Ergebnis	32	2	◯	35	67	2	◯
# Neukunden	50	-10	⬤	110	160	20	◯
Mio € neue Produkte	84	-1	◯	115	199	4	◯
Mio. € zus. Innovationsbeitrag	7	-0	◯	6	13	-1	◯
ø Kompetenzgrad	80	4	◯	-4	76	-2	◯
Mio € Auftragseingang	275	10	◯	355	630	10	◯
# Initiativbewerbungen	65	15	◯	65	130	15	◯

4. eingeleitete Maßnahmen	zuständig	Termin
Intensivierung der Kundenbesuche	GN	sofort
Verstärkung der internen Projektarbeit	GN	15.08.
Anpassung Fortbildung wegen Kundenoffensive	MA	01.09.
Verstärkung der Entwicklungsarbeit	IP	01.09.
kontinuierlichere Pressearbeit	CT	sofort
Forcierung Verkauf neuer Produkte	SP	15.08.

5. Entscheidungbedarf	zuständig	Termin
verringerte Ausschüttung zur Erhaltung der Innovationskraft und Intensivierung der Kundenaktivitäten	CT	25.07.

Abb. 7: Berichts-Scorecard der BaDien AG

Im dargestellten Beispiel wurde in Anlehnung an *Albrecht Deyhle*[6] eine „Fünf-Felder-Matrix" gewählt:

Fenster 1: strategische Zahlen (Entwicklung von Potenzialen); die BaDien AG hat dafür aus dem Strategischen Haus folgende sieben Kenngrößen ausgewählt.

1. Umsatzpotenzial innovativer Projekte

2. Anzahl spezieller Anfragen

3. Anteil bereichsübergreifender Projekte

4. Anzahl aktiver Referenzkunden

5. Anteil Mitarbeiter mit Kompetenzentwicklungsplan

---

[6] Vgl. Deyhle (2003), S. 324 f.

6. Anzahl A-Partner (Lieferanten)

7. Reputationsindex

Fenster 2: operative Zahlen (Nutzung verfügbarer Potenziale); die BaDien AG hat den strategischen Kenngrößen sieben operative Kenngrößen gegenübergestellt.

1. Ergebnis

2. Anzahl Neukunden

3. Umsatz neuer Produkte

4. Zusätzlicher Innovationsbeitrag

5. Durchschnittlicher Kompetenzgrad

6. Auftragseingang

7. Anzahl Initiativbewerbungen

Fenster 3: Probleme für die Zielerreichung

Fenster 4: eingeleitete Maßnahmen

Fenster 5: Entscheidungsbedarf des Berichterstellers

In gewissem Sinne bündelt das Fenster 1 die Frühindikatoren und das Fenster 2 die Spätindikatoren des Unternehmens, während die übrigen Fenster vermitteln, wie die Zielerreichungsprognose gewährleistet werden soll.

1.5 Strategische Projekte zur Entwicklung von Potenzialen

Das Strategische Haus ist nicht bloß ein Zielsystem. Es bildet vor allem den Rahmen zur Ableitung konkreter Aktionen. Themen und Entwicklungsgebiete spannen eine Matrix von Entwicklungsfeldern (die „Wohnungen" des Hauses), mit deren Hilfe aus der Vielzahl von Möglichkeiten jene Maßnahmen ausgewählt werden können, die auf die Umsetzung der Strategie des Unternehmens ausgerichtet sind.

Leitbild und Leitziel konkretisieren die erste Etappe zur Erreichung der unternehmenspolitischen Orientierung. Strategische Themen und die Entwicklungsgebiete sind auf das Leitziel ausgerichtet. Wenn nun darauf geachtet wird, dass die Aktionen in jeder „Wohnung" sowohl dem Ziel des dazugehörigen Themas als auch dem Ziel des entsprechenden Entwicklungsgebietes genügen, kann die Ausrichtung auf die Strategieumsetzung gewährleistet werden.

Dabei gilt wieder die bereits bewährte Methode, jede Aktion mit einem   Das ZAK-Prinzip
Ziel und einer Kennzahl zu verbinden. Wir haben diese Herangehens-
weise als „ZAK-Prinzip" bezeichnet – auf „ZAK" sein:

- Ziel
- Aktion
- Kennzahl

Ein Beispiel für die BaDien AG zeigt Abb. 8.

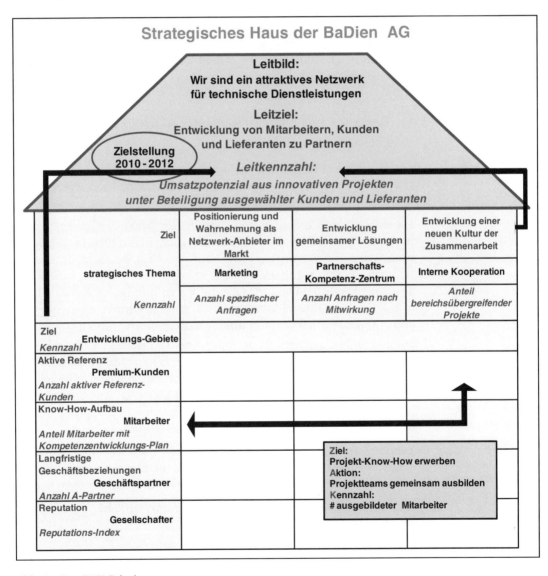

Abb. 8: Das ZAK-Prinzip

Aus den vielen
ZAK-Ideen
strategische
Projekte bündeln.

Die Struktur des Strategischen Hauses regt die beteiligten Menschen sehr schnell zu einer Vielzahl konkreter Ideen an, wie die Strategie des Unternehmens umgesetzt werden kann. Wenn die Zahl der Ideen zu groß wird, erscheint es in den meisten Fällen zweckmäßig, sie zu strategischen Projekten zu bündeln und in das normale Projektgeschäft einzubinden. Meist werden dazu zunächst aus den Aktions-("ZAK-")Karten Projekt-ideen erstellt (geclustert) und wieder mit Ziel und Kennzahl versehen.

Anschließend erfolgt die Umwandlung der Projektideen in entscheidungsfähige Projektkonzepte. Je nach Entscheidungsregeln werden dann Auswahl und Reihenfolge der Konzepte von einem Lenkungsausschuss oder den Geschäftsführern oder einem anderen autorisierten Gremium vorgenommen. Damit kann die Arbeit der Strategieumsetzung zielgerichtet geplant und gesteuert werden.

1.6 Operative Projekte und laufendes Geschäft zur Nutzung von Potenzialen

Die strategischen Projekte dienen der Potenzialentwicklung. Sie müssen mit ihrem Abschluss in das operative Geschäft übergeleitet werden. Das kann auf zwei Wegen erfolgen:

1. Die Ergebnisse werden unmittelbar in das laufende Geschäft übernommen. Die BaDien AG z. B. hat ein strategisches Projekt „Kundenbeziehungs-Management (CRM)" auf den Weg gebracht. In seinem Rahmen wurde ein CRM-System strukturiert und implementiert. Teile der Projektergebnisse (z. B. die Verknüpfung der Kundendaten mit der Telefonanlage) können sofort genutzt werden, nachdem eine entsprechende Mitarbeiter-Schulung durchgeführt worden ist.

2. Die Ergebnisse münden in ein operatives Projekt zur Anpassung des laufenden Geschäfts an die neu entwickelten Möglichkeiten. Im Zusammenhang mit dem CRM-Projekt hat die BaDien AG auch ein spezifisches Personalentwicklungs-Projekt gestartet. Aus beiden ergeben sich spezifische Schulungsmaßnahmen am Arbeitsplatz, die im Rahmen eines operativen Projekts organisiert werden.

Überleitung in das
operative
Geschäft regeln

In diesem Zusammenhang sollte der Controller darauf achten, dass jedes strategische Projekt einen Meilenstein enthält, in dem festgelegt wird, wie die Überleitung der Ergebnisse in das operative Geschäft erfolgen soll:

- Wer ist für die Nutzung der Ergebnisse verantwortlich?
- Welche Ergebnisse werden erwartet?
- In welchen Schritten soll die Überleitung erfolgen?
- Welche Mitarbeiter sind betroffen?

Nicht wenige strategische Projekte scheitern, weil es versäumt wurde, verbindliche Festlegungen für die Überleitung ihrer Ergebnisse zu vereinbaren.

1.7 Verbindlichkeit durch Einbindung in die mittelfristige Planung

Ein Punkt fehlt noch, um die Strategie fest im Alltag des Unternehmens zu verankern: die Einbindung der erwarteten Ergebnisse und der dazu erforderlichen Aufwendungen in die mittelfristige Planung. Erst dadurch erhält die Umsetzung eine verbindliche Form. Konsequenterweise muss dabei allerdings erwähnt werden, dass in unserem Verständnis eine mittelfristige Planung auch das Budget des Planjahres einschließt. Anderenfalls erreichen wir keine wirkliche Besserung. Dann würde die mittelfristige Planung genauso „in der Luft hängen" wie die Strategie.

Erst wenn das Budget unmittelbar aus der jeweils letzten Jahresscheibe der mittelfristigen Planung abgeleitet wird, schließt sich der Kreis. Dann kann auch die BSC ihren festen Platz im jährlichen Planungskalender erhalten. Die Strategieumsetzung in den betrieblichen Alltag erhält ihren „institutionalisierten" Rahmen (s. Abb. 9).

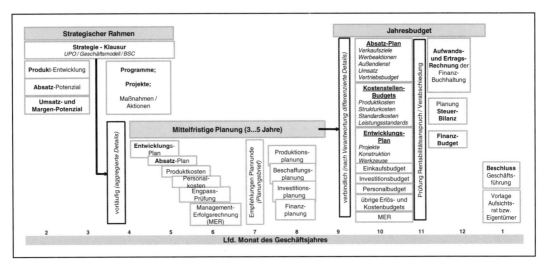

Abb. 9: Beispiel für einen integrierten Planungskalender

2 Planen und Steuern der Einführung

Orientierungs-
rahmen für die
erste Einführung

Wer noch kein Controlling der Strategieumsetzung aufgebaut hat, benötigt einen Zeitplan. Aus mehr als 15 Jahren praktischer Erfahrung können etwa folgende Richtwerte in Ansatz gebracht werden:

1. Entwicklung der unternehmenspolitischen Orientierung — 2 … 3 Tage

2. Zeit für die Kommunikation der UPO — ca. 6–8 Wochen

3. Zweckbestimmung, Geschäftsmodell, strategisches Zielsystem des Strategischen Hauses — 3 Tage

4. Zeit für die Überprüfung der getroffenen Annahmen — ca. 6–8 Wochen

5. Präzisierung des Strategischen Hauses, Erarbeitung der ZAKs und Clusterung strategischer Projektideen — 3 Tage

6. Zeit für die Umwandlung der Projektideen und Erarbeitung entscheidungsreifer Projektkonzeptionen — ca. 6-8 Wochen

7. Entscheidungs-Workshop (Auswahl und Reihenfolge der zu realisierenden strategischen Projekte) — 1 Tag

8. Erarbeitung Berichts-Scorecard — 1 Tag

9. Wiederholungs-Workshop im Rahmen des jährlichen Planungskalenders — 2 Tage

Für den Start sollte daher ein Zeitraum von mindestens einem halben Jahr veranschlagt werden. Das setzt allerdings eine hohe Einsatzbereitschaft und Verfügbarkeit der gesamten obersten Führungsspitze und weiterer Mitarbeiter voraus. Stehen andere gravierende Veränderungen/Projekte ins Haus, die ebenfalls Zeit und Aufmerksamkeit erfordern, dann ist ein langsamerer Gang empfehlenswert.

In den ersten
18 Monaten
quartalsweise
Reviews
durchführen

Für einen Übergangsprozess von ca. 18 Monaten sollten quartalsweise eintägige Reviews eingeplant werden, damit sich die am besten geeigneten Strukturen für den Prozess der Planung und Steuerung der Strategieumsetzung finden lassen. Erst dann erscheint eine feste Verankerung im Planungskalender des Unternehmens sinnvoll.

Einige begleitende Controlling-Instrumente können ebenfalls hilfreich sein:

- Die Festlegung eindeutiger Verantwortungsstrukturen
  Ausgehend von den strategischen und operativen Zielen des Unternehmens werden für alle Führungskräfte jene Ergebnisse bestimmt, für die sie entweder als „Kümmerer" oder als „Macher" zuständig sind. Dadurch weiß jeder im Team, auf wessen Ergebnisse er zählen kann bzw. wer sich auf ihn verlässt.[7]

- Eine zweckmäßige „Architektur" der Strategieumsetzung
  Besonders in größeren Unternehmen müssen differenzierte Wege gefunden werden, um möglichst viele Mitarbeiter in die Umsetzung der Strategie einzubeziehen. Das kann nur bis zu einem gewissen Grad mittels Strategischer Häuser und daraus abgeleiteter Projekte erfolgen; dann wird der Prozess zu komplex. Es ist aber möglich, die Strategieumsetzung „von oben" durch eine Strategieumsetzung „von unten" zu ergänzen. Team-Orientierungsmeetings, Ideenbörsen oder die Wahl von Veränderung-Agenten bieten dafür geeignete Instrumente.[8]

Jedes Unternehmen hat seine spezifische Kultur. Deshalb sind alle hier genannten Wege, Methode, Instrumente und Zeiträume nur Anhaltspunkte, die auf Passfähigkeit geprüft und ggf. angepasst werden müssen. Dennoch ist ein systematisches Controlling der Strategieumsetzung möglich und kann sich an den Erfahrungen vieler erfolgreicher Unternehmen orientieren. Dass es sich lohnt, zeigt sich gerade an diesen Beispielen.

3   Literaturhinweise

Deyhle, Controller Handbuch, 5. Auflage, VCW Verlag für Controlling-Wissen, Offenburg 2003.

DIN SPEC 1086 „Qualitätsstandards im Controlling" (2009), download unter www.beuth.de.

Friedag/Schmidt (2004), Taschenguide Balanced Scorecard, Haufe, Freiburg 2004.

Friedag/Schmidt (2005), Balanced Scorecard – Der aktuelle Stand nach 15 Jahren, Der Controlling -Berater, H. 7/2005, Haufe, Freiburg, S. 2/431–458.

---

[7]   Für eine ausführliche Erklärung vgl. Friedag/Schmidt (2009), S. 260 ff.
[8]   Vgl. Schleuter (2009).

Friedag/Schmidt (2009), Management 2.0 – Kooperation – Der entscheidende Wettbewerbsvorteil, Haufe, Freiburg 2009.

Schleuter, Die sieben Irrtümer des Change Managements, Campus, Frankfurt 2009.

Kapitel 4: Organisation & IT

Organisation des strategischen Planungs- und Umsetzungsprozesses bei Giesecke & Devrient – eine Fallstudie

- Erfolgreiche Strategieprozesse werden in Unternehmen als Führungsprozesse verstanden und werden stark durch das Topmanagement unterstützt.

- Der Strategieprozess muss ein Kreativprozess sein und bleiben.

- Durch stringente Strategiearbeit kann die langfristige Überlebensfähigkeit gerade reifer Unternehmen wesentlich verbessert werden.

- IT-Tools können nur Hilfsmittel sein, nie jedoch die profunde Strategiearbeit ersetzen.

- Der Beitrag beschreibt die Implementierung eines Strategieplanungsprozesses am Beispiel von Giesecke & Devrient.

■ Die Autoren

Dr. Peter Broß, Dipl.-Ing. (Elektrotechnik), ist Leiter der Konzern-abteilung Strategie bei Giesecke & Devrient.

Martin Krumey, Dipl.-Betriebswirt (EU), ist Mitarbeiter in der Konzern-abteilung Strategie bei Giesecke & Devrient und zuständig für strategische Sonderprojekte.

1 Hintergrund zur Einführung des Strategieprozesses

1.1 Neue Herausforderungen erfordern erweiterte Fähigkeiten

2005/2006 wurde ein neuer Strategieprozess bei Giesecke & Devrient (G&D) eingeführt. Das Hauptaugenmerk lag dabei auf der gruppenweiten Implementierung der Balanced-Scorecard-Methode. Durch klare Ziele und die Messbarkeit dieser Ziele wurde ein neues Unternehmensführungssystem unter Beachtung strategischer Gesichtspunkte erstellt. Durch Systematisieren und Standardisieren der Ausarbeitungs-, Adaptierungs- und Ausführungsprozesse der Strategie kann das neue System gruppenweit angewandt werden, wodurch G&D zukünftige Herausforderungen besser bewältigen und schneller auf die Veränderungen des Marktes reagieren kann.

Neuer Strategieprozess mit Implementierung der Balanced-Scorecard-Methode

Das übergeordnete strategische Ziel von G&D ist die nachhaltige Wertsteigerung.

Empirische Studien belegen, dass die langfristige Überlebensfähigkeit gerade reifer Unternehmen wesentlich durch stringente Strategiearbeit verbessert werden kann. Der neue Strategieprozess wird im Unternehmen als Führungsprozess verstanden und stark durch das Topmanagement unterstützt.

1.2 Struktur von Giesecke & Devrient

G&D weist eine komplexe Unternehmensstruktur auf. Das Unternehmen ist ein internationaler Technologiekonzern, der auf über 150 Jahre Firmengeschichte zurückblickt und weltweit über 50 Tochtergesellschaften und Joint Ventures besitzt.

Technologiekonzern mit 150-jähriger Geschichte

Ursprünglich spezialisiert auf den Banknotendruck, die Banknotenherstellung und die Lieferung von Maschinen zur Banknotenbearbeitung, ist der Konzern heute auch Technologieführer bei Smart Cards und Systemlösungen für die Bereiche Telekommunikation und elektronischer Zahlungsverkehr, Personenidentifizierung, Multimedia- und Internetsicherheit. Das Portfolio reicht somit vom Fabrikbetrieb bis zur Softwareerstellung und Dienstleistung. Die Unternehmensbereiche sind im Wesentlichen in 21 strategische Geschäftssegmente gegliedert.

21 strategische Geschäftssegmente

Der Strategieprozess soll in diesem komplexen Umfeld mehr Transparenz und eine solide Basis für wichtige Entscheidungen schaffen.

2 Startphase

Umfangreiche Analysen und Festlegen strategischer Ziele

In der ersten Implementierungsphase des neuen Strategieplanungsprozesses (Oktober 2005 bis Februar 2006) haben die Konzernzentrale, die einzelnen Geschäftsbereiche (BU) und alle Divisionen unter der Leitung eines externen Beraters umfangreiche interne und externe Analysen (z. B. von Märkten, Kundenanforderungen, Konkurrenz, Marktposition und Geschäftsprofitabilität) durchgeführt. Auf dieser Grundlage wurden SWOT-Analysen erstellt und, falls und soweit dies erforderlich war, Geschäftsmodelle angepasst. Außerdem wurden eine Vision, eine Mission und eine Reihe von strategischen Zielen festgelegt.

KPIs sollen die Zielerreichung messen

Zur Erreichung dieser Ziele wurden gleichzeitig strategische Aktionen auf allen Ebenen des Konzerns definiert. Eine umfangreiche Palette von Key Performance Indicators (KPIs) wurde entwickelt, um die Zielerreichung messen zu können. Alle Ergebnisse wurden auf transparente Weise und einheitlich in der gesamten Gruppe dokumentiert. Dieses Informationspaket wurde im Mai 2006 an alle Führungskräfte weitergeleitet und daraufhin in einem Plenum mit Divisionsleitern und Geschäftsführung diskutiert und verabschiedet.

Darüber hinaus war es erforderlich, die einzelnen Schritte des Strategieprozesses zu spezifizieren, sodass der Prozess einheitlich von allen Einheiten jährlich zur jeweiligen Überarbeitung der Strategie durchlaufen werden kann.

3 Erweiterung des Strategieprozesses

Corporate Strategy Office hat Prozessverantwortung

Im Jahre 2007 führte G&D das Strategie-Update zum ersten Mal in allen Phasen durch, wobei – im Gegensatz zur Einführung des Prozesses mit Beraterunterstützung – ausschließlich auf interne Ressourcen zurückgegriffen wurde. Die Prozessverantwortung liegt bei der Konzernfunktion „Corporate Strategy Office" (CSO).

Strategieprozessmodell ergänzt Prozessbeschreibung

2008 wurde eine ausführliche Prozessbeschreibung verfasst und durch das „Strategieprozessmodell" ergänzt. Auf dieser Basis können nun auch die Verbindungen zwischen dem Strategieprozess und den anderen Wertschöpfungsprozessen von G&D (Business Management, Supply Chain Management, Product Lifecycle Management, Customer Relationship Management) systematisch identifiziert werden.

3.1 Ziele des Strategieprozesses

Der Strategieprozess wurde so konzipiert, dass folgende Ziele erreicht werden können:

- Langfristige Hinführung von G&D auf strategische Ziele, regelmäßige Prüfung des Fortschritts und zyklische Strategiereviews
- Nahtloses Management von G&D von Strategie bis Betrieb
- Konsistente Integration der strategischen Planung in das allgemeine Planungssystem
- Systematische Einbeziehung des Know-hows der G&D-Gruppe
- Strukturiertes, strategiebasiertes Portfoliomanagement auf Unternehmensebene
- Verständlichkeit strategischer Entscheidungen
- Einheitliche, kommunizierbare Strategie für das gesamte Unternehmen
- Stringente Strategieumsetzung auf allen Unternehmensebenen

Dieser strategische Ansatz ist allerdings nur dann effektiv und wertschöpfend, wenn er im allgemeinem Planungs- und Business-Management-System von G&D implementiert ist. Dies erfordert vor allem:

1. ein klares Strategieprozessschema mit starkem Abgleich zwischen Corporate, den Geschäftsbereichen und Divisionen,
2. die Einbeziehung der Zentralbereiche (z. B. HR, IT, Rechtsabteilung etc.),
3. den Strategieabgleich mit Tochtergesellschaften,
4. den Strategieabgleich mit der operativen Konzernplanung,
5. die Verknüpfung **mit dem** Zielerreichungssystem (Bonussystem) und
6. die Fähigkeit von G&D, den Prozess selbst voranzutreiben und zu verbessern.

Beginnend mit dem Strategie-Update 2008 wurde der Prozess nicht mehr als Projekt, sondern als integraler Bestandteil des Standard-Strategiemanagementsystems von G&D gesehen.

3.2 Implementierung des Strategieprozesses

Zur Verankerung des Strategieprozesses im Unternehmen wurde ein gruppenweiter generischer Strategieplanungskalender erstellt. Er legt Termine fest, zu denen die jeweiligen Arbeitspakete abgeschlossen sein müssen. Die Bezeichnung von sechs wichtigen Terminen (s. Abb. 1) reicht im Rahmen dieser Spezifikation aus. Am Ende des jährlichen

Zeitplan für den Strategieprozess (Strategiekalender)

Strategiezyklus steht die Verabschiedung durch die Geschäftsführung und den Beirat. Die am Prozess beteiligten Geschäftsbereiche und Divisionen sind dafür verantwortlich, anhand dieser Meilensteine eigene konkrete Zeitpläne für die erforderliche Arbeit zu entwickeln.

	Activities	April				May				June				July				August			
Week		14 15 16 17	18 19 20 21	22 23 24 25	26 27 28 29	30 31 32 33	34 35
Stipulations	Corporate policy letter						
Strategic analysis	External & Internal analysis						
	Conclusions						
Future strategic positioning	Vision/mission/Guiding idea. …						
	Business model						
	Key changes of strategic positioning						
Strategic target system	Strategy map						
	KPIs						
	Strategic actions (incl. business cases)						
	Alignments						
	Key financial figures						
	Sensitivity analysis & strategic risk mgmt						
	Strategy presentation to G&D's Advisory Board						
Strategy execution	Communication of strategy and start of strategic break down per region & function						

Abb. 1: Generischer Strategieplanungskalender

Detailspezifizierung des Prozesses

Alle Schritte des Strategieprozesses sind in einem Dokument explizit beschrieben sowie die zugehörigen Rollen und Verantwortlichkeiten festgelegt. Abbildung 2 zeigt die Prozessebene 1.

Die Dokumentationen wurden als Basis für ein IT-System in ARIS umgesetzt und eine Kurzbeschreibung des Prozesses wurde für die Mitarbeiter verfasst. Die grundsätzliche Regelung des Prozesses ist in Form einer schlanken Richtlinie verabschiedet.

Verankerung des Prozesses in den Geschäftsbereichen und Divisionen

Jede Unit (Corporate, Geschäftsbereich, Division, Funktion und auch Region), die an der Entwicklung und Umsetzung der Strategie beteiligt ist, muss die für sie relevanten Schritte im Prozessmodell sowie die beteiligten Unternehmenseinheiten identifizieren. Sie ist für ihre eigenen Beiträge im Rahmen des Prozesses verantwortlich, in geeigneter Form und unter Einhaltung des vom CSO bestimmten Zeitplans.

Strategiemanager unterstützen den Planungsprozess

Zu diesem Zweck bestellt jede Einheit einen Strategiemanager. Auf Unternehmensebene unterstützt und koordiniert ein Strategiemanager aus dem Bereich Corporate Controlling den Strategieplanungsprozess der Zentralbereiche in Zusammenarbeit mit dem CSO.

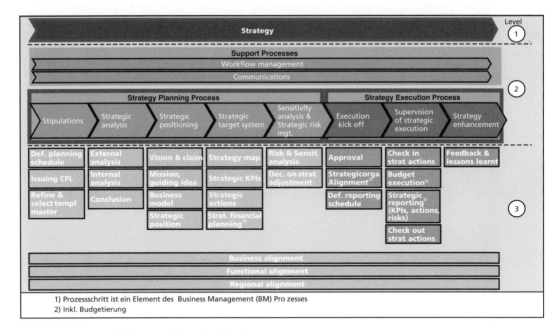

Abb. 2: Prozessmodell Strategie (Level 1 bis 3)

Die Aufgaben und Verantwortlichkeiten der Strategiemanager sind wie folgt definiert:

1. Das Team implementiert und unterstützt den globalen Strategie-prozess und nutzt dabei Best-Practice-Erfahrungen untereinander.

2. Die Teammitglieder sind Botschafter des Strategieprozesses im Konzern. Sie sorgen für klare Strukturen und liefern die notwendigen Informationen für die eindeutige Kommunikation der Strategien.

3. Das Team liefert ein Feedback an die Geschäftseinheiten bezüglich Planungsannahmen, Methoden und Schlussfolgerungen der strategi-schen Arbeit und kümmert sich um Plausibilitäten.

4. Das Team sorgt für die plausible Verknüpfung zwischen der strategi-schen und der operativen Planung des Konzerns.

5. Das Team hilft der Organisation, die konzernweit gesetzten Meilen-steine bei der strategischen Planung zu erreichen und unterstützt die Geschäftseinheiten bei der Umsetzung der strategischen Aktionen.

6. Das Team ist die zentrale Plattform für strategische Informationen im Konzern. Es ermöglicht den Austausch von Ideen, stellt Best-Practice-Ansätze zwischen den Geschäftseinheiten zur Verfügung und schafft hierdurch Synergien im Konzern.

Strategie-
Alignment

Einheitlichkeit und Integrität des Prozesses für die gesamte G&D-Gruppe werden durch diese Standardisierung des Prozesses sichergestellt. Der Strategieprozess wird von Corporate, den Geschäftsbereichen, allen Divisionen und Zentralbereichen (in Zusammenarbeit mit den Regionen) in diesem Rahmen ausgeführt. Dabei ist es wichtig, dass sich die Teilstrategien der Geschäftsbereiche (BU) und Divisionen nicht widersprechen und aus der Unternehmensstrategie abgeleitet werden.

Die Länderstrategien leiten sich sowohl aus der Unternehmens- als auch aus den betreffenden Divisionsstrategien ab. Gleiches gilt für die Strategien der Zentralbereiche, die neben ihrer Rolle als Regelsetzer ihre Dienstleistungen an den (strategischen) Anforderungen der Geschäftsbereiche ausrichten sollen.

4 Unterstützung des Prozesses durch das IT-Tool „Stratos"

Wichtig ist ein
IT-gestütztes
Daten-
management

Der Strategieprozess bedeutet für die Strategieverantwortlichen jedes Jahr eine Herausforderung. Jeder Strategiezyklus generiert eine Flut neuer Informationen, die in einer Vielzahl von Excel-Tabellen und vor allem Powerpoint-Folien niedergelegt sind. Um diese Informationsmenge handhabbar zu halten, hat das automatisierte Datenmanagement (Erhebung, Auswertung, Dokumentation und Präsentation von Informationen) über IT-Tools eine wichtige Bedeutung.

Umfassender
Anspruch an die
IT-Lösung

Da sich Strategien nicht nur durch „harte" Zahlen, sondern eher durch „weiche" Daten wie z. B. Trendbeschreibungen, Strategy Maps, Portfoliocharts etc. definieren, bedarf es hier IT-Lösungen, in denen auch die Verarbeitung von textorientierten Materialien und komplexen Grafiken möglich ist. Sie ergänzen die vorwiegend zahlenorientierte Welt der Instrumente des Finanz-Controllings. Zudem machen solche Tools den gesamten Strategieprozess effizienter, konsistenter und vor allem stabiler.

Zum einen kann dadurch die Vielzahl an strategischen Daten in einer datentechnisch einheitlichen Form zusammengeführt und dokumentiert werden. Zum anderen werden die Strategieverantwortlichen von rein formalen, bislang händisch zu leistenden Dokumentations- und Präsentationsarbeiten entlastet und Kapazitäten für die intensivere Befassung mit den inhaltlichen Fragen werden freigesetzt.

Multi-User-
Fähigkeit der
Eingabemasken

Die Eingabemasken des IT-Tools sind webbasiert und können konfiguriert werden. Sie erlauben eine einheitliche und systematische Informationseingabe für alle Geschäfteinheiten – unabhängig davon, ob es sich um Daten oder Texte handelt. Fallweise können Daten mittels standardisierter Schnittstellen oder mittels Excel-Upload auch aus anderen IT-Systemen importiert werden. Ein Muster für die Eingabeseite zeigt Abb. 3.

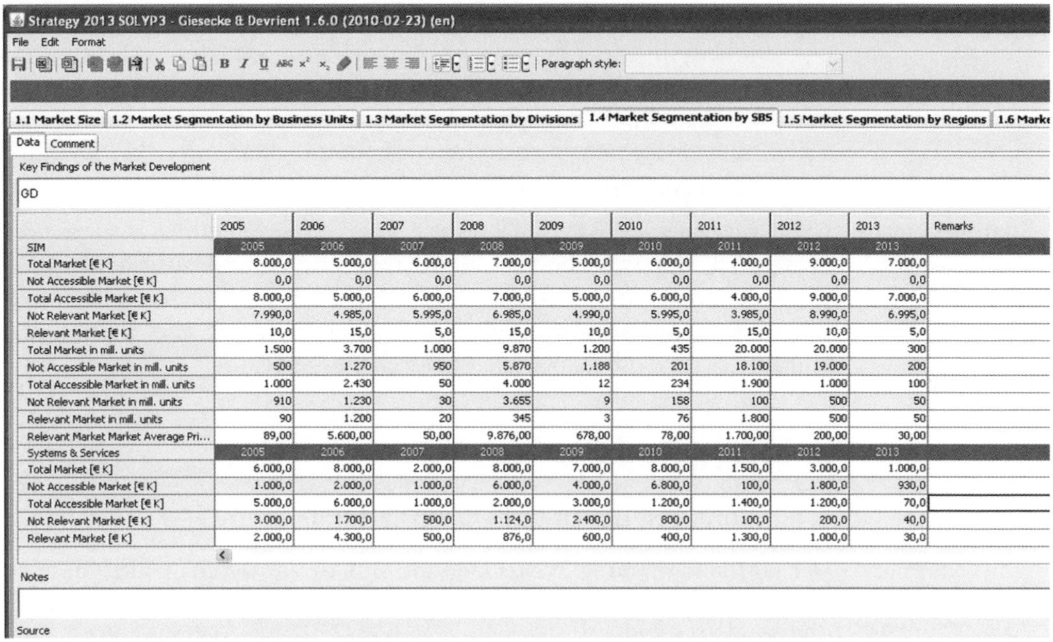

	2005	2006	2007	2008	2009	2010	2011	2012	2013	Remarks
SIM	2005	2006	2007	2008	2009	2010	2011	2012	2013	
Total Market [€ K]	8.000,0	5.000,0	6.000,0	7.000,0	5.000,0	6.000,0	4.000,0	9.000,0	7.000,0	
Not Accessible Market [€ K]	0,0	0,0	0,0	0,0	0,0	0,0	0,0	0,0	0,0	
Total Accessible Market [€ K]	8.000,0	5.000,0	6.000,0	7.000,0	5.000,0	6.000,0	4.000,0	9.000,0	7.000,0	
Not Relevant Market [€ K]	7.990,0	4.985,0	5.995,0	6.985,0	4.990,0	5.995,0	3.985,0	8.990,0	6.995,0	
Relevant Market [€ K]	10,0	15,0	5,0	15,0	10,0	5,0	15,0	10,0	5,0	
Total Market in mill. units	1.500	3.700	1.000	9.870	1.200	435	20.000	20.000	300	
Not Accessible Market in mill. units	500	1.270	950	5.870	1.188	201	18.100	19.000	200	
Total Accessible Market in mill. units	1.000	2.430	50	4.000	12	234	1.900	1.000	100	
Not Relevant Market in mill. units	910	1.230	30	3.655	9	158	100	500	50	
Relevant Market in mill. units	90	1.200	20	345	3	76	1.800	500	50	
Relevant Market Market Average Pri...	89,00	5.600,00	50,00	9.876,00	678,00	78,00	1.700,00	200,00	30,00	
Systems & Services	2005	2006	2007	2008	2009	2010	2011	2012	2013	
Total Market [€ K]	6.000,0	8.000,0	2.000,0	8.000,0	7.000,0	8.000,0	1.500,0	3.000,0	1.000,0	
Not Accessible Market [€ K]	1.000,0	2.000,0	1.000,0	6.000,0	4.000,0	6.800,0	100,0	1.800,0	930,0	
Total Accessible Market [€ K]	5.000,0	6.000,0	1.000,0	2.000,0	3.000,0	1.200,0	1.400,0	1.200,0	70,0	
Not Relevant Market [€ K]	3.000,0	1.700,0	500,0	1.124,0	2.400,0	800,0	100,0	200,0	40,0	
Relevant Market [€ K]	2.000,0	4.300,0	500,0	876,0	600,0	400,0	1.300,0	1.000,0	30,0	

Abb. 3: Eingabemaske des IT-Tools Stratos

Die Ausgabe der strategischen Planungsbände erfolgt zu Reportingzwecken in definierten Powerpoint-Formaten, zur Weiterbearbeitung sind aber auch Excel-Tabellen möglich.

Der Markt solcher IT-Tools ist gegenwärtig im Entstehen. Aus diesem Grund wurden 2008 die Anforderungen für ein IT-Tool für den Prozess definiert. Das 2009 eingeführte IT-Tool Stratos gewährleistet mittlerweile, dass die Strategiedaten in einer einheitlichen und strukturierten IT-Datenbank gespeichert und Kernberichte/-präsentationen aller Geschäftseinheiten in einheitlichem Design automatisch erstellt werden.

Einheitliches Design der Datenausgabe trotz komplexer Konzernstruktur

Das einheitliche Design ist umso wichtiger, je komplexer die Konzernstruktur ist. So können z. B. Markt- und Marktanteilsentwicklungen, die klassischen PEST-, SWOT- und Wettbewerberanalysen, Geschäftsmodell-Charakteristika, Portfoliocharts bis hin zur strategischen Finanzplanung und strategischen Risikoanalyse für alle Konzerneinheiten direkt aus Stratos erzeugt werden – allerdings in ihrem Wert immer nur so gut, wie die dafür eingegebenen Informationen sind.

Integration in die Systemlandschaft des Konzerns

Bei der Einführung von Stratos ist auch besonders Wert darauf gelegt worden, dass die Verbindung zwischen der Strategiedatenbank und den vorhandenen operativen Controlling-Systemen klar geregelt ist, dass der Datentransfer möglichst medienbruchfrei erfolgt, und vor allem, dass die Datenhoheit eindeutig geregelt ist. Für die Strategiedaten ist Stratos das Führungssystem im Konzern, für die operativen Daten die Systeme des Finanz-Controllings bzw. der Geschäftseinheiten. Werden Daten zwischen den Systemen transferiert, ist damit klar, wo die jeweilige Informationsverantwortung liegt.

Strategieplanung ist ein kreativer Prozess

Nicht vergessen darf man allerdings, dass Strategiebildung ein kreativer Prozess ist, der trotz bester Unterstützungstools und ausgefeilter Prozesse nicht ohne die Kreativität der Strategieverantwortlichen zum Erfolg führen kann. Die entsprechenden IT-Tools können also immer nur Hilfsmittel sein, nie jedoch die profunde Strategiearbeit ersetzen.

5 Regelprozess

5.1 Vorgaben der Unternehmensleitung

Corporate Policy Letter mit Aufgaben für die Geschäftseinheiten

Der jährliche Planungszyklus beginnt, indem die Geschäftsführung eine Reihe von Prämissen auf Unternehmensebene für den Zyklus entwirft und konkrete Aufgaben für die Geschäftseinheiten definiert. Im „Corporate Policy Letter" für das Topmanagement sind i. d. R. folgende Punkte enthalten:

1. allgemeine Themen und strategische Rahmenbedingungen von Corporate (Unternehmensvision, Mission, strategische Unternehmensziele etc.)
2. Themen/Aufgabenstellungen zur strategischen Positionierung der Geschäftsbereiche und angestrebte strategische Finanzziele
3. besondere strategische Themen und Analysen (z. B. unternehmensübergreifende Themenstellungen).

5.2 Prognosezeitraum und Prozessvorlagen

Die strategische Ausarbeitung pro Jahr umfasst einen fünfjährigen Prognosezeitraum. Die Vergangenheit (das aktuelle und die drei vorherigen Jahre) muss berücksichtigt werden, um Trends von der Vergangenheit in die Zukunft aufzuzeigen.

Da der Prozess die gesamte G&D-Gruppe betrifft, muss er Corporate, alle Geschäftsbereiche und Divisionen abdecken.

Zur Sicherstellung, dass die Ergebnisse der Arbeit unter Beachtung einheitlicher Prinzipien dokumentiert werden und um die Aufgabenstellung zu spezifizieren, definiert das CSO eine Reihe umfassender Vorlagen für jeden Schritt des Prozesses. Diese haben sich entweder während der letzten Strategiezyklen bewährt oder wurden anhand gemachter Erfahrungen verbessert. Darüber hinaus kann das CSO in jedem Zyklus neue Vorlagen hinzufügen, um bestimmte neue Strategiethemen aufzugreifen und eine strategische Befassung des Konzerns mit diesem Thema festzulegen.

CSO definiert Vorlagen für den Prozess

5.3 Einbeziehung der Zentralbereiche

Die Einbeziehung der Zentralbereiche (z. B. IT, HR, Executive HR, Corporate Technology Office [CTO]) ist wichtig: Der Strategieprozess muss gewährleisten, dass die Zentralbereiche jedes Jahr frühzeitig über die prognostizierten strategischen Schritte der Geschäftsbereiche/Divisionen informiert werden. Im Gegenzug müssen die Zentralbereiche die Geschäftsbereiche über ihr Leistungsportfolio und ihre Aktivitäten im Bereich Konzernrichtlinien informieren.

Gegenseitige Information aller Bereiche ist wichtig

Unter dieser Voraussetzung müssen die Zentralbereiche außerdem die Beiträge ableiten, die sie leisten können und müssen, um die Geschäftsbereiche sowie Divisionen beim Erreichen ihrer strategischen Ziele zu unterstützen. Dabei kann es sein, dass sie ihr Leistungsportfolio überholen oder ihre Konzernrichtlinien überdenken müssen. Das Ergebnis ist eine Liste von quantifizierten Strategieprogrammen, zu denen sich die einzelnen Zentralbereiche verpflichten.

Zentralbereiche unterstützen Geschäftsbereiche

In den letzten Jahren wurde ein strategischer Austausch zwischen den Zentralbereichen und den Geschäftseinheiten organisiert, bei dem gegenseitige Anforderungen ausgetauscht und Leistungsverpflichtungen eingegangen wurden.

5.4 Einbeziehen der Regionen und Tochtergesellschaften

Die Strategien können nicht exklusiv in der Zentrale erarbeitet werden. Es ist wichtig, das konzernweite Wissen und Know-how bezüglich Kunden, Märkten, Trends und Technologien zu nutzen. Die systematische und regelmäßige Integration der Expertise der Region bzw. des Landes in den Strategieprozess jedes Geschäftsbereiches ist deshalb ein wichtiger Bestandteil. Dies wird unter der Führung der jeweiligen Geschäftsbereiche gesteuert, sowohl während der Anpassung als auch während der Ausführung der Strategie.

Konzernweite Expertise in die Strategie integrieren

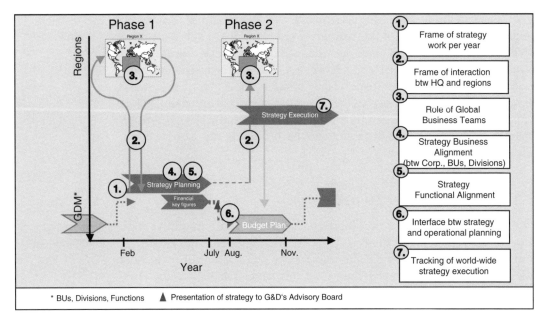

Abb. 4: Einbeziehung der weltweiten Organisation in die Strategieprozesse

Um diese Art von Zusammenarbeit zwischen der Konzernzentrale (Corporate, Geschäftsbereiche, Divisionen) und den Regionen/Ländern zu vereinfachen und zu harmonisieren, soll Corporate ein einheitliches Vorgehen anwenden.

6 Strategieumsetzung

Jährlicher Strategiereview entwickelt neue Maßnahmen

Der jährliche Strategiereview für den folgenden fünfjährigen Prognosezeitraum wird im ersten und zweiten Quartal jedes Jahres durchgeführt. Aus den Ergebnissen des Reviews werden strategische Ziele, strategische KPIs, Aktionspläne und Budgetprognosen für Corporate und für die einzelnen Geschäftsbereiche/Divisionen entwickelt. Die strategischen Aktionspläne werden in Zusammenarbeit mit Controlling quantifiziert. Die verabschiedeten Finanzdaten fließen in die Budgetplanung für das folgende Jahr ein.

Überführen der Strategieplanung in die Strategieumsetzung

In allen Einheiten basiert die Strategieausführung auf der verabschiedeten strategischen Planung. Die Aktivitäten des gesamten Unternehmens beziehen sich deshalb auf die Strategie (Zielerreichungssystem, operative Planung, strategische Personalplanung, M&A etc.).

Nach Verabschiedung des jährlichen Strategie-Updates führt das CSO eine aktualisierte Liste der strategischen Aktionen und Programme im

Rahmen des Programm-Managements. Diese Liste ist die Basis für das regelmäßige Reporting des Strategiefortschritts zu allen strategischen Programmen und Aktionen.

Die Geschäftsführung wählt die strategischen Programme aus, über die in den Geschäftsführungssitzungen regelmäßig (quartalsweise) Bericht erstattet wird. Hierfür wird in jedem Quartal ein fester Berichtszeitplan festgelegt. Die weiteren strategischen Aktionen werden in den Geschäftsbereichen und Divisionen berichtet.

Strategisches Reporting

Das Reporting einer strategischen Aktion besteht aus dem Vergleich ihrer ursprünglichen Plandaten aus der letzten verabschiedeten strategischen Planung mit ihrem aktuellen Status (s. Abb. 5).

Strategic Aktion	...	Goals*		Complete evaluation on the status of the strategic action	Complete status
Project manager*	...	▪ ...		▪ ...	● ○ ○
Report time span	Week xx - xx				
Reported on	xx.xx.xxxx				

Milestone*	Status	schedule		Progress (in % of complete progress)	Activities performed (since the last reporting)	Current need for action by the Management Board
		Planned schedule*	Probable/ Realization date			
A: xxx	● ○ ○	XX.XX.XX		%		
B: xxx	● ○ ○	XX.XX.XX		%		
C: xxx	● ○ ○	XX.XX.XX		%		

* According to the description from xx.xx.xx, version x.x

Status: "green": Content and progress on schedule
"yellow": Delays in content and / or schedule
"red": Content and / or schedule progress in danger, immediate measures required

Abb. 5: Reportingvorlage einer strategischen Aktion

Die Zentralbereiche berichten auf ähnliche Weise über ihre Aktionen. Die Berichterstattung über strategische KPIs findet ähnlich statt und wird von den entsprechenden Controlling-Abteilungen vorbereitet.

Die Einführung einer Berichterstattung über die strategischen Risiken, basierend auf der Empfindlichkeits-/Risikoanalyse, wird aktuell in Betracht gezogen.

7 Reifegradmodell für den Strategieprozess

Reifegradmodell
misst den
Prozessfortschritt

Ein zentrales Konzernziel von G&D ist, „Business Excellence" in den Geschäftsprozessen (strategisches Ziel auf der Prozessebene der Corporate Strategy Map) zu erreichen. Dies gilt ebenfalls für den Strategieplanungsprozess als Führungsprozess. Auch dieser muss ständig verbessert werden. Um Messbarkeit herzustellen, wurde ein Reifegradmodell entwickelt, an dem der Fortschritt des Prozesses jährlich gemessen wird. Das Modell (CMMI-Modell [Capability Maturity Model Integration], internationaler faktischer Standard für die Evaluierung von Prozessen) definiert außerdem den zu erreichenden Zielzustand.

8 Fazit

Die Anwendung des einheitlichen Strategieprozessrahmens in allen Geschäftsbereichen und Divisionen von G&D ist ein Schlüsselelement des langfristigen und erfolgreichen Managements des Unternehmens. Damit wird es möglich, dass alle beteiligten Units und Teams im gleichen Rahmen handeln und den Prozessablauf unterstützen.

Die bisherigen Erfahrungen haben gezeigt, dass die konsequente Anwendung eines klar strukturierten Strategieprozesses die strategische Kompetenz im Unternehmen erheblich steigert. Trotz aller Prozesstreue ist es allerdings notwendig, den Prozess als Kreativprozess flexibel, innovativ und lernfähig zu gestalten.

9 Literaturhinweise

Andersen, Strategic planning, autonomous actions and corporate performance, Long Range Planning, Vol. 33, 2000, S. 184–199.

Strehle, Dynamic capabilities and the growth of technology-based new ventures, Hochschulschrift, Leiden University School of Management, CeTIM (CoC Innovation Management), Leiden University, 2006.

Kreativitätstechniken im Prozess der Strategiefindung

■ In einer komplexen Welt mit sich schnell verändernden Rahmenbedingungen kann die Strategiearbeit meist nicht von einzelnen Köpfen wahrgenommen werden. Es ist eine Teamaufgabe.

■ Je heterogener das Team, desto breiter ist der Ansatz für die Strategie, aber umso so schwieriger die Konsensfindung. Kreativitätstechniken können diesen Prozess unterstützen.

■ Der Beitrag stellt grundlegende kreative Techniken und deren Nutzen für die Strategiefindung vor.

■ Der Leser bekommt dadurch die Möglichkeit, die aus seiner Sicht geeignete Technik auszuwählen.

■ **Der Autor**

Heinz-Josef Botthof ist Leiter des Bereichs Management Training der Plaut Business Consulting in Ismaning.

1 Eine neue Rolle für Controller

Gestalter und Moderator im Strategiefindungsprozess

Controllern wird zunehmend die Rolle des Moderators und Gestalters übertragen, wenn es darum geht, die Strategie für das Unternehmen herauszuarbeiten. Dazu benötigt der Controller geeignete Methoden und Techniken. Sie sollen ihn dabei unterstützen, zielorientiert, vollständig und zeitschonend zu Ergebnissen zu kommen. Da der Prozess in regelmäßigen Abständen stattfindet, ist es hilfreich, mit unterschiedlichen Methoden zu arbeiten, um Gewohnheiten und Langeweile bei den Akteuren zu vermeiden.

Strategiefindung ist ein schöpferischer Prozess

Um eine Vision oder eine Strategie zu erarbeiten, ist es notwendig, einen schöpferischen Prozess ingang zu setzen. Das kann sowohl eine einzelne Person oder aber ein Team tun. Je komplexer und dynamischer das Aufgabenfeld, umso sinnvoller ist die Arbeit im Team. Der Mehrwert des Teams gegenüber dem Einzelnen im Ergebnis ergibt sich aber nur, wenn es heterogen besetzt ist. Nur so entsteht eine wunderbare Vielfalt von Meinungen, die wir im Rahmen der Strategiefindung prüfen und optimieren können.

Blick in die Zukunft

Die generelle Problematik bei der Strategiefindung ist der notwendige Blick in die Zukunft, die allerdings grundsätzlich verschlossen ist. Es gibt keine klaren Fakten und man ist auf Einschätzungen und Annahmen angewiesen. Je weiter man den Blick in die Zukunft richtet, umso unsicherer wird die Prognose. Erfahrungen der einzelnen Beteiligten am Strategiefindungsprozess können für die Sicherheit sehr bedeutsam sein. Hier zeigt sich schon recht deutlich, dass die kreativen Techniken eine wesentliche Unterstützung sein können.

Kreativitätstechniken sollten im Team durchgeführt werden

Eine wichtige Rolle bei dieser Aufgabe spielt die Akzeptanz. Durch erhebliche Unsicherheit beim Blick in die Zukunft fällt es vielen Menschen sehr schwer, Meinungen und Ansichten anderer zu akzeptieren. Je weniger es gelingt, mit Fakten argumentieren zu können, umso weniger überzeugend sind die Aussagen. Daher ist es wichtig, möglichst viele Personen aus dem Management am Strategiefindungsprozess zu beteiligen. Wenn es gelingt, den Grundsatz „Betroffene zu Beteiligten machen" umzusetzen, erhält jeder die Chance, eigene Sichtweisen einzubringen und den gesamten Verlauf von der ersten Idee bis zur fertigen Strategie zu erleben. Darin steckt ein wichtiger Lernprozess für jeden Einzelnen. Am Ende sollte sich niemand unverstanden oder ignoriert fühlen.

Wenn dies gelingt, wird das gesamte Management hinter dieser strategischen Ausrichtung stehen und die Mitarbeiterinnen und Mitarbeiter mit Überzeugung und Begeisterung über die strategische Ausrichtung informieren.

Selbstanalyse zum Thema

Strategiefindung ist eine notwendige und übliche Aufgabe in allen Einrichtungen. Nehmen Sie sich einen Moment Zeit und reflektieren Sie den aktuellen Prozess in Ihrem Haus.

1. In welchen zeitlichen Abständen machen Sie Strategiefindung?

   _____

   _____

2. Wer ist der Auslöser für die Aufgabe?

   _____

   _____

3. Wer hat die Federführung bei der Strategiefindung?

   _____

   _____

4. Welche Methoden und Technik setzen Sie ein?

   _____

   _____

5. Wie lange dauert der gesamte Prozess – von der ersten Idee bis zur fertigen Strategie?

   _____

   _____

6. Was würden Sie persönlich an dem Prozess gerne ändern?

   _____

   _____

7. Wie werden die Strategien akzeptiert und gelebt? Sind sie umsetzbar?

   _____

   _____

Schauen Sie sich Ihre Antworten in vier Wochen wieder an. Danach in regelmäßigen Abständen, damit Sie überprüfen können, wie sich die Situation verändert hat.

Abb. 1: Übung zur Selbstanalyse

Eine Strategie, die nicht auf breiter Ebene akzeptiert wird, kann nicht erfolgreich umgesetzt werden!

Intensiver Kommunikations- prozess ist erforderlich

Es ergibt sich von selbst, dass dieses Ziel nicht automatisch erreicht werden kann. Dieser wichtige Kommunikationsprozess braucht eine treibende Kraft, die mit geeigneten Methoden für einen positiven und reibungsarmen Ablauf sorgt. Die Aufgabe wird sich über einen längeren Zeitraum hinziehen und keinesfalls mit einem Termin abzuschließen sein. Die Effektivität der eingesetzten Methode wird dabei zum einen an Ergebnissen, zum anderen am Zeitaufwand für jeden Einzelnen zu messen sein.

Diese Rolle kann hervorragend vom Controlling übernommen werden.

2 Was ist Kreativität?

Wir verlassen den Blick auf das Naheliegende und die Fesseln der faktischen Realität und versuchen, uns quasi mit unserem Denken über den Tellerrand hinauszubewegen. Grundsätzlich gilt:

Jeder Mensch hat ein kreatives Potenzial!

Kreative Techniken schaffen neue Möglichkeiten

Viele Menschen haben diese Fähigkeiten aber lange nicht genutzt. Sie sind eingestaubt. Auf die Frage, ob sie kreativ sind, werden ca. 60 % der Befragten dies im Allgemeinen verneinen. Das liegt häufig daran, dass wir mit Kreativität besondere künstlerische Fähigkeiten verknüpfen, die leider wirklich nur wenigen gegeben sind. Wir können Kreativität aber in vielen verschiedenen Bereichen anwenden. Somit hat jeder Bereiche, in denen er seine kreativen Fähigkeiten einsetzen kann. Es soll uns dazu bringen, eingetretene Wege zu verlassen, Starrheiten zu überwinden und so Innovationen zu erreichen.

Im kreativen Prozess gilt es, der Phantasie freien Lauf zu lassen. Es gibt in den Gedanken keine Grenzen!

Kreativität bedeutet

- multilineares Denken,
- unbeständiges Denken,
- nicht routiniertes Denken,
- laterales Denken,
- Denken ohne Vorurteile,

mit dem Ziel, Ideen zu produzieren, die etwas Neues beinhalten und einen Nutzen stiften.

Der kreative Prozess ist iterativ – Zug um Zug nähert man sich einem Ergebnis. Auf diesem Weg grenzet man die Vielfalt der Meinungen und

Ideen immer stärker ein und findet sich am Ende in einem Kompromiss: einer gemeinsam akzeptierten Lösungsidee.

3 Rolle und Aufgabe des Controllers

Als Moderator des kreativen Prozesses kommt dem Controller eine zentrale Rolle zu. Gute Kommunikatoren sind heute sehr wichtig. Gerade für Controller, die unternehmensweit aktiv sind und im ständigen Austausch stehen, ist die Kommunikation eine zentrale Fähigkeit, die u. a. auch die Moderation umfassen sollte.

Zentraler Erfolgsfaktor: der Moderator

Der Moderator muss der Methodenexperte sein. Das verlangt von ihm ein sehr breites Verständnis der Themen, das Erkennen von Zusammenhängen und eine hohe Flexibilität im Denken. Er muss sich auf die entstehende Situation einstellen und unmittelbar darauf reagieren. Sein Ziel ist es, mit dem Handwerkszeug sehr professionell umgehen zu können. Außerdem muss er von allen Teilnehmern akzeptiert werden, nur dann kann er seine Aufgabe im kreativen Prozess erfolgreich umsetzen.

Der Moderator ...

- ... steuert den kreativen Prozess,
- ... hat eine Sonderrolle,
- ... legt die angewendeten Methoden fest,
- ... achtet darauf, dass die Spielregeln eingehalten werden,
- ... ist inhaltlich neutral,
- ... gibt Feedback,
- ... baut Widerstände ab,
- ... steuert Konflikte in der Gruppe,
- ... visualisiert die Ergebnisse.

Dem Moderator muss es gelingen, die Mitglieder der Gruppe zu mobilisieren, damit diese ihre kreativen Potenziale umfassend ausschöpfen. Er agiert als Kommunikationshelfer im Hintergrund; das Team erarbeitet die Inhalte. Das umfassende Wissen der einzelnen Teilnehmer versucht er durch gezielt eingesetzte Fragetechniken zu bergen, damit diese Kenntnisse von allen genutzt oder bei Ideen berücksichtigt werden können.

Neutralität ist gefragt; die Gruppe muss aktiviert werden

Der Moderator hat in der Gruppe eine Sonderrolle. Er kann zwar nicht über die Qualität des Inhalts entscheiden, aber er bestimmt durch die Wahl der Methoden in hohem Maße den Verlauf der Veranstaltung. Inhaltliche Entscheidungen während des kreativen Workshops delegiert er ausnahmslos an die Gruppe.

Sonderrolle des Moderators

Bei der Vorbereitung muss der Controller u. a. folgende Fragen klären:

- Unterstützt die Führungskultur kreative Prozesse? (Ausgelebte Macht erstickt Kreativität.)
- Wie sind die Hierarchien verteilt? (Wirklich kreative Prozesse sind manchmal ohne Chef besser möglich.)
- Der Grundsatz „Betroffene zu Beteiligten machen" soll umgesetzt werden. Hat der Moderator die nötige Sensibilität und werden sich die Teilnehmer beteiligen lassen?
- Wie kreativ sind die Teilnehmer?
- Wie ist das kreative Klima in der Abteilung/im Unternehmen?
- Welche Fehlerkultur gibt es? (Wenn Fehler als Schwäche angesehen werden, entstehen keine kreativen Ideen.)
- Welche kreativen Techniken werden üblicherweise eingesetzt?
- Wer steuert den kreativen Prozess?
- Wie läuft die Kommunikation im Unternehmen? (Machtkämpfe oder konsensorientiert?)
- Kreativität braucht Mut, Blick nach vorn, Offenheit.
- Nicht alle kreativen Ideen werden genutzt. Nur ein kleiner Teil wird umgesetzt. Akzeptieren das alle Teilnehmer oder kommt es zu Enttäuschungen?

Für den Erfolg ist eine gute Didaktik im kreativen Workshop erforderlich:

- Feedback geben und fordern
- Gezielt nachfragen
- Loben
- Motivieren
- Bestätigen
- Auf Probleme hinweisen
- Gruppenprozesse nutzen
- Tempo machen, ohne Hektik und Druck zu erzeugen

Das Ziel ist, strategisches Management und kreative Ideenfindung optimal zu kombinieren.

Tipp: Zurückhaltung üben

Üben Sie als Moderator Zurückhaltung. Selbst wenn Sie mit Informationen den Prozess massiv beschleunigen könnten, müssen Sie abwarten. Schließlich wollen Sie die kreativen Ideen der Teilnehmer – oder doch nur Ihre eigenen?

4 Kreativitätstechniken und ihre Anwendung

Die nachfolgend beschriebenen kreativen Techniken können sowohl von einzelnen Personen als auch von Teams angewendet werden. Je vielfältiger ein Thema ist, umso geeigneter ist ein Team, da es zu Assoziationen und gegenseitigen Impulsen kommt. Zu jeder Technik werden die Vorgehensweise, die Voraussetzungen und die Vorteile beschrieben.

Kreativität im Team ist sehr effektiv

Die verschiedenen kreativen Techniken haben zwar unterschiedliche Ansätze und werden mit unterschiedlichen Verfahren durchgeführt, verfolgen aber alle die gleichen Ziele: kreative Potenziale der Teilnehmer nutzbar machen, Ideen finden, Ansätze für Problemlösungen schaffen. Daher ist es zum Teil unerheblich, welche Technik ausgewählt wird.

Vielfalt bei den Techniken ist nicht das Ziel

4.1 Grundsätzliche Überlegungen und Vorbereitung

In jedem Fall sollte der Moderator mit der Technik gut vertraut sein und die Teilnehmer sollten sie akzeptieren. Damit sind die Mindestbedingungen genannt. Persönlich nutze ich am liebsten Techniken, die in der Gruppe ohne viele Erklärungen sofort einsetzbar sind. So kommt der kreative Prozess am besten ingang. Sehr komplexe Techniken können den entspannten Prozess lähmen oder sogar für einzelne Teilnehmer verhindern.

Der kreative Prozess läuft in verschiedenen Stufen ab:

1. Vorbereitung (Ziele und Inhalte festlegen, Teilnehmer auswählen, Methoden auswählen, Unterlagen vorbereiten etc.)
2. Informationen sammeln (schafft das Fundament; z.B. Markt- und Unternehmensdaten zusammentragen, die Situation aufbereiten)
3. kreative Phase („ohne Grenzen" Ideen produzieren)
4. Bewertung der gefundenen Ideen
   a) Ist die Strategie realisierbar?
   b) Welche technischen Bedingungen sind erforderlich?
   c) Welche Kosten entstehen?
   d) Welche Auswirkungen hat die Strategie auf die Qualifikation der Mitarbeiter?
   e) Kann ein Target-Costing definiert werden?
   f) Hat die Strategie Schwächen und Risiken?
   g) Wer soll die Idee umsetzen?
   h) Wer sollte an der Umsetzung beteiligt werden?
   i) …

5. Umsetzung (alle Aktivitäten werden darauf ausgerichtet, die Idee zu realisieren, z. B. wird der Anspruch der Strategie nun in der Wirklichkeit spürbar)

Selbstverständlich können diese Phasen zeitlich getrennt werden. So kann sich ein kreativer Prozess durchaus über mehrere Wochen erstrecken. Geeignet ist z. B. eine Trennung der 3. und 4. Phase.

Tipp: Zeitliche Steuerung des kreativen Prozesses

Immer wenn der kreative Prozess erlahmt, eignet sich eine Unterbrechung oder sogar eine Vertagung. Bei längeren Unterbrechungen reflektieren die Teilnehmer die bereits erreichten Ergebnisse und vielfach reifen Ideen dabei. Beenden Sie einen Workshop nie ohne eine Zusammenfassung des Erreichten, dem Dank an die Teilnehmer und dem Ausblick, was beim nächsten Termin folgen wird.

Bedenken Sie: Zeitdruck und Kreativität sind wie Feuer und Wasser!

Regeln gemeinsam im Team aufstellen

Wenn es in der Gruppe sehr hektisch und dissonant zugeht, kann es hilfreich sein, Regeln zu vereinbaren. Diese Regeln dürfen aber nicht einfach vorgegeben, sondern sollten zusammen mit den Teilnehmern aufgestellt werden. Sonst sind es die Regeln des Moderators, aber nicht die der Teilnehmer, die daher auch keinen Grund darin sehen, sich an diese Regeln zu halten. Beispiele sollte der Moderator aber im Hinterkopf haben. Die Regeln sollen unbedingt positiv formuliert werden.

Beispiel: Besprechungsregeln

- Jede Meinung zählt.
- Denke an die Zeit/fasse Dich kurz.
- Bleibe sachlich.
- Nur konstruktive Kritik.
- Andere ausreden lassen.
- Denke immer an unser Ziel.
- Sei kompromissbereit.
- Keine Hierarchie.
- Nur abgestimmte Ergebnisse gehen nach draußen.

Unlösbare Probleme vertagen!

Kommt es zu massiven Konflikten und besteht keine Chance, die Situation im Rahmen der Veranstaltung zu klären, wird die Veranstaltung vertagt. Ein harter Schritt, dennoch aber unvermeidlich. Wenn die streitenden Personen keine Einsicht zeigen, würde die Fortsetzung nur zu einer Verhärtung der Fronten führen. Die Basis einer konstruktiven Kommunikation/Zusammenarbeit wird damit weiter verschlechtert. Auf eine gemeinsame Strategie wird sich in dieser Situation niemand einigen.

Bereits bei der Planung muss daher geklärt werden, wie in einer solchen Extremsituation verfahren werden soll.

Als erster Schritt kann eine Auszeit gewählt werden. In dieser Pause werden Vier-Augen-Gespräche mit den Konfliktparteien geführt und es wird versucht, einen Kompromiss herauszuarbeiten. Man sollte aber auch unbedingt die Konsequenzen für den Fall zeigen, dass die Personen ihre Art der Kommunikation fortsetzen. Gelingt dies, setzt man die Veranstaltung fort. Abbrechen kann man später immer noch.

Auszeit und Vier-Augen-Gespräche

Tipp: Sitzordnung

Kreative Sitzungen werden häufig direkt mit einer Stuhlkreis-Sitzordnung verknüpft. Dabei ist allerdings Vorsicht geboten. Es ist für die meisten Teilnehmer eine völlig ungewohnte Sitzordnung, die erhebliche Irritation auslöst. Um kreative Potenziale zu wecken, sollten bestimmte Gewohnheiten beibehalten werden. Ergibt sich im Laufe der kreativen Sitzung der Gedanke einer anderen Sitzordnung, sollte man dem nachkommen. Denn jetzt kommt der Vorschlag von den Teilnehmern, nicht von Ihnen.

4.2 Brainstorming

Brainstorming ist vermutlich die bekannteste und am weitesten verbreitete Technik.

▪ Vorgehensweise

- Phase I: ungehemmte Ideensammlung innerhalb einer Gruppe
- Phase II: Clustern und Auswerten

▪ Regeln für eine Brainstorming-Sitzung

- Quantität geht vor Qualität; Ziel ist es, möglichst viele Ideen zu gewinnen, jede Meinung zählt.
- Hierarchien bleiben unberücksichtigt.
- Kritik während der Diskussion ist sowohl in verbaler als auch in nonverbaler Form absolut verboten, da sie eine Hemmschwelle für einen ungestörten Gedankenfluss ist.
- Der Phantasie sind keine Grenzen gesetzt; eingetretene Wege verlassen; verrückte oder völlig unrealistische Ideen können als Anregungen beim Lösungsfindungsprozess vorhandene mentale Grenzen sprengen.
- Vorschläge sollen von vielen Teilnehmern aufgegriffen und weitergeführt werden, um wechselseitige Assoziationen zu fördern.
- Es wird nicht geprüft, ob die Idee tatsächlich umsetzbar wäre => keine Restriktionen.

■ **Voraussetzungen**

- Präzise formuliertes und klar abgegrenztes Problem.
- 5 – 8 Personen (aus gleicher Hierarchiestufe); je größer die Gruppe, desto unübersichtlicher wird der Prozess.
- Sitzungsdauer: 15 – 45 Minuten.
- Moderator ist verantwortlich für die Einhaltung der Regeln.

■ **Vorteile**

- Methode ist vermutlich allen Teilnehmern bekannt und vertraut.
- Ohne lange Erklärung sofort umsetzbar.
- Keine besonderen Materialien erforderlich.
- Direkte Assoziationen schaffen unmittelbar eine Ganzheitlichkeit.
- Schnelle Durchführung.
- Auch für Einzelpersonen geeignet.

4.3   Brainwriting: Kärtchentechnik

Wenn bei einer Gruppe die direkte, offene Konfrontation in der kreativen Phase nicht gewünscht ist oder durch dominante Personen in der Runde eine einseitige Richtung entstehen würde, nutzt man besser die Methoden des Brainwriting. Die bekannteste Methode ist die Kärtchentechnik.

■ **Vorgehensweise**

- Es gibt maximal 12 Teilnehmer.
- Das Thema ist eindeutig abgegrenzt und für alle sichtbar visualisiert.
- Ca. 5 – 10 Minuten lang schreiben alle Teilnehmer gleichzeitig ihre Ideen in Stichworten auf die Karten.
- Wenn Anonymität wichtig ist, sollten alle bei den Karten und den Stiften die gleiche Farbe haben.
- Die Karten werden dann an eine Pinnwand gehängt und vorgelesen.
- Jeder Teilnehmer schreibt nun weitere Karten, wenn ihm über die Assoziation weitere Ideen einfallen.
- Diese Karten werden anschließend auch an die Pinnwand gehängt.
- Erst jetzt findet die Bewertung statt.
- Lässt der kreative Prozess nach, kann der Moderator noch einmal dazu auffordern, über den Tellerrand hinauszudenken, um weitere Karten zu schreiben.

■ **Regeln**

- Sammlung und Bewertung sind getrennt.
- Assoziationen sind erst beim Aufhängen der Karten möglich und erwünscht.
- Auch doppelte Karten werden aufgehängt; häufen sich Karten zu bestimmten Themen, zeigt das deren Bedeutung.

■ **Vorteile**

- Besonders in Gruppen geeignet, die sehr hitzig diskutieren würden.
- Anonymität wird erreicht und gewahrt. Keine „Sanktion" einzelner Aussagen möglich – weder verbal noch nonverbal.
- Der Einfluss von Hierarchie kann sehr gut eliminiert werden.
- Alle Teilnehmer schreiben gleichzeitig ihre Ideen zu einem festgelegten Thema auf Moderationskarten. Alle sind beschäftigt.
- Hohe Konzentration wird erreicht.
- Schnelle Ergebnisse werden erzielt.
- Ergebnisse sind übersichtlich.

Tipp: Karten an die Pinnwand hängen

Bei der Vielzahl der Karten, die bei der Kärtchentechnik entstehen, ist es sinnvoll, die Karten an die Pinnwand zu kleben, statt sie mit Nadeln festzupinnen. Es geht deutlich schneller. Nutzen Sie dazu selbstklebendes Pinnwandpapier. Es hat den Vorteil, dass man die Karten später einfach wieder umhängen kann. Als Alternative kann man die Pinnwand mit Sprühkleber benetzen.

4.4 Brainwriting: 6-3-5-Methode

■ **Vorgehensweise**

- 6 Teilnehmer (aber auch mit 4 – 7 Teilnehmern sinnvoll möglich).
- Jeder Teilnehmer notiert auf einem speziellen Formular drei Ideen.
- Nach jeweils spätestens 5 Minuten wird das Formular gleichzeitig von allen im Uhrzeigersinn zum Nachbarn weitergereicht. Nun kann der Nachbar die vorhandenen Vorschläge der anderen auf dem Formular lesen, Assoziationen werden ausgelöst. Jeder ist erneut aufgefordert, drei neue Ideen auf dem Blatt zu notieren.
- Bei 6 Teilnehmern produziert jeder Teilnehmer insgesamt 18 Ideen.
- Die Gruppe produziert insgesamt 108 Ideen (bei 6 Teilnehmern).
- Danach müssen die Ideen visualisiert werden, damit weiter mit ihnen gearbeitet werden kann.

- Anschließend werden die Ideen durch Einordnung in drei Kategorien bewertet:
  1. Idee weiterverfolgen.
  2. Idee ist eine Wiederholung einer schon vorhandenen Idee.
  3. Idee wird verworfen.

Voraussetzungen

- Problem soll möglichst klar abgegrenzt sein.
- 4 – 7 Personen.
- Sitzungsdauer 35 – 60 Minuten.
- Vorbereitete Formulare/Pinnwand/elektronisches Formular.
- Keine Diskussion im laufenden Prozess zulassen.
- Maximal 5 Minuten je Runde unbedingt einhalten, sonst sinkt die Konzentration am Ende massiv ab; Ziel sollte sein, die Formulare nach 30 Minuten (= 6 mal 5 Minuten) fertig ausgefüllt vorliegen zu haben.

Vorteil

- Extrem hohe Konzentration der Teilnehmer entsteht.
- Sehr gut geeignet, wenn gut durchdachte Ideen gesucht werden.
- Ideen haben eine sehr hohe Qualität, da nicht nur der Fakt, sondern auch die Beschreibung notiert wird.
- Besonders in Gruppen geeignet, die sehr hitzig diskutieren würden.
- Anonymität wird teilweise erreicht. Wenn sie notwendig ist, den Namen auf dem Formular weglassen.
- Der Einfluss von Hierarchie kann sehr gut eliminiert werden.
- Alle Teilnehmer sind stets gut beschäftigt – lesen, denken, notieren.

Thema/Problem: ....

Schreiben Sie in jeder Runde drei Ideen in Stichworten in eine Zeile. Bei Bedarf haben Sie Platz für kurze Erläuterungen.

Nr.	Teilnehmer	Ideen/Vorschläge/Alternativen		
		1	2	3
1				
2				
3				
4				
5				
6				

Abb. 2: Arbeitsblatt zur Problemlösung

▨ Varianten bei der Durchführung

- Statt mit einem Formular kann man die Struktur des Formulars auf Flipcharts oder Pinnwände schreiben und diese rund anordnen. Jeder Teilnehmer steht vor einer Wand und notiert seine ersten drei Ideen, nach spätestens fünf Minuten wird im Uhrzeigersinn gewechselt. Die Methode hat mehr Bewegung und bietet am Ende eine bessere Visualisierung.

- Bearbeitung per E-Mail: Manchmal sind die Akteure räumlich getrennt und der Aufwand für gemeinsame Workshops wäre sehr hoch. Per E-Mail kann man die Teilnehmer auffordern, die drei Ideen in einem Formular zu notieren und dann an die nächste Person per E-Mail zu versenden. Die Zeit muss nun jeder selbst kontrollieren. Alternativ dazu kann der Prozess aber auch zeitlich deutlich gestreckt werden. Etwa drei Ideen pro Tag und am Ende der Woche ist das Verfahren beendet. Besonders geeignet, wenn die Teilnehmer über mehrere Zeitzonen verteilt sind.

- Die Ideen können auch auf Moderationskarten geschrieben werden. Jeder schreibt drei Karten und gibt sie danach an den Nachbarn weiter. Am Ende werden alle Karten an die Pinnwand gehängt.

Tipp: Dokument zum Download
Das Arbeitsblatt finden Sie im Haufe Controlling Office zum Download.

4.5 Brainwriting: Mindmapping

▦ Vorgehensweise

- 8 – 10 Teilnehmer.
- Auf einer Pinnwand wird das Ausgangsthema in der Mitte notiert. Alternative: Das Bild wird an die Wand projiziert.
- Jeder Teilnehmer schreibt seine Ideen und Assoziationen zum Kernthema direkt an die Wand. Die neuen Punkte werden dabei durch Linien mit dem Kernthema verbunden.
- Alle Teilnehmer können unmittelbar verfolgen, was von anderen hinzugefügt wird.
- Das Thema wird somit in immer weitere Zusammenhänge gestellt und detaillierter.
- Neues Thema: neue Linie zum Ausgangspunkt.
- Detaillierung: Linie zu dem zugehörigen vorherigen Punkt.
- Das entstehende Bild/die Visualisierung ist eine zentrale Funktion dieser Technik.
- Nach Abschluss des kreativen Prozesses werden die Ergebnisse beurteilt.

▦ Voraussetzungen

- Dauer: je nach Situation und Ziel sehr unterschiedlich; Kurzeinheit von 20 – 30 Minuten; kann auch über Tage laufen, z. B. wenn in einem Raum die Pinnwand steht und die Mitarbeiter ihre Ideen und Assoziationen einige Tage lang notieren können.
- Vorbereitete Pinnwand oder erforderliche Software und Beamer.

▦ Vorteil

- Sehr lebendiger Prozess.
- Sehr interaktives Verfahren, viele können gleichzeitig aktiv sein.
- Assoziationen werden unmittelbar nutzbar.
- Es entsteht sehr schnell eine optisch gute Struktur.
- Assoziationen werden sofort umgesetzt.
- Punkte, die im direkten Zusammenhang stehen, finden sich nahe am Ausgangspunkt, je weiter weg ein Punkt vom Ursprung ist, desto stärker ist er als Detail zu betrachten.
- Unterstützt hervorragend die Strukturierung eines Themas.
- Eine gute Visualisierung entsteht quasi nebenbei.

Tipp: Dokument zum Download
Ein Beispiel für eine Mindmap finden Sie im Haufe Controlling Office zum Download.

4.6 WARUM-Technik

Vorgehensweise

- Die Technik ist insbesondere für kleinere Gruppen geeignet (5 – 8 Teilnehmer).
- Die Teilnehmer müssen ein gutes Vertrauensverhältnis zueinander haben.
- Das Thema/das Ziel/die Ideen für die Strategie ist/sind eindeutig abgegrenzt und für alle sichtbar visualisiert (Produktinnovation, Kostenführerschaft etc.)
- Durch „Warum"-Fragen wird/werden das Thema/das Ziel/die Ideen für die Strategie infrage gestellt.
- Der Punkt wird dadurch immer stärker detailliert.
- Die Gruppe wird forciert, Antworten auf das „Warum" zu finden und setzt sich intensiv mit der Strategie/der Thematik auseinander.
- Dabei wird sehr schnell deutlich, ob die Strategie ganzheitlich durchdacht ist.
- Wenn es keine Antwort mehr gibt oder ein unlösbares Problem erreicht ist, muss dies mit anderen Methoden gelöst werden.

Regeln

- Das Thema/die Idee für eine Strategie muss sehr präzise ausgearbeitet sein. Andernfalls greift diese Technik nicht.
- Die Teilnehmer dürfen keine ablehnende Haltung gegenüber der „Warum"-Frage einnehmen.
- Ausweichen ist nicht erlaubt.
- Persönliche Bezüge von Personen und Sachverhalt vermeiden. Gefahr der Verteidiger-Rolle.
- Erklärung ist gefragt, keinesfalls Rechtfertigung!

Vorteile

- Die Idee/Strategie wird sehr zügig detailliert kritisch hinterfragt.
- Den Teilnehmern wird die Qualität der vorliegenden Strategie/Thematik/Lösung schnell deutlich.
- In der Phase können Zweifler überzeugt werden.
- Die Strategie wird hinsichtlich der Umsetzbarkeit fundiert geprüft.

Tipp: Rechtfertigungsdruck unbedingt vermeiden
Bei der Strategiefindung trifft man Annahmen für die Zukunft und häufig ist das zu einem sehr hohen Grad spekulativ. Wird ein Teilnehmer dann mit der WARUM-Technik konfrontiert, kann es sehr schnell zu Rechtfertigungen kommen, da jemand seinen Gedanken verteidigen will. Die WARUM-Frage

darf dies nie auslösen! Nimmt man die Ideen und diskutiert das WARUM in der Gruppe, ist die Gefahr erheblich reduziert.

4.7 Delphi-Befragung

■ Vorgehensweise

- Insbesondere für eine ausgewählte kleinere Expertengruppen geeignet.
- Das Thema/das Ziel/die Ideen für die Strategie ist/sind eindeutig abgegrenzt.
- Per Interview oder Fragebogen werden die Experten unabhängig voneinander zu dem Thema befragt.
- Die Ergebnisse werden dokumentiert und anschließend allen Experten der Runde zugänglich gemacht.
- Dann folgt die zweite Stufe: Alle Experten lesen die Aussagen der anderen und nehmen nach diesem Lernschritt erneut zu den Themen Stellung.
- Je nach Ziel und Situation können weitere Delphi-Runden folgen.
- Mit jeder Runde wird das Thema vollständiger und umfassender durchdrungen.
- Die Erhebung sollte in einem überschaubaren Zeitraum abgeschlossen werden. Bei sehr dynamischen Themen können sonst ständig variierte Rahmenbedingungen das Ergebnis negativ beeinflussen.
- Die zeitliche Belastung für das Expertenteam muss allerdings begrenzt bleiben. Sonst besteht die Gefahr, dass die Themen nicht mehr gewissenhaft bearbeitet werden.

■ Regeln

- Das Thema/die Idee für eine Strategie wird genau abgegrenzt.
- Die Teilnehmer an der Delphi-Befragung dürfen sich untereinander nicht abstimmen.
- In einigen Fällen sollten sie sogar nicht einmal voneinander wissen bzw. sich nicht kennen, um z. B. Überstrahleffekte zu vermeiden. Beispiel: Ein Teilnehmer weiß, dass eine Aussage von einem besonders ausgezeichneten Experten stammt. Nun kann er selbst dazu neigen, seine eigene Meinung an diese Aussage anzupassen.
- Die auswertenden Personen dürfen die Aussagen nicht korrigieren oder verändern.

■ Vorteile

- In den Prozess können Personen eingebunden werden, die sowohl räumlich getrennt als auch einander völlig unbekannt sind.
- Die Befragung kann mehrstufig erfolgen und damit den Wissensstand und die Qualität der Ergebnisse stufenweise erhöhen.
- Der Aufwand ist relativ gering.
- Hoher Nutzen durch eine ganzheitliche Sichtweise, die durch die Auswahl der Experten bestimmt werden kann. Je heterogener die Expertengruppe, desto vielfältiger und vollständiger die Ergebnisse.

4.8 Brainwalking

■ Vorgehensweise

- Insbesondere für größere Gruppen bis maximal 20 Teilnehmer geeignet.
- Das Thema/die Strategieaspekte/das Ziel/die Lösungsidee ist/werden eindeutig abgegrenzt und für alle sichtbar visualisiert.
- Im Raum stehen mehrere Flipcharts/Pinnwände, auf denen konkrete Fragen oder Teilaspekte zu der Strategie stehen.
- Die Teilnehmer schreiben nun ihre Ideen auf diese Medien. Jeder Teilnehmer ergänzt beim Umhergehen seine Ideen und Assoziationen auf den Medien.
- Nach ca. 15 – 30 Minuten wird der Prozess beendet und die Ergebnisse werden ausgewertet.

■ Regeln

- Die bereits notierten Begriffe werden nicht kommentiert (verbal und nonverbal).
- Bereits vorhandene Ideen sollen nicht wiederholt, geändert oder gestrichen werden.
- Alle Teilenehmer müssen einbezogen sein.

■ Vorteile

- Durch die Bewegung im Raum bekommt das Verfahren eine völlig neue Komponente.
- Die Bewegung steigert die Konzentration und das Engagement.
- Alle können direkt die bereits notierten Punkte sehen. Gleichzeitig bleibt eine gewisse Anonymität gewahrt.
- Gute Visualisierung wird direkt erzeugt.

4.9 Merkmalgestützte Assoziation (Osborn-Methode: Attribute Listing)

■ Beschreibung

- Systematische Ideensuche mithilfe eines Fragenkatalogs.
- Ein Problem wird so systematisch analysiert und unter neuen Gesichtspunkten betrachtet.
- Teilnehmer müssen nicht zwingend kreativ beginnen, sondern lediglich Antworten auf die Fragen finden.
- Angeleitet durch Fragen, wird der kreative Prozess ingang gesetzt.
- In der ganzen Gruppe oder in Kleingruppen kann an einzelnen Fragestellungen gearbeitet werden.

■ Voraussetzungen

- Fragestellung oder Problem auswählen und abgrenzen.
- Methode erklären.
- Jeder Teilnehmer sollte ein Blatt mit der Grafik haben, auf der die Fragen notiert sind.
- Das Problem wird anhand des Fragenkatalogs durch Assoziationen, Gegensätze, Ähnlichkeiten und angrenzende Lösungssuche diskutiert.

■ Vorteile

- Gut geeignet für analytisch, technisch geprägte Teilnehmer.
- Immer wenn Teilnehmer von sich behaupten, „nicht kreativ zu sein", kann mit dieser Technik dennoch eine Menge erreicht werden.

Tipp: Dokument zum Download im HCO
Eine Tabelle mit beispielhaften Fragen und einer Grafik finden Sie im Haufe Controlling Office zum Download.

Es genügt nicht, zur Sache zu reden.

Man muss zu den Menschen reden.

(Stanislaw Jerzey Lec)

5 Zusammenfassung

Wenn wir kreative Techniken anwenden, wollen wir bei den Teilnehmern die kreativen Potenziale freisetzen und sie gleichzeitig in einen gemeinsamen Prozess einbinden. Durch die Motivation im Prozess und die gegenseitigen Lernschritte werden die Ergebnisse deutlich vielfältiger und in der Qualität besser. Der iterative Prozess „vom Groben zum Detail" sorgt dafür, dass aus der Vielfalt später verdichtete und mehrfach geprüfte Ideen /Empfehlungen/Strategien werden. Die Kreativität im Team hat dann erhebliche Vorteile gegenüber der Kreativsitzung des Einzelnen.

Kreative Potenziale durch kreative Techniken freisetzen

Für einen Controller, der die Strategiefindung steuern soll, sind kreative Techniken unerlässlich. Sehr einfach können wir Meinungsvielfalt generieren, die ganzheitliche Sichtweise erzeugen und über die gegenseitigen Austausch- und Lernprozesse einen von allen Teilnehmern akzeptierten Konsens herbeiführen. Sie, in der Rolle des Controllers und Moderators, müssen mit den Methoden vertraut sein und ihre Kenntnisse durch die Erfahrung ständig erweitern. Experimentieren mit Gruppen sollte genau überlegt sein. Nicht immer führt es zum Erfolg. Vertraute Methoden sind in solchen Fällen besser geeignet.

Gegenseitiger Austausch führt zum Konsens der an der Strategiefindung Beteiligten

Aufwand und Nutzen der kreativen Techniken stehen in einem positiven Verhältnis. Der Erfolg liegt in der Vorbereitung, bei der u. a. die Teilnehmer und die Methoden ausgewählt werden. Die Methode muss zu den Teilnehmern passen. Nur wenn eine einhellige Akzeptanz für die Methode erreicht wird, werden die Ergebnisse den zukunftsweisenden Effekt haben.

Jede Methode hat Vor- und Nachteile. Der Anwender muss entscheiden, in welcher Situation welche Methode am besten geeignet ist. Es spricht nichts dagegen, Methoden zu kombinieren. Im laufenden Prozess können von einzelnen Teilgruppen oder aber in verschiedenen Stufen der Strategiefindung unterschiedliche Techniken angewendet werden. Spezielle Vorlieben können durchaus berücksichtigt werden.

Die eigene Methode finden und ggf. modifizieren

Der Motor des kreativen Schaffens ist der Moderator – der Controller –, der die Gruppe immer wieder mit Lob und Anerkennung dazu motiviert, eingefahrene Denkmuster zu verlassen und wirklich kreativ zu sein.

Kreative Techniken sind eine Verbindung von gesprochenem Wort und Visualisierung. Die überzeugende Einheit schafft Akzeptanz und erzeugt bei den Teilnehmern die uneingeschränkte Unterstützung und eine nachhaltige Wirkung.

Persönliches Fazit zum Artikel

Welche Fakten sind für Sie besonders interessant?

_____

_____

Bei welchen Punkten wurden Sie in Ihrem aktuellen Vorgehen bestätigt?

_____

_____

Welche Aspekte waren für Sie neu?

_____

_____

Was nehmen Sie sich für die nächste Zeit vor?

_____

_____

Wie wollen Sie andere davon überzeugen?

_____

_____

Abb. 3: Checkliste zur Nacharbeit

6 Anlagen zum Download

- Arbeitsblatt für die 6-3-5-Methode
- Beispiel für eine Mindmap
- Tabelle zur merkmalgestützten Assoziation nach _Osborn_

Wie organisiert man eine Strategieklausur?

- Die Durchführung einer Strategieklausur erleichtert die notwendige Abstimmung der strategischen Planung und bietet dafür den passenden Rahmen.

- Gute inhaltliche Strategiearbeit in einer Klausur setzt entsprechende Organisation voraus – hier bestehen vielfältige Fehlerquellen.

- Externe Veranstaltungsorte für Klausuren führen zu besseren Ergebnissen, erfordern aber eine detaillierte Organisation.

- Konstruktive Diskussionen und umsetzungsfähige Ergebnisse einer Klausur sind u. a. das Ergebnis gezielter Vorbereitung und guter Moderation.

- Der Veranstaltungserfolg ist auch von der Nacharbeit abhängig, d. h. davon, wie die beschlossenen Maßnahmen dokumentiert und termingerecht realisiert werden.

▪ Der Autor

Manfred Grotheer ist Trainer und Referent für Controlling-Lehrgänge.

1 Die Strategieklausur zur schnellen simultanen Abstimmung der strategischen Planung

In Controller-Kreisen werden die Begriffe „Planen" und „Entscheiden" weitgehend synonym benutzt. Planen heißt entscheiden, z. B. über Maßnahmen und Ressourcenzuteilungen, und Entscheiden bedeutet, planvoll vorzugehen, d. h. über Analysen, Methoden etc. Entscheidungen können ebenso wie Planungen nur für die Zukunft getroffen werden. Daher kann Planungsprozess auch als Entscheidungsfindungsprozess interpretiert werden. Welchen Weg soll das Unternehmen durch die 2010er Jahre gehen? Welche Ideen bestehen für die Zukunft?

Ein Planungs- ist auch ein Entscheidungsprozess

In diesem Planungsprozess ist es die Aufgabe der (Linien-)Manager, Entscheidungen zu treffen, d. h. zu planen. Die Aufgabe des Controllers ist es, dass geplant wird. Für diese Aufgabe hat der Controller den Managern Informationen und Systeme zur Verfügung zu stellen. Ebenso hat der Controller eine Koordinations- und Moderationsfunktion im Rahmen des Planungsprozesses. Insbesondere für die Abstimmung der Teilpläne ist die Moderationsfunktion des Controllers essenziell notwendig.

Moderationsfunktion des Controllers im Planungsprozess

Im Rahmen der operativen Planung ist diese Abstimmung bereits selbstverständlich: Der Absatzplan wird mit dem Produktionsplan abgestimmt, dieser wiederum mit dem Personalplan. Ebenso wird die Ergebnisplanung mit dem Investitions- und Finanzplan abgestimmt. Die Abstimmung im Rahmen der operativen Planung ergibt sich aus einer faktischen Notwendigkeit.

Operative vs. strategische Planung

Nicht so koordiniert und abgestimmt sieht der Planungsprozess häufig für die strategische Planung aus. Sie beschäftigt sich vorrangig mit der nachhaltigen Sicherung bzw. dem Ausbau von Potenzialen, u. a. durch das Erzielen von Wettbewerbsvorteilen gegenüber den Mitbewerbern in Bezug auf Produkte/Dienstleistungen, Märkte und organisatorische Effizienz.

Strategische Planung zielt auf Sicherung und Ausbau von Potenzialen

Da der Betrachtungshorizont der strategischen Planung tendenziell eher in der ferneren Zukunft gesehen wird und die strategischen Planungsthemen teilweise auch isoliert betrachtet werden können, ergibt sich der Abstimmungszwang auch nicht so sehr aus der Not des Tagesgeschäfts heraus. Schließlich sind die strategischen Planungsthemen im Vergleich zur operativen Planung auch eher qualitativ, „weicher", interpretations- und bewertungsbedürftiger. Die strategische Planung lässt sich daher nicht so leicht per Excel-Sheets und E-Mails abstimmen. Die Durchführung einer Strategieklausur würde aber den für die notwendige Abstimmung der strategischen Planung passenden Rahmen bieten.

Strategieklausur erleichtert die notwendige Abstimmung der Planung

2 Klausurort

Inhouse-Klausuren haben viele Nachteile

Für Durchführung einer Strategieklausur eignet sich aber eher nicht der übliche Konferenzraum eines Unternehmens, da sich in der Sitzordnung dieses Raumes gleichzeitig auch die Hierarchie spiegelt, die den offenen Diskussionsprozess der strategischen Planung negativ beeinflussen könnte. Der strategische Abstimmungsprozess sollte zunächst eher hierarchiefrei starten. Auch sind bei einer derartigen Inhouse-Klausur häufig nicht alle Teilnehmer anwesend, obwohl während einer Klausur Präsenzpflicht herrschen sollte.

Außer-Haus-Klausur an einem entlegenen Ort

Strategische Klausuren sollten daher als Außer-Haus-Veranstaltungen, über zwei bis drei Tage, an einem entlegenen Ort (Hotel, Kloster, Berghütte etc.) durchgeführt werden, ohne dass jemand am Abend nach Hause oder in die Firma fahren kann und eventuell morgens nicht wiederkommt. Ein Beispiel für eine derartige Strategieklausurtagung ist die bundesweit bekannte jährliche Klausurtagung der CSU im entlegen gelegenen oberbayerischen Wildbad Kreuth.

Gute Organisation im Vorfeld ist wichtig

Bei einem neuen Klausurort, über den noch keine Erfahrungswerte vorliegen, sollte der für die Moderation Zuständige unbedingt einen Lokaltermin durchführen, um das Hotel und seine Ausstattung zu beurteilen. Häufig werben vor allem kleinere Land-, Sport- oder Ferienhotels sehr verlockend in ihren Prospekten und am Telefon mit den Vorzügen ihrer Hotels, die dann aber oftmals nicht den Erwartungen an professionelle Moderationsabläufe entsprechen.

An individuell zu diesem entlegen liegenden Veranstaltungsort anreisende Teilnehmer sollte unbedingt rechtzeitig eine eindeutige Anfahrtsskizze mit den verschiedenen Anreisemöglichkeiten und -zeiten übermittelt werden. Diese sollte auch Telefonnummern für kurzfristige Fragen, Spätanreisen und Absagen enthalten.

3 Abzustimmende Themenbereiche in der strategischen Planung

SBU als zentrale Betrachtungsobjekte

Ein zentrales Betrachtungsobjekt in der strategischen Planung ist die Strategic Business Unit (SBU), häufig aus der kleinsten Kunden-Produkt-Kombination gebildet, für die eine eigenständige Strategie formuliert werden kann. So könnte eine mögliche Einstiegsfrage in die strategische Planung einer SBU lauten: „Wie soll der Absatz, beziehungsweise das Ergebnis, im dritten oder fünften Jahr ab heute aussehen?" Aus dieser Einstiegsfrage können weiterführende Fragen abgeleitet werden:

Für eine Strategieklausur sind weiterhin alle strategischen Themen relevant, die einen bereichs- und funktionsübergreifenden Abstimmprozess benötigen. Sie können sich einerseits durch Öffnen des Themenspeichers (= vertagte strategische Themen der strategischen oder operativen Planung des letzten Jahres) ergeben. Andererseits kann in der operativen Mehrjahresplanung eine strategische Lücke entstanden sein, die mit operativen Maßnahmen nicht mehr zu schließen ist. Auch Themen aus

Themenspeicher des letzten Jahres öffnen

- Märkten,
- Produkten,
- Umfeld,
- Beschaffung und
- Technologie

können herauskristallisiert werden. Schließlich können sich Themen noch recht spontan vor einer Strategieklausur ergeben, z. B.

- aus der Not der Verkäufer, Kunden vom Angebot zu überzeugen, oder
- aus der Produktion, die Produkte konstruktionsgetreu oder kostenzielorientiert zu realisieren.

Auch können Informationen des Einkäufers aus dem Suchprozess nach neuen Einkaufsquellen in die Strategieklausur eingehen; es sollten nicht nur vom Vorstand „gesetzte" Themen Eingang finden. Soweit zu behandelnde Themen bereits vor der Klausur bekannt sind, wären Sie durch zu bildende Arbeitsteams für die Präsentation in der Strategieklausur im Vorfeld vorzubereiten.

4 Der Arbeitsstil in der strategischen Planung

In der strategischen Planung ist der Arbeitsstil eher geprägt durch das „Heranmeinen", das Äußern und Diskutieren persönlicher Ansichten im Team. Unschärfe ist in diesem Prozess oft passender als zahlenmäßige Scheingenauigkeit. Teilweise wird in der strategischen Planung auch intuitiv gearbeitet, indem die obere Führungsebene einfach über bestimmte Themen unverbindlich diskutieren möchte, im Stil von: „Können wir das wagen? Passt das zu uns?" Die Intuition der Einzelnen ist dabei aber sichtbar und bearbeitungsfähig zu machen, was jedoch nur sehr schlecht an großen Plenumstischen mit z. B. 14 Personen möglich ist, hingegen aber sehr gut durch das Arbeiten in Gruppen.

Intuition als Arbeitsmittel nutzen

Durch das Arbeiten in Gruppen sind Meinungen, u. a. durch Kartenabfragen, besser einsehbar. Die Anzahl geschriebener Karten zu einem Hinweis kann als Einstieg in eine Bewertung des Hinweises genutzt werden. Mit den Moderationskarten kann dabei teilweise anonym gearbeitet werden, um eher offene Meinungsäußerungen zu erhalten.

Anonymität
fördert Offenheit

Durch das anonyme Arbeiten soll der sogenannte Mitläufereffekt vermieden werden. Häufig nennt auf eine Frage der Chef als Erster einen Hinweis bzw. klebt als Erster einen Punkt. Viele Teilnehmer glauben dann, auch dieser Einschätzung folgen zu müssen, wodurch der Arbeit Variantenbreite und Offenheit genommen werden. Das anonyme Arbeiten wirkt dieser Einengung entgegen.

5 Klausurdauer und -termine

Die Klausur sollte
etwa drei Tage
dauern

Eine Strategieklausur sollte normalerweise drei Tage umfassen. Wenn sich schon einmal die Möglichkeit ergibt, außerhalb des Tagesgeschäfts ungestört und ohne Zeitdruck in diesem hochkarätigen Kreis tagen zu können, sollte diese Möglichkeit auch in vollem Umfang genutzt werden. Sind aber keine stark divergierenden Meinungen zu einzelnen Themen zu erwarten, so kann eine Strategieklausur bei dringenden Gründen auch nur bis zum Nachmittag eines zweiten Tages vorgesehen werden, d. h. bis nach dem „Big Talk" (s. unten), sodass alle Teilnehmer anschließend noch bequem ihre Heimatorte erreichen können.

Auch lässt sich die Strategieklausur als vertrauensbildende Maßnahmen interpretieren, um den Teamcharakter im Managementteam zu stärken.

Strategische vor
operativer
Planung

Im traditionellen Planungsprozess findet die strategische Planung logisch vor der operativen Planung statt. Erst ist zu klären, was man tun oder lassen will. Dann stehen die Fragen und Entscheidungen zur Umsetzung und Realisierung durch Maßnahmen an, d. h. die operative Planung. Wird der Absatzplan als Teilplan der operativen Planung vor der strategischen Planung durchgeführt, darf man sich aber nicht wundern, wenn es häufig heißt: „Mit den bestehenden Produkten lässt sich aber der gewünschte Zielumsatz nicht erreichen!"

Ende Mai/Anfang
Juni ist ein
günstiger
Zeitpunkt

Ein idealer Zeitpunkt für die Strategieklausur ist die Zeit um Himmelfahrt, d. h. Ende Mai/Anfang Juni. Dieser Zeitpunkt erscheint deshalb so günstig, da er zwischen den Jahresabschlussarbeiten und der Gesellschafterversammlung zum Vorjahr und der operativen Planung des nächsten Jahres liegt. Kann diese Zeit genutzt werden, um sich in strukturierter und komprimierter Weise teamorientiert mit der strukturellen Ausrichtung des Unternehmens auf die Zukunft zu beschäftigen?

Am Mittwochabend vor dem Himmelfahrtsdonnerstag wird gestartet. Es folgt die Klausurarbeit am Himmelfahrtsdonnerstag und am folgenden Freitag, der in vielen Unternehmen als Brückentag arbeitsfrei ist. Es geht somit keine Zeit vom operativen Geschäft verloren. Beendet wird die

Klausur am Mittag des Samstags nach Himmelfahrt, sodass der Samstagabend noch zur Verfügung für private Zwecke steht.

In größeren Unternehmen kann es auch sinnvoll sein, die Strategieklausur in zwei Teile zu gliedern. So kann der erste Teil an zwei Tagen im Februar durchgeführt werden und ist eher top-down-orientiert. Während dieser Tage werden Kernfragen der Strategieausrichtung bzw. -änderung für die jeweiligen Unternehmensbereiche formuliert und finanzielle Ziele (z. B. Umsatz, EBIT und Free Cashflow) für den Planungszeitraum der Strategie vorgeschlagen.

Anschließend folgen drei bis vier Monate, in denen die involvierten Unternehmenseinheiten Zeit haben, ihre Strategien und die erforderlichen Maßnahmenprogramme auszuarbeiten. Diese werden im Juni präsentiert, vor Beginn der Jahresplanung, im zweiten Teil der Strategieklausur, der häufig drei Tage umfasst. Dieser Teil ist eher bottom-up-orientiert: Die Bereichsleiter präsentieren sich gegenseitig ihre Strategien und Zielerreichung im Plenum.

Durch die gegenseitige Präsentation mit anschließender Diskussion werden das bereichsübergreifende Denken und der sportliche Wettkampf gefördert. Im idealen Fall werden „bottom up" die strategischen Ziele des Vorstands unter Einhaltung der finanziellen Zielsetzungen erreicht und ein Commitment der Zuständigen geleistet.

Zusätzlich zu der regelmäßig einmal jährlich stattfindenden Strategieklausur kann es noch anlassorientierte Strategieklausuren geben, z. B. zur Evaluierung der Übernahme eines anderen Unternehmens oder zur Abwehr einer Übernahme des eigenen Unternehmens. Der Aufbau gleicht dem hier geschilderten Aufbau der jährlichen Strategieklausur. Meistens weist die anlassorientierte Strategieklausur eine geringere Themenbreite auf und kann daher ggf. mit geringerer Teilnehmerzahl und zeitlich verkürzt durchgeführt werden.

Strategieklausur in zwei Teile gliedern

Zusätzliche Strategieklausuren zu besonderen Anlässen

6 Teilnehmerkreis

Normalerweise nimmt an der Strategieklausur das Topmanagement, bestehend aus Vorstand oder Geschäftsführung, vollständig teil. Üblicherweise wird der Teilnehmerkreis auf das Geschäftsleitungsgremium ausgeweitet, in dem Mitarbeiter der zweiten Ebene ständig ihren Sitz haben. Der Teilnehmerkreis sollte sich nicht als elitäres Gremium verstehen, das in isolierter Einsamkeit höhere Einsichten generiert, sondern mit dem Alltagsgeschäft verbunden sein. Themen und Einsichten sollten auch „von unten" in dieses Gremium einfließen können.

Topmanagement und zweite Führungsebene

7 Ablauf

Folgende Regel ist für den Ablauf der Klausur von besonderer Bedeutung: „Start und Landung angeschnallt!" Diese aus der Luftfahrt entliehene Regel soll darauf hinweisen, dass gerade der Start und das Ende einer Konferenz besonders sorgsam geplant und durchgeführt werden sollten. Der erste und der letzte Eindruck bleiben besonders haften. Der erste Eindruck beeinflusst sehr das Klausurklima:

- Fühlen sich die Teilnehmer tatsächlich willkommen?
- Überzeugt der „Veranstalter" durch Kompetenz, indem alles perfekt organisiert ist?

Der letzte Eindruck ist besonders wichtig für das Nachwirken der Veranstaltung. Wird die Klausur mit einem positiven Eindruck abgeschlossen? Verlassen die Teilnehmer motiviert die Klausur, dürften auch die beschlossenen Maßnahmen eher motiviert umgesetzt werden und die Teilnehmer sind offen gegenüber der nächsten Veranstaltung, weil sie Positives erwarten. Dazwischen darf es ruhig etwas „wackeln", d. h., es kann Abweichungen geben, auf die spontan und improvisiert reagiert wird.

7.1 Vorabend: Start

Als Start für eine Strategieklausur hat sich der Abend bewährt. Die Anreise ist am Vorabend des ersten vollständigen Klausurtages, auch wenn es den Teilnehmern schwerfallen mag, eine weitere Nacht außer Haus zu verbringen. Die Zimmer im Hotel dürften wahrscheinlich sofort zu beziehen sein. Man kann sich dann frisch machen und anschließend das Terrain und den Seminarraum erkunden. Man gewinnt so Stallgeruch.

Anschließend trifft man sich um 18.30 Uhr zum gemeinsamen Abendessen. Die Klausur startet danach schon im Klausur-/Seminarraum als Plenumsveranstaltung. Auch wenn man sich kennt, sollten die Plätze im Plenum mit Namensschildern versehen sein, als Adressplatz zur Ablage von Unterlagen und als Ziel bei der Rückkehr aus Gruppenarbeiten. Die Sitzplätze im Plenum sollten so rechtzeitig vor Klausurbeginn vorbereitet sein, dass bereits der erste Teilnehmer bei seinem Erkundungsgang im Haus seinen „gedeckten Tisch" findet und in Ruhe begrüßt werden kann.

Zu präsentieren wären zum Veranstaltungsstart, d. h. nach dem Abendessen, noch einmal die schon in der Einladung mitgeteilte Agenda, die Regularien zur Bezahlung der Zimmer, Speisen, Getränke und sonstiger Extras sowie das Zeitbudget. Es sollte darauf hingewiesen werden, dass sich im Rahmen einer Selbststeuerung alle Teilnehmer bemühen sollten, das Zeitbudget einzuhalten.

Es folgt eine Vorstellungsrunde. Wenn sich alle Teilnehmer bereits kennen, dann haben die jeweiligen Beiträge eher Update-Charakter. Etwas Aktuelles lässt sich immer einfügen, z.B. über den derzeitigen Aufgabenschwerpunkt und die individuelle Erwartung an die Veranstaltung. Die Beiträge haben dabei eher die Funktion des Abgebens einer Eintrittskarte zu der Veranstaltung, des Dazugehörens.

Es folgt die Vorstellungsrunde

Anschließend wäre eine Ansprache des Chefs vorzusehen, die noch einmal den Sinn und Zweck der Zusammenkunft unterstreichen sollte. Sie könnte noch einmal die Bedeutung der Veranstaltung und den Ernst der Lage betonen sowie bestimmte Statements zu den zu behandelnden Themen und die Erwartungen des Chefs an die Teilnehmer enthalten.

Keynote des Chefs

In einer dramatischen Strategieklausur zum Turnaround eines Unternehmens forderte der Vorstandsvorsitzende dieser Aktiengesellschaft in seinem entsprechenden Prolog sogar auf, auf der Suche nach Möglichkeiten alles zu hinterfragen: „Sie dürfen alles infrage stellen, auch meine Position!" Auch könnte der Chef den eventuell begleitenden (externen) Moderator vorstellen und die von ihm zu erbringende Moderationsfunktion erläutern.

Das Investment in einen Vorabend-Start zahlt sich aus, da am Morgen des ersten Tages bereits alle Teilnehmer ausgeruht und pünktlich anwesend sind sowie bereits ein zielorientierter Teambildungsprozess am Vorabend stattgefunden hat. Die Gruppen können im Vergleich zu einem Klausurbeginn am Morgen schneller und motivierter in die Bearbeitung der Themen einsteigen.

7.2   Erster Tag: Vormittag

7.2.1   Präsentation der vorbereiteten Themen

Der Morgen des ersten vollen Klausurtages beginnt mit den Präsentationen der drei bis vier Gruppen, die ihre klausurrelevanten Themen bereits im Vorfeld vorbereitet haben. Ca. 45 Minuten sollten pro Gruppe bei vier zu präsentierenden Themen vorgesehen werden. Folgende Präsentationsmedien werden für die jeweiligen Präsentationen benötigt: Beamer, Flipcharts, Pinnwände. Am besten werden sie schon am Vorabend bereitgestellt und die Referenten damit vertraut gemacht.

Selbstverständlich lassen sich Präsentationen im Plenum an einem großen Konferenztisch oder in einer hufeisenförmigen Sitzordnung durchführen, klassisch eben. Empfehlenswert könnte es jedoch sein, die Präsentationen nicht an den Plenumstischen durchzuführen, da im

Die passende Sitzordnung finden

Plenum häufig auch die Hierarchie abgebildet ist: Am Ende der Präsentation schauen alle auf den Chef und warten auf sein Statement.

Alternative Arbeitsnester einrichten

Alternativ sollten Präsentationen und Diskussionen außerhalb des Plenums durchgeführt werden, in separaten „Arbeitsnestern" in Ecken des großen Konferenzraums oder in Gruppenarbeitsräumen. Wichtig ist dabei, dass diese Präsentationsplätze keine Tische enthalten, hinter denen die Teilnehmer Platz nehmen und sich verschanzen können. Tische können aber zur Ablage von Unterlagen an den Wänden stehen. Die Teilnehmer nehmen nebeneinander auf Stühlen (ohne davorstehende Tische) Platz. Wer stehen mag, kann das in der letzten Reihe auch gerne tun.

Alle schauen so auf das Thema bzw. die Präsentation, die das physische Zentrum dieses Ensembles aus Teilnehmern und Präsentationsmedien bildet. Alle Teilnehmer haben ihre „Köperfront" auf das Thema (Pinnwand, Beamer etc.) ausgerichtet und nicht auf einen anderen Teilnehmer oder den Präsentierenden. Man sitzt oder steht im Halbkreis nebeneinander vor dem Thema.

Themenpräsentation vor dem Plenum

Jede Arbeitsgruppe präsentiert der „Großgruppe" bzw. dem Plenum als „Kleingruppe" ihre Ergebnisstände, d.h. den derzeitigen Stand der Arbeitsergebnisse, die noch nicht zu einem endgültigen Ergebnis gebracht sein müssen,. Die Großgruppe besteht aus allen Teilnehmern der Strategieklausur, die normalerweise über das jeweilige Thema informiert werden müssen. Sie kann gleichzeitig als Wissens- und Erfahrungsspeicher für die weitere Bearbeitung des Themas integriert werden. Ob das gelingt, hängt wesentlich davon ab, wie die Diskussion zu den jeweiligen Themenpräsentationen gelingt.

7.2.2 Berücksichtigung von spontanen Themen

Spontane Themen aufgreifen

Vielleicht hat sich nach Beschluss der Klausuragenda in der Vorbereitungsphase oder während der Präsentation der ersten vier Gruppen noch ein Bedarf zur Bearbeitung von Spontanthemen ergeben. Diese müssten noch vor dem Mittagessen formuliert und organisiert werden: Welche Themen müssen noch zusätzlich erörtert werden? Wer möchte und kann welches Thema bearbeiten?

Pinnwände einsetzen

Die zusätzlichen Themen müssten schriftlich auf Pinnwänden formuliert werden. Die Zusammenstellung der zusätzlichen Arbeitsgruppen kann wie folgt geschehen:

- Die Teilnehmer stellen sich jeweils zu der Pinnwand mit dem Thema, an dem sie mitarbeiten möchten.
- Jeder Teilnehmer schreibt eine Moderationskarte mit seinem Namen und steckt sie an die Pinnwand mit dem Thema, an dem er

mitarbeiten möchte, oder legt sie unter die jeweilige Pinnwand auf den Boden. So kann eine unterschiedliche Arbeitsstärke der Gruppen transparent gemacht und Teilnehmer ggf. zum Wechsel motiviert werden, falls eine Gruppe zu groß oder zu klein zu werden scheint.

Die Größe der Arbeitsgruppen sollte zwischen drei und acht Teilnehmern liegen. Bei geringerer Teilnehmerzahl bildet sich keine genügende Pluralität der Meinungen und Erfahrungen. Bei mehr als acht Teilnehmern muss die Gruppe sehr viel Zeit auf die Organisation der eigenen Gruppe verwenden.

Bei der Gruppenbildung sind zwei Personengruppen besonders zu berücksichtigen: Chefs und Experten. Wirken Chefs bei der Gruppenarbeit mit, fühlen sich andere Teilnehmer teilweise gehemmt. Der Moderator sollte daher den Chef bei der Vorbereitung der Klausur oder im Vorfeld der Gruppeneinteilung unter „vier Augen" auf diese Problematik aufmerksam machen. Stattdessen könnte er während der Gruppenarbeitsphase zwei- bis dreimal pro Gruppe zu einer motivierenden, kurzen Stippvisite in den arbeitenden Gruppen vorbeischauen, um den Arbeitsfluss durch anregende und inspirierende Hinweise zu fördern. Durch diese Vorgehensweise kann auch einem zu starken Abweichen einer Gruppe vom erwarteten Ergebnis rechtzeitig vorgebeugt werden.

Chefs und Experten berücksichtigen

Mit Experten ist ähnlich zu verfahren. Sie haben normalerweise in ihrem Thema einen großen Wissensvorsprung gegenüber den anderen Teilnehmern.

Wirken Experten in einer Gruppe mit, ist es häufig eine Expertenarbeit und keine Gruppenarbeit, bei der das Niveau der Teilnehmer halbwegs gleich sein sollte. Der Experte schaut dann häufig auf das geringe Fachwissen der Teilnehmer „herab", während die anderen Teilnehmer den Experten möglicherweise als arrogant empfinden. Insofern sollte der Moderator mit den Experten ebenfalls Einzelgespräche im Vorfeld der Gruppeneinteilungen führen und sie auf diese Problematik hinweisen, verbunden mit der Frage, ob sie sich in der jeweiligen Gruppe etwas zurückhalten könnten oder gar in einer anderen Gruppe mitwirken möchten, um so eine Art unbefangenen „Drittblick" mit neuen Ideen von der Gruppe zu erhalten, die ihr Expertenthema bearbeitet.

7.3 Mittagspause

Auch bei der Organisation der Mittagspausen lassen sich organisatorische Verbesserungen erzielen. Sowohl zeitsparend wie auch den individuellen Geschmack berücksichtigend sind Buffets. Mit Buffets lässt sich

Zeit sparen mit einem Buffet

ein Mittagessen um dreißig Minuten kürzer gestalten als mit Bedienungs-service. Doch bieten viele Hotels Buffets aus wirtschaftlichen Gründen erst bei einer größeren Teilnehmerzahl oder mehreren Gruppen an.

Verzögerungen vermeiden – Freizeit gewinnen

Gibt es Menüs à la carte, sollte eine Menüwahlliste bereits zur morgendlichen Kaffeepause ausgefüllt und auf die passende Teilnehmer-zahl geprüft werden. Hotels fangen häufig mit dem Servieren einer Suppe erst dann an, wenn der letzte Teilnehmer am Tisch Platz genommen hat. Dieses Warten auf einzelne Teilnehmer kann schnell fünfzehn Minuten Verzögerung erzeugen. Empfehlenswert ist es daher, mit dem Personal einen festen Zeitpunkt festzulegen, an dem die Suppen auf den Tischen stehen, z. B. 12.30 Uhr. Schließt die Vormittagsrunde dann pünktlich um 12.30 Uhr, kann man sich unmittelbar an die Tische mit den warmen Suppen setzen und hat unnötige Verzögerungen vermieden.

Die „gewonnenen" fünfzehn Minuten können anschließend genutzt werden, um einen kleinen Spaziergang – allein oder in informellen, kleineren Gruppen – um das Klausurhaus zu machen, etwas Ruhe auf dem Zimmer zu genießen, Telefonate zu führen oder E-Mails zu beantworten. Vor dem pünktlichen Start in die Nachmittagsrunde um 14.00 Uhr sollte die Möglichkeit eines Startkaffees eingeplant sein, um das Leistungstief nach dem Mittagessen leichter zu überwinden.

7.4 Erster Tag: Nachmittag

7.4.1 Vertiefende Arbeit an bestehenden Themen

Themen vertiefen

Die weiterführende Arbeit an den Themen startet in Kleingruppen um 14.00 Uhr. Nach dem Mittagessen ist es günstig, mit Abläufen zu starten, die die Teilnehmer aktiv einbeziehen, um der Lethargie nach dem Mittagessen entgegenzuwirken. Es werden in einer neuen Runde die bereits präsentierten bzw. neuen Themen aus dem Vormittag in einer vertiefenden Runde bearbeitet. Der Moderator gibt dazu eine kurze Einführung in die anzuwendenden Arbeitsweisen und Präsentations-methoden.

Auswertung der Moderations-karten

Den Einstieg in die fachliche Vertiefung kann eine Auswertung der Moderationskarten aus der schriftlichen Diskussion vom Vormittag durch die präsentierende Gruppe bieten, die weitgehend fortgeführt werden sollte. Jede ausgefüllte Karte sollte zunächst auf „Bestehen" geprüft werden, d. h., man sollte folgender Frage folgen: „Was spricht dafür, diesen Hinweis noch mit einzufügen?"

- Eventuell werden nach der Auswertung der Karten noch weitere Hinweise und Antworten vom Plenum benötigt. Diese Fragen sind für einen zweiten Präsentationslauf als „Zündfragen" zu formulieren.

- Eventuell werden auch Bewertungen/Abstimmungen benötigt, wozu von der Arbeitsgruppe anonyme Punktabfragen vorzubereiten wären.

- Eventuell hat die schriftliche Diskussion aber auch Bestätigung und Konsens gezeigt, sodass die Präsentation für die nächste Runde schon beschlussfertig gestaltet werden kann.

7.4.2 Einstieg in die Arbeit mit neuen Themen

Parallel zur vertiefenden Arbeit der bestehenden Arbeitsgruppen an ihren Themen starten die vor dem Mittagessen neu gebildeten Gruppen die Arbeit an den formulierten Spontanthemen. Günstig für einen schnellen, umfassenden Einstieg in das jeweilige Thema ist die „Spontanstandsabfrage" mithilfe von Karten in der jeweiligen Arbeitsgruppe: „Wer hat welche Ideen, Vorschläge, Kenntnisse, Erwartungen zu diesem Thema?" Die Karten werden dann von dem Moderator der Kleingruppe eingesammelt und interaktiv auf zwei Pinnwänden zu inhaltlich passenden Themengruppen geordnet, was als „Clustern" bezeichnet wird.

Ideen sammeln ...

Während der Arbeit in den Kleingruppen kann sich die jeweilige Kleingruppe informell auf einen Moderator aus ihrem Kreis einigen, aber auch vereinbaren, dass sich jedes Teammitglied für den Moderationsprozess verantwortlich fühlt, d. h., jeder ist auch abwechselnd in der Moderationsfunktion tätig.

Im nächsten Schritt versucht die jeweilige Arbeitsgruppe, Zusammenhänge und Strukturen zwischen den Clustern zu identifizieren, aus denen ein „roter Faden" für die Erarbeitung des Themas zu entwickeln ist. Anhand dieses „roten Fadens" ist die Präsentation inklusive Lösungsvorschlag in visueller Form vorzubereiten, möglichst unter Berücksichtigung der geschriebenen Moderationskarten. Die visuelle Aufbereitung mit allen entdeckten Facetten ist besonders wichtig, da sie das Verständnis bei den Präsentationsempfängern erhöht. „Ein Bild sagt mehr als tausend Worte", heißt es in der deutschen Sprache. Die englisch sprechenden Nationen benutzen dafür die Redewendung „I see it!", wenn sie etwas verstanden haben. Durch (Ein-)Sehen zum Verstehen.

... auswerten ...

Um ca. 17.30 Uhr startet der zweite Durchgang der Themenpräsentationen. Generell sollten Präsentationen zum oder am Abend eher einen weicheren und meinungsbildungsbedürftigeren Themencharakter haben. Empfehlenswert ist es, mit einem leichteren Thema vor dem Abendessen

... präsentieren

zu beginnen, damit sich ein Gefühl des Erfolgs einstellt, was positiv verstärkend auf die nächsten Präsentationen wirken könnte.

7.5 Erster Tag: Abend

Themen für den Abend

Nach dem Abendessen sollte es spätestens um 20.00 Uhr weitergehen. Hier kann entweder ein weiteres, eher qualitatives und meinungsbildungsbedürftiges Thema platziert werden, das auch etwas schwieriger sein und weitere individuelle Nachdenkgespräche am späteren Abend initiieren könnte. Themen mit diesem Charakter könnten z. B. aus den Bereichen Leitbildanpassungen, Nachfolgeregelungen für den Inhaber oder Veränderungen von Führung und Organisation (Profit-Center/ Sparten) etc. stammen.

Gastvortrag zur Information oder Entspannung

Alternativ könnte auch ein Gastvortrag zur Information bzw. Entspannung im Sinn eines Kaminzimmergesprächs vorgesehen werden. Er könnte über allgemeine technologische oder wirtschaftliche Entwicklungen informieren oder persönlichkeitsbildend, selbstmanagement- oder gesundheitsfördernd sein. Aber auch Themen aus den Rubriken „Kultur" und „Genuss" haben sich schon bei entsprechenden Veranstaltungen bewährt, z. B. durch einen Vortrag über interessante Kunstwerke bzw. Künstler (der Region, in der man tagt) oder eine Verkostung der regionalen Weine oder Biere.

Ein festes Ende vorgeben

Auch an dieser Stelle ist wieder die Regel zu berücksichtigen: „Keine Open-End-Diskussionen!" Zwischen 22.00 Uhr und 22.30 Uhr ist ein Stopp im Plenum auszurufen. Keiner ist ab diesem Zeitpunkt mehr verpflichtet, noch an der Veranstaltung teilzunehmen. Irgendwann ist die Aufnahmefähigkeit und -willigkeit erschöpft. Außerdem sollte die Regeneration berücksichtigt werden, um am nächsten Tag wieder fit zu sein.

7.6 Zweiter Tag: Vormittag

Faktenorientierte Themen

Um 8.30 Uhr startet der zweite Klausurtag mit den am ersten Nachmittag vorbereiteten zwei bis drei Präsentationen, die am Abend des Vortages noch nicht präsentiert worden sind. Am Morgen sollten eher die nüchternen, zahlen- und analyseorientierten Themen präsentiert werden.

7.7   Zweiter Tag: Nachmittag

7.7.1   Zusammenfassung und Aussprache im Plenum über die bisherigen Ergebnisse und Erlebnisse

Nach dem Mittagessen könnte ein „Big Talk" im Plenum stattfinden, der sich an folgenden Fragen orientiert: Wie ist es bislang gelaufen? Was muss noch getan werden? Kann eventuell auch schon etwas beschlossen werden?

7.7.2   Protokollfunktion

Mit dem Festhalten von Zwischenergebnissen und ersten Beschlüssen ist implizit auch die Frage verbunden, was schon protokollwürdig ist. Kann das Protokoll schon teilweise im Plenum und im Hintergrund vorbereitet werden? Bei der Wahl zwischen Verlaufs- und Ergebnisprotokoll sollte sich eindeutig für das Ergebnisprotokoll entschieden werden, weil es weniger Aufwand erzeugt und alles Wesentliche, d. h. die Maßnahmen, Zuständige und Termine enthält.

Keine Verlaufs-, sondern Ergebnisprotokolle fertigen

Wichtig ist auch die Bestimmung des Protokollführers, da mit Protokollen häufig „Politik" gemacht wird. Wer kann sich nach mehreren Tagen, wenn das Protokoll verteilt wird, noch an die genaue Formulierung eines Beschlusses erinnern, außer dem Protokollführer, wenn er die Formulierung richtig notiert hatte. Daher wird der Protokollführer häufig vom Chef bestimmt, dem er für etwaige „Korrekturen" das Protokoll vorzulegen hat, bevor es veröffentlicht wird. Diese Protokollform könnte als traditionell bezeichnet werden: Eine Person schreibt im Auftrag des Chefs die Beschlüsse mit, die im Nachhinein verteilt werden.

Protokollführer bestimmen

Alternativ bietet sich das öffentliche, spontane Sofortprotokoll an. Es wird immer dann, wenn das Plenum einen (Maßnahmen-)Beschluss gefasst hat, öffentlich geführt, entweder als gesprächsbegleitend fortgeführte Liste auf einem Flipchart oder mittels Notebook, Textverarbeitungsprogramm und Visualisierung der Beschlüsse, möglichst simultan, über einen Beamer. Diese Form der öffentlichen Protokolle mag auf den ersten Blick nicht so wohlformuliert und optisch perfekt wirken, doch ist es sofort arbeitsfähig, durch Ausdruck oder E-Mail-Versand, kostengünstig und manipulationssicherer, da jeder Teilnehmer die Formulierung mitverfolgen und eventuell Korrekturwünsche im Plenum äußern und diskutieren kann. Originalunterlagen von Pinnwänden (z. B. gesammelte und ausgestellte Moderationskarten) und Flipcharts lassen sich am besten mit einer Digitalkamera als Fotoprotokoll dokumentieren. Diese Fotos werden in das Textdokument eingebunden oder angefügt.

7.7.3 Symbolhafter „Quo-vadis-Ausflug"

Durch Bewegung Fronten auflösen

Nach dem „Big Talk" im Plenum kann ein symbolischer „Quo-vadis-Ausflug" zu einer gastronomischen Einrichtung, eventuell mit Unterstützung von Taxen oder eines Busses bei der Hin- und Rückfahrt, stattfinden. Durch physische Bewegung, z. B. bei einem Spaziergang, kommt häufig auch wieder Bewegung in eine Verhandlung, insbesondere wenn sich die Diskussionen „festgefahren" haben. Beim Gehen bewegt man sich und diskutiert nebeneinander, auf ein gemeinsames Ziel ausgerichtet, und nicht gegenüber, was schnell zu einer Konfrontationshaltung führen könnte. Auch scheint sich der Geist bei Spaziergängen für neue Gedanken und Kompromisslösungen zu öffnen.

Weiterhin kann man die Situation in zahlreichen Einzelgesprächen sondieren. Mal schließt man durch schnelleres Gehen zu einem vorauseilenden Gesprächspartner auf, mit dem man Gedanken austauschen möchte; dann lässt man sich wieder zu einem anderen Gesprächspartner zurückfallen. Vielfältige, wechselseitige Gespräche sind so möglich.

Am späteren Nachmittag des zweiten Klausurtages ist dieser „Quo-vadis-Ausflug" richtig positioniert, um rechtzeitig vor Ende der Klausur am dritten Tag noch einmal Bewegung in festgefahrene oder kontroverse Themen zu bringen.

7.8 Dritter Tag: Vormittag

Aufgabenliste für die Zeit nach der Klausur erstellen

Am Vormittag des dritten Tages werden die Themen in den Gruppen fertiggestellt und die jeweiligen Ergebnisstände im Plenum verabschiedet. Das Protokoll wäre entsprechend noch zu komplettieren und zu verabschieden. Besondere Bedeutung hat im Rahmen des Protokolls die „To-do-Liste" für den Zeitraum nach der Klausur. Dabei ist die Maßnahme (Was?) in Stichworten zu formulieren. Sie ist an eine zuständige Person, einen Kümmerer, zu adressieren (Wer?) und ein Endtermin ist zu fixieren, da man meistens erst bei Terminen fleißig wird.

Themenspeicher für nächste Klausur füllen

Schließlich kann noch ein Themenspeicher gefüllt werden mit Themen für die Strategieklausur im nächsten Jahr, zu denen bis dahin Informationen gesammelt werden können. Auch für die Themen des Themenspeichers sind Zuständige zu formulieren.

Die Strategieklausur endet vor dem Mittagessen mit einer nochmaligen kurzen Feedbackrunde, einem positiven Ausblick des Chefs und Dankesworten an alle Teilnehmer für das Engagement in den letzten Tagen.

Wer möchte, kann noch zu einem fakultativen Mittagessen bleiben, doch werden die meisten bei einem Klausurende am Samstagmittag eher mit einem Lunchpaket nach Hause starten wollen. Auch das müsste vorher bereitgestellt werden.

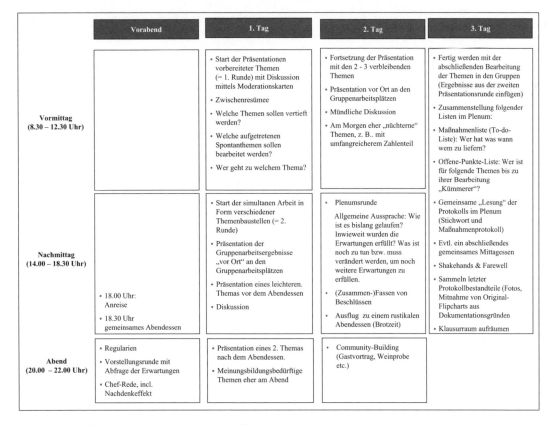

	Vorabend	1. Tag	2. Tag	3. Tag
Vormittag **(8.30 – 12.30 Uhr)**		• Start der Präsentationen vorbereiteter Themen (= 1. Runde) mit Diskussion mittels Moderationskarten • Zwischenresümee • Welche Themen sollen vertieft werden? • Welche aufgetretenen Spontanthemen sollen bearbeitet werden? • Wer geht zu welchem Thema?	• Fortsetzung der Präsentation mit den 2 - 3 verbleibenden Themen • Präsentation vor Ort an den Gruppenarbeitsplätzen • Mündliche Diskussion • Am Morgen eher „nüchterne" Themen, z. B.. mit umfangreicherem Zahlenteil	• Fertig werden mit der abschließenden Bearbeitung der Themen in den Gruppen (Ergebnisse aus der zweiten Präsentationsrunde einfügen) • Zusammenstellung folgender Listen im Plenum: • Maßnahmenliste (To-do-Liste): Wer hat was wann wem zu liefern? • Offene-Punkte-Liste: Wer ist für folgende Themen bis zu ihrer Bearbeitung „Kümmerer"?
Nachmittag **(14.00 – 18.30 Uhr)**	• 18.00 Uhr: Anreise • 18.30 Uhr gemeinsames Abendessen	• Start der simultanen Arbeit in Form verschiedener Themenbaustellen (= 2. Runde) • Präsentation der Gruppenarbeitsergebnisse „vor Ort" an den Gruppenarbeitsplätzen • Präsentation eines leichteren Themas vor dem Abendessen • Diskussion	• Plenumsrunde • Allgemeine Aussprache: Wie ist es bislang gelaufen? Inwieweit wurden die Erwartungen erfüllt? Was ist noch zu tun bzw. muss verändert werden, um noch weitere Erwartungen zu erfüllen? • (Zusammen-)Fassen von Beschlüssen • Ausflug zu einem rustikalen Abendessen (Brotzeit)	• Gemeinsame „Lesung" des Protokolls im Plenum (Stichwort und Maßnahmenprotokoll) • Evtl. ein abschließendes gemeinsames Mittagessen • Shakehands & Farewell • Sammeln letzter Protokollbestandteile (Fotos, Mitnahme von Original-Flipcharts aus Dokumentationsgründen • Klausurraum aufräumen
Abend **(20.00 – 22.00 Uhr)**	• Regularien • Vorstellungsrunde mit Abfrage der Erwartungen • Chef-Rede, incl. Nachdenkeffekt	• Präsentation eines 2. Themas nach dem Abendessen. • Meinungsbildungsbedürftige Themen eher am Abend	• Community-Building (Gastvortrag, Weinprobe etc.)	

Abb. 1: Der Ablauf einer Strategieklausur im Überblick

8 Weitere organisatorische Aspekte

Die folgenden Aspekte haben überwiegend organisatorischen Charakter und sind im Vorfeld der Klausur, am besten durch einen Vor-Ort-Termin, durchzuführen nach der alten Küchenregel: „Vorne gerührt, brennt hinten nichts an!" An diesem Vor-Ort-Termin sollten auf jeden

Fall folgende Personen teilnehmen: 1. der Moderator, 2. die für die Vertragsgestaltung zuständige Person und eventuell 3. der Klausurleiter, der häufig auch noch spezielle Anforderungen im Detail an einen Klausurort hat. Alle Punkte, insbesondere die zugesagten Räume und Moderationsmittel, sollten in einem schriftlichen Vertrag im Detail festgehalten werden, um späteren Überraschungen vorzubeugen.

8.1 Organisation der Plenums- und Gruppenarbeitsräume

Seminar- und Gruppenräume sollten nah beieinanderliegen, um längere Wegezeiten zu vermeiden, insbesondere für den Moderator, der ständig zwischen den Arbeitsgruppen „pendeln" muss.

Vor dem Veranstaltungsstart sind Garderoben und Räume bzw. Plätze für die Ver- und Entsorgung (Toiletten, Raucherplätze, Restaurant, Freizeitmöglichkeiten, Gruppenarbeitsräume etc.) ausfindig zu machen, zu prüfen und mit Hinweisschildern für die Teilnehmer zu versehen. Ergänzend sind die Teilnehmer in der Eröffnungsrunde auf die entsprechenden Räume und Wege hinzuweisen.

8.2 Ausstattung der Räume und notwendiges Arbeitsmaterial

- Ebenerdige Räume mit Tagesliste, eventuell auch mit Terrasse, sind bei Klausurteilnehmern beliebter als Kellerräume. Die künstliche Beleuchtung in den Räumen sollte nicht zu hell sein.
- Die Tische sollten in einer breiten U-Form gestellt sein. Es muss sichergestellt sein, dass für jeden Teilnehmer ein Stuhl am Tisch zur Verfügung steht. Jeder Arbeitsplatz sollte im Vorfeld mit Unterlagen, Stiften und Blöcken ausgestattet werden.
- Die Moderationsmedien sollten vor der Klausur geprüft werden. Eventuell sollte ein Techniker den Moderator in die Bedienung von Beamer, Notebook und Leinwand einweisen.
- Vor der Klausur sollte ebenfalls geprüft werden, ob der Moderationskoffer ausreichend befüllt ist und ob genügend Flipcharts und Pinnwände mit Papier und Karten zur Verfügung stehen.

8.3 Klausurpausen

Kleine und kurze Pausen einplanen

Auch möge noch auf die wichtige Aufgabe der Pausen in der Klausur hingewiesen werden. Sie sollten ebenfalls präzise geplant werden, da man über alles reden kann, nur nicht über 45 Minuten. Danach sinkt häufig die Konzentration der Teilnehmer. Wie in der Schule sollte es daher im

Turnus von 45 bis 60 Minuten eine Kurzpause von ca. 6 Minuten geben, zum Lüften von Raum und Köpfen und für Ver- und Entsorgungsprozesse. Im Abstand von 90 bis 120 Minuten sollte jeweils eine größere Pause von 15 bis 20 Minuten eingeplant werden.

8.4 Nachbereitung

Obwohl es bereits während der Klausur den „Big Talk" und eine Feedbackrunde zum Abschluss gegeben hat, ist es häufig üblich, dass der Leiter der Klausur, in der Regel der Chef, sich noch weitere Vier-Augen-Feedbacks zu Maßnahmen und Prozessen einholt.

Inoffizielle Feedbacks einholen

Diese Eindrücke haben aber eher inoffiziellen Charakter und sollten als weitere Verbesserungsideen interpretiert werden, die sich noch im Nachhinein ergeben haben. Zu den „formalen" Elementen der Klausurnachbereitung gehören das Protokoll und die Maßnahmenverfolgung (Maßnahmentracking).

8.5 Protokoll/Dokumentation

Elegant wäre es, wenn das Protokoll bereits als gesprächs- bzw. konferenzbegleitendes Ergebnisprotokoll während der Klausur erstellt worden wäre, parallel zu Gruppenarbeiten, in den Pausen oder am späten Abend. Dann könnte es vor Klausurende den Teilnehmern in ausgedruckter Form noch einmal vorgelegt werden. Man liest es dann noch einmal im Plenum durch, nimmt eventuell noch gemeinsam kleinere Korrekturen per Notebook und Beamer an den Formulierungen vor und beschließt dann die Annahme noch zum Konferenzende. Am nächsten Arbeitstag erhalten die Teilnehmer das Protokoll zusätzlich per E-Mail.

Protokoll am Ende der Klausur verteilen

Der Vorteil dieser Protokollform wäre, dass sie „gekonnt schlampig" ist. „Gekonnt" deshalb, weil das Protokoll sofort nach Konferenzende umsetzungsfähig ist, keinen großen Nachbereitungsaufwand erfordert und nicht im Nachhinein noch manipuliert werden kann. „Schlampig" mag es vielleicht daher wirken, dass es nicht so formvollendet aussieht wie bei mehrtägiger redaktioneller Nachbearbeitung. Die Vorteile dürfen aber überwiegen.

8.6 Maßnahmentracking

Der Chef oder ...

Im Protokoll der Strategieklausur sind zahlreiche Maßnahmenbeschlüsse dokumentiert worden, deren Realisierung und Termineinhaltung überprüft werden müssen. In der Konferenz sollte jemand bestimmt werden, der die Umsetzung verfolgt. Normalerweise übernimmt der Leiter der Konferenz selbst diese Aufgabe, beispielsweise indem er sich in seinen persönlichen Terminplan Termine einträgt, zu denen er sich einen Überblick über den Realisierungsgrad der Beschlüsse macht.

... der Controller überwacht die Umsetzung der Beschlüsse.

Häufig wird auch der Controller dazu bestimmt, dieses Maßnahmentracking durchzuführen und den Chef bzw. das Managementteam regelmäßig darüber zu unterrichten. Wichtig ist nur, dass dafür bereits in der Klausur Nachfasstermine im Protokoll und in den Terminkalendern festgelegt und alle Teilnehmer darüber informiert werden. Sonst wird schnell wieder das Tagesgeschäft dominieren und es verhält sich mit den Beschlüssen einer Strategieklausur ähnlich wie mit den guten Vorsätzen für das neue Jahr: Der Wille war da, aber dann kam wieder zu viel dazwischen. Daher sind Termine und Personen zur Realisierungskontrolle essenziell notwendig.

9 Fazit

Die Strategieklausur bildet ein wichtiges Element im Findungs-, Abstimmungs- und Beschlussprozess von Strategieüberarbeitung, der speditiv (schweizerisch für „schnell", „zügig" und „zielorientiert") am besten in Klausurform realisiert wird, d. h. raus aus dem Tagesgeschäft, ohne Störungen durch Besucher und im Managementteam, auch wenn es zeit- und kostenintensiv sein mag. Es gibt keine bessere Möglichkeit des strategischen Abstimmprozesses, wenn die Klausur sorgfältig und professionell vorbereitet und durchgeführt wird.

10 Literaturhinweis

Deyhle/Radinger, Controller Handbuch, Teil IV; 6. Aufl. 2009, S. 759 ff.

Widerstände in strategischen Veränderungsvorhaben erkennen und konstruktiv nutzen

- Die Umsetzung von strategischen Veränderungen – neudeutsch Change Management – erfordert die Einbeziehung und Zustimmung aller Mitarbeiter. Neben der Ausarbeitung einer Strategie muss deshalb auch ihre Kommunikation rechtzeitig und umfassend erfolgen.

- Werden Widerstände gegen eine Strategie nur ignoriert, unterdrückt oder bekämpft, wachsen diese nicht nur. Es bleiben auch wertvolle Ideen und Anregungen auf der Strecke – Ideen und Anregungen.

- Diese Ideen sind häufig erst der Schlüssel dafür, dass Strategien umgesetzt werden können. Ohne Widerstände keine Umsetzung.

- Der Beitrag erlaubt dem Leser, die Widerstandsebenen in einem strategischen Projekt im Voraus zu analysieren und einen konstruktiven Umgang mit ihnen vorzubereiten.

■ Die Autoren

Dr. Jutta Strake ist Trainerin, Beraterin und Coach und leitet Strake Consulting.

Uwe Techt ist Unternehmensberater und Geschäftsführer der VISTEM GmbH & Co. KG.

Dipl.-Kaufmann Lothar Kuhls ist Unternehmensberater und Coach der WEGe Managementberatung GmbH.

1 Die Perspektive des Strategen

Top-Manager sind Strategen. Gemeinsam mit ihren Controllern analysieren sie Probleme, finden Lösungen und sorgen für deren Umsetzung. Sie brauchen die Zustimmung und aktive Mitwirkung ihrer Führungskräfte und Mitarbeiter, um Strategien erfolgreich umsetzen zu können. Allerdings: Immer wieder treten Widerstände auf.

Jeder, der eine von ihm erdachte Strategie umsetzen möchte, sieht sich einem Dilemma gegenüber: Soll er seine begrenzte Zeit dafür verwenden, die Lösung perfekt und in allen Einzelheiten auszuarbeiten und darzustellen? Oder soll er lieber daran arbeiten, die Zustimmung und Mitwirkung aller Betroffenen und Beteiligten zu erhalten?

Viele Manager und Controller glauben, die perfekte Ausarbeitung einer Idee würde den Widerstand automatisch verringern. Genau diese Annahme führt allerdings dazu, die Augen gegenüber möglichen Widerständen zu verschließen.

Strategie ausarbeiten oder kommunizieren – ein Widerspruch?

Widerstände gegen eine Strategie und deren Umsetzung zu ignorieren, zu unterdrücken oder zu bekämpfen führt nicht nur dazu, dass die Widerstände wachsen,. es bleiben auch wertvolle Ideen und Anregungen auf der Strecke – Ideen und Anregungen, die in vielen Fällen die Strategie erst valide und umsetzbar machen.

So gesehen sind Widerstände sinnvolle und notwendige Beiträge zur Verbesserung; und gerade deshalb müssen sie – aus Eigeninteresse des Strategen – ernst genommen werden. Widerstände gegen eine Strategie sind – paradoxerweise – der Schlüssel dafür, die Strategie implementieren zu können. Ohne Widerstände keine Strategieumsetzung.

Widerstände sind hilfreich

2 Schichten der Widerstände

Erfahrungsgemäß treten Widerstände in einer „natürlichen" Reihenfolge auf (s. Tab. 1).

		Schicht	Beispiele
Was soll geändert werden?	1	Fehlende Übereinstimmung zum Problem (zu den Schwierigkeiten und ihren Ursachen).	„Das ist doch völlig nebensächlich." – „Wir haben wichtigere Probleme." – „Sich um XY zu kümmern bringt gar nichts."

	Schicht	Beispiele
	2 Fehlende Übereinstimmung zur grundsätzlichen Problemlösung/Lösungsrichtung	„Das ist völlig unmöglich!" – „Wie soll ich denn dann …?" – „Das geht nicht!"
Wie sieht die Zukunft aus?	3 Fehlende Übereinstimmung, dass die Lösung zu den gewünschten positiven Wirkungen führt (und dabei die Schwierigkeiten auch beseitigt).	„Das löst mein Problem überhaupt nicht." – „Der Bereich XY hat keinen Nutzen davon."
	4 Befürchtung, dass es neben den gewünschten positiven Wirkungen auch negative Nebeneffekte gibt, die möglicherweise ebenso schlecht oder sogar noch schlimmer sind als die ursprünglichen Schwierigkeiten.	„Ja, aber dann verschlechtert sich XY." – „Ja, aber dann leidet XY."
Wie soll die Veränderung realisiert werden?	5 Befürchtung, dass es unüberwindbare Hindernisse und Stolpersteine gibt, sodass die neue Ursache nicht gesetzt werden kann.	„Wie sollen wir denn das schaffen?" – „Ja, das ist gut. Aber woher bekommen wir XY?"
	6 Keine Handlung trotz ausdrücklicher Zustimmung.	

Tab. 1: Schichten der Widerstände

Widerstände in genau dieser Reihenfolge zu bearbeiten ist Erfolg versprechend. Beispiel: Wir werden kaum über Stolpersteine der Umsetzung einer Strategie (Schicht 5) reden, solange diese selbst noch nicht verstanden und akzeptiert ist (Schichten 2, 3, 4).

Widerstände überwinden oder nutzen? Dabei geht es weniger darum, Widerstände zu „überwinden", sondern vielmehr darum, sie für die Verbesserung der Strategie und deren Umsetzung zu nutzen. Kommt man z. B. im Rahmen einer Strategieentwicklung bei der Schicht 4 („ja, aber…") an, hilft die Analyse möglicher negativer Nebeneffekte in zweifacher Hinsicht:

- Die Strategie so weit verbessern, dass diese negativen Nebeneffekte nicht auftreten und möglichst zusätzliche gewünschte Wirkungen entstehen.
- Die „Bedenkenträger" in den Arbeitsprozess so einbinden, dass diese an der Gestaltung der Strategie aktiv mitwirken. Dadurch ist ihre Unterstützung und Mitwirkung bei der späteren Umsetzung der Strategie sehr viel wahrscheinlicher.

Viel zu oft kommt es vor, dass der Entwickler einer Strategie vollkommen auf die Vorteile seines Konzepts fixiert ist. Dadurch übersieht er die möglichen negativen Nebeneffekte und Stolpersteine nicht nur, sondern neigt auch dazu, diese herunterzuspielen. Werden zu einem späteren Zeitpunkt diese negativen Nebeneffekte und Stolpersteine dann deutlich, erscheinen sie in der Wahrnehmung des Entwicklers als völlig unerwartet und unberechtigt. Aus der Sicht der Bedenkenträger stellen sie dagegen wertvolle Hinweise für die weitere Verbesserung der Lösung und des Umsetzungskonzepts dar. Je mehr der Entwickler einer Lösung die Augen und Ohren gegenüber diesen Widerständen verschließt, umso länger wird der Weg, den er anschließend zurücklegen muss, um seine Ideen zu verkaufen.

Der Ideenfinder ist selten objektiv

Öffnet er sich jedoch von vornherein für die Äußerung von negativen Nebeneffekten und Stolpersteinen, kann er frühzeitig Zustimmung und Mitwirkung der Beteiligten erzielen und dadurch eine schnellere Entwicklung und Umsetzung seiner Idee bewirken.

2.1 Schicht 1: Fehlende Übereinstimmung zum Problem

Am Anfang jeder Veränderung steht die Einsicht: Es besteht Veränderungsbedarf! Schwierigkeiten treten auf. Jeder hat einen Blick darauf, was im eigenen Einflussbereich suboptimal ist. Weniger offensichtlich ist jedoch, dass es einen Zusammenhang zwischen den Problemen gibt.

sieht der Bereich ...	das Problem ...
Kundenbetreuung	Zunehmende Kundenbeschwerden
Versand	Schlechte Liefertreue
Produktion	Lange Durchlaufzeiten
Controlling	Hohe Bestände und lange Payback-Zeiten
Personal	Burnout bei Mitarbeitern und Führungskräften

Tab. 2: Probleme in den Abteilungen in einem Produktionsunternehmen (Beispiel)

"Das ist nicht mein Problem!" Die negative Auswirkung ist: Man erkennt nicht, welches Problem eine neue Strategie lösen soll, bzw. denkt, das Problem würde den eigenen Verantwortungsbereich nicht betreffen und deshalb wäre es nicht lohnenswert, sich damit zu beschäftigen. Anders ausgedrückt: Es besteht „fehlende Übereinstimmung zum Problem".

Wäre es dagegen offensichtlich, dass die verschiedenen Schwierigkeiten aus einer gemeinsamen Wurzel stammen (und dass die neue Strategie genau an dieser Wurzel ansetzt), entstünde die notwendige Motivation aller Beteiligten, das Kernproblem zu bearbeiten und aufzulösen.

Achtung: Erst Ursache-Wirkungs-Zusammenhänge erkennen

Die zugrundeliegende Annahme ist, dass ein Unternehmen/eine Organisation ein komplexes System ist. In einem komplexen System gibt es viele miteinander verwobene Ursache-Wirkungs-Zusammenhänge. Ist dies der Fall, muss es einen (oder sehr wenige) Einflussfaktor(en) geben, der die aktuelle Leistungsfähigkeit des Systems determiniert. Ob diese Grundannahme wirklich wahr ist, sei dahingestellt. Sie hat sich aber als praktikable Annahme erwiesen, weil sie dazu anleitet, zunächst die Ursache-Wirkungs-Zusammenhänge zu verstehen und die wesentlichen Einflussfaktoren zu erkennen, bevor „blind" nach neuen Strategien gesucht und „agiert" wird.

Gegenwartsbaum Instrument der Suche nach der Wurzel ist der „Gegenwartsbaum" – ein Ursache-Wirkungs-Diagramm. Er verbindet die Symptome mit den Kernursachen (s. Abb. 1).

Lesen Sie den „Gegenwartsbaum" von unten nach oben und verwenden die Formulierung „Wenn ... dann ..." bzw. „Wenn ... und ... dann ...".

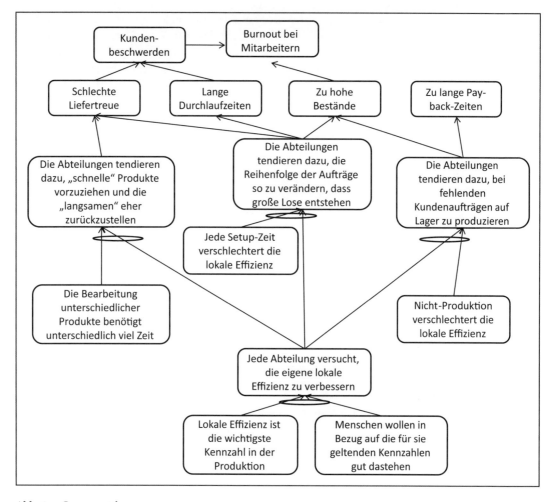

Abb. 1:   Gegenwartsbaum

2.2   Schicht 2: Fehlende Übereinstimmung zur Richtung (der Strategie)

Nach der Ursachenforschung wird die strategische Richtung erarbeitet, ein Schritt, bei dem das „Für und Wider" der vorgeschlagenen Richtung(en) kontrovers erörtert werden. Erfahrungsgemäß werden bei der Diskussion möglicher Lösungswege die Paradigmen der Unternehmensführung berührt; Widerstände bei unorthodox klingenden Strategie-Vorschlägen sind sehr wahrscheinlich. Denn: Es gibt gute Gründe für die bisher praktizierte Vorgehensweise, also dafür, dass die Kernursache nicht schon längst beseitigt wurde.

„So können wir das Problem nicht lösen!"

Konfliktdiagramm Anders ausgedrückt: An der Wurzel des Gegenwartsbaumes liegt ein Konflikt: Obwohl auf der einen Seite klar ist, was getan werden müsste, um das Problem zu lösen, kann auf der anderen Seite genau diese Lösung nicht realisiert werden. Für die Visualisierung und Darstellung dieses Konflikts verwenden wir das „Konfliktdiagramm", mit dem sich jedes Problem als ein Konflikt zwischen zwei gegensätzlichen Handlungsweisen darstellen lässt (s. Abb. 2 und 3).

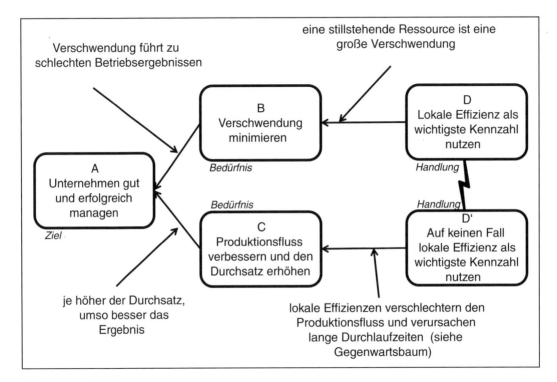

Abb. 2:   Konfliktdiagramm

Das „Konfliktdiagramm" stellt Voraussetzungszusammenhänge dar: „Um A zu erreichen, muss ich (vorher) B erreicht/getan/sichergestellt haben".

Alle Beteiligten sind sich einig, dass Ziel A erreicht werden soll. Um A zu erreichen, müssen die Voraussetzungen B und C erfüllt werden. B und C haben wieder die Handlungen D und D' als Voraussetzung; D und D' allerdings schließen einander aus.

Die so dargestellten Voraussetzungsverknüpfungen basieren stets auf Annahmen, die dadurch diskutierbar werden, dass man sie explizit formuliert: „Um A zu erreichen, muss ich B sicherstellen, weil X …"

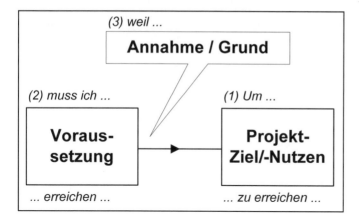

Abb. 3: Voraussetzungsverknüpfung mit explizierter Annahme

„X" steht dabei für die bis dahin unausgesprochene Annahme der Person, die die Voraussetzungsverknüpfung postuliert hat. Diese Annahme kann so zu einer gemeinsamen Argumentation eines Teams oder auch als nicht zutreffende Annahme identifiziert werden. Letzteres kann dazu führen, dass die behauptete Voraussetzungsverknüpfung aufgelöst und ggf. durch eine andere ersetzt wird.

Die Verwendung des einfachen Satzes „Um A zu erhalten, muss ich B sicherstellen, weil X …" ist eine wirkungsvolle Methode, mit der die Intuition Einzelner über Voraussetzungsverknüpfungen dargestellt und zum gemeinsamen Wissen eines Teams weiterentwickelt werden kann.

Solche Konflikte bestehen aufgrund von – möglicherweise seit langer Zeit etablierten – Denkfehlern (falschen Annahmen). Allerdings: Jeder Konflikt kann zu einer Win-win-Lösung gebracht werden, wenn der zugrundeliegende Denkfehler gefunden wird. Die Win-win-Lösung zeigt, dass es etwas Neues (einen strategischen Lösungsansatz) gibt, das geeignet ist, sowohl B als auch C zu erfüllen und dadurch mehr von A zu erreichen.

Win-win-Lösungen sind immer möglich

Dieser Methode im Umgang mit Widerständen zu folgen hat einen erstaunlichen Effekt: Der Widerstand wird nicht gebrochen. Er wird gewissermaßen in die Konzeption „hineingeholt". Gegenargumente werden visualisiert und logisch „durchgespielt". Wir haben festgestellt, dass Führungskräfte, die mit ihren Widerständen auf Probleme aufmerksam machen, oftmals bereits die Lösung der Probleme kennen – und diese, wenn der Widerstand erst gewürdigt und bearbeitet worden ist, bereitwillig teilen. Aus dem scheinbaren Widerstand ist Mitwirkung geworden.

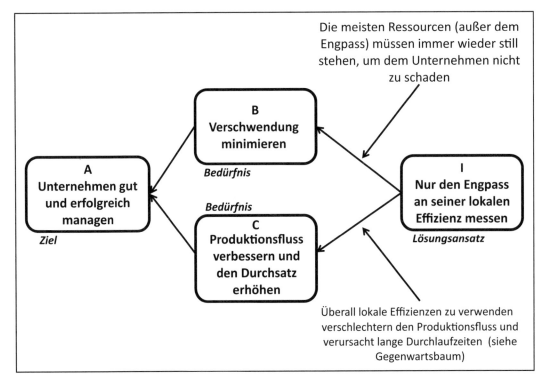

Abb. 4: Win-win-Lösung

2.3 Schicht 3: Fehlende Übereinstimmung, dass die Lösung die Schwierigkeiten tatsächlich beseitigen wird

Der Gegenwartsbaum hat den eindeutigen Zusammenhang zwischen dem Kernkonflikt und den Symptomen sichtbar gemacht. Stellt der Gegenwartsbaum eine hinreichend gute Abbildung der Realität dar, müsste – wenn anstelle des Kernkonflikts eine andere, neue Ursache in das System eingebracht wird (daher „I" = Injektion) – diese dazu führen, dass sich die Wirkungen innerhalb des Systems ebenfalls verändern.

Zukunftsbaum Diese neue – heute also noch nicht existierende – Realität wird in einem „Zukunftsbaum" dargestellt. Der Zweck des Zukunftsbaumes ist, eine Strategie zu entwickeln und zu zeigen, warum aus der neuen Ursache die gewünschten Wirkungen entstehen (s. Abb. 5).

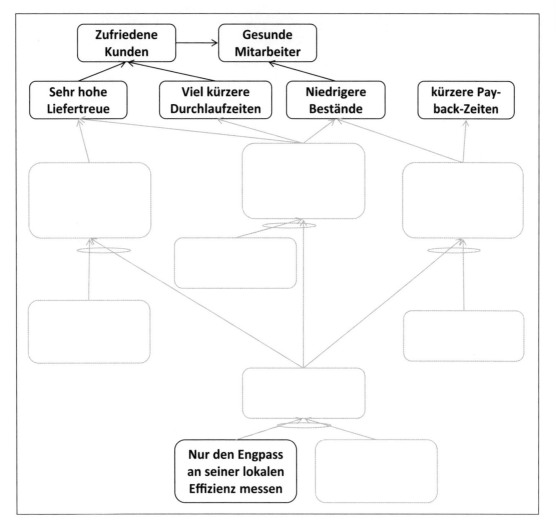

Abb. 5: Zukunftsbaum

Wird dieser Zusammenhang präsentiert, ist er einleuchtend oder löst Fragen aus. Diese Fragen können zu einer Anpassung des Zukunftsbaumes führen, zu einer Verbesserung der Strategie und einer Verbesserung der Fähigkeit, die Strategie zu kommunizieren.

So hat sich der scheinbare Widerstand in Zustimmung verwandelt. Es besteht Einigkeit darin, dass die gefundene Lösung tatsächlich die gewünschten positiven Ergebnisse erzeugen wird.

2.4 Schicht 4: Befürchtung, dass die Lösung negative Nebeneffekte erzeugt

„Ja, aber …" Fast jede Veränderung hat neben ihren positiven Wirkungen auch unerwünschte Nebenwirkungen, die sich meist mit den Worten „ja, aber …" äußern. Oft wird „ja, aber ..." als Killerargument verstanden. Aus Sicht der Strategieentwicklung kann es jedoch ein positives Signal sein: „JA, mit der Lösung bin ich einverstanden. ABER ich befürchte negative Nebeneffekte."

Negativer Zweig im Zukunftsbaum Zu visualisieren (s. Abb. 6) und zu verstehen, warum genau – aus Sicht der Person, die den Einwand äußert – die Strategie zu einer negativen Nebenwirkung führt, erzeugt i. d. R. eine neue Erkenntnis: entweder die Einsicht, dass die Befürchtung unlogisch ist, oder die Einsicht, dass die Befürchtung sehr berechtigt ist und daher die Strategie einer adäquaten Ergänzung bedarf, einer zusätzlichen „Injektion", die anstelle der befürchteten negativen Nebenwirkung eine stärkere gewünschte Wirkung erzeugt.

Die Erfahrung zeigt, dass die notwendige Ergänzung der Strategie oft am besten durch die Person gefunden werden kann, die zunächst intuitiv die negative Nebenwirkung äußert. Unterstützt man diese Person darin, ihre Argumentation transparent zu machen, versetzt man sie gleichzeitig in die Lage, eine Lösung dafür zu finden. Der „Bedenkenträger" wird so zum Mitgestalter der Strategie.

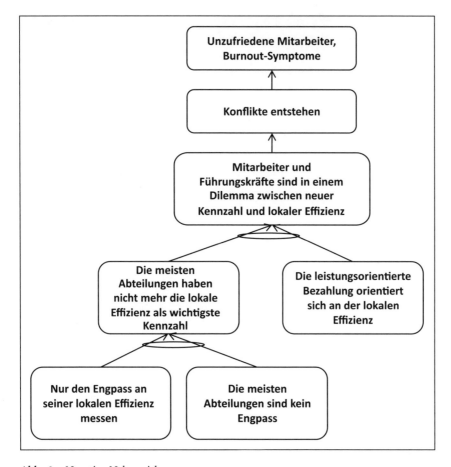

Abb. 6: Negative Nebenwirkung

2.5 Schicht 5: Befürchtung, dass die Stolpersteine zu groß sind

In der fünften Schicht der Widerstände wird die Realisierung der Lösung diskutiert. Es geht nicht mehr um das „Was", es geht um das „Wie", den Modus und die Planung der Umsetzung. Stolpersteine – zu Recht vermutet oder „nur" befürchtet – werden aufgegriffen.

Zunächst werden die Stolpersteine gesammelt und notiert. Anschließend werden die Hindernisse umformuliert zu Zwischenzielen, die das Gerüst für den Veränderungsplan bilden. Auch hier gilt das Prinzip strenger Logik: Welche Ziele, Meilensteine und Aufgaben ergeben sich aus dem Hindernis? Was muss getan werden, damit die Meilensteine erreicht werden?

Stolpersteine und Zwischenziele

Gewissermaßen wird der Stolperstein „genutzt". Dieser Schritt erhöht die Mitwirkung der Kritiker; ihre Widerstände werden in aktive Unterstützung verwandelt. Auch hier gilt: Diejenigen, die Einwände vorbringen, kennen zumeist schon die Antwort auf die Frage, wie die Stolpersteine zu meistern sind. Erst die Visualisierung und die Diskussion bringen sie dazu, diese Lösung auch zu äußern.

Stolpersteine	Begrenzender Faktor	Zwischenziel
Was wird uns darin hindern, die Strategie zu realisieren?	Was genau fehlt uns, um diesen Stolperstein zu vermeiden, zu umgehen oder zu überwinden?	Welcher Meilenstein muss im Veränderungsplan stehen, damit sichergestellt wird, dass der begrenzende Faktor geschafft ist.

Tab. 3: Stolpersteine

Voraussetzungs-baum

Im nächsten Schritt werden die Meilensteine und Zwischenziele geordnet (s. Abb. 7): Welche Zwischenziele und Meilensteine sind Voraussetzung für die nächsten? Für diesen Zweck wird erneut die Voraussetzungslogik genutzt: „Um das Zwischenziel A zu erreichen, muss ich vorher das Zwischenziel B erreicht haben, weil …". Aus diesen Voraussetzungsverknüpfungen lässt sich dann leicht der erste Projektnetzplan für die Strategierealisierung ableiten.

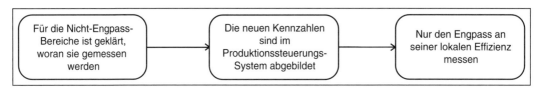

Abb. 7: Zwischenziele

Lesen Sie von links nach rechts: „Um zu erreichen, dass nur der Engpass an seiner lokalen Effizienz gemessen wird, müssen wir vorher die neuen Kennzahlen im Produktionsteuerungssystem abgebildet haben."

Nun besteht Klarheit und Einigkeit, wie die Stolpersteine überwunden und wie die gefundene Lösung tatsächlich realisiert werden kann. Die scheinbaren Widerstände sind in Zustimmung und Mitwirkung verwandelt.

2.6 Schicht 6: Fehlende Mitwirkung trotz ausdrücklicher Zustimmung

Mittels der vorher beschriebenen Vorgehensweise können die meisten Widerstände identifiziert, bearbeitet und zur Verbesserung der Strategie genutzt werden. Dennoch treten auch während der Strategieumsetzung gelegentlich weitere Widerstände auf. Diese Widerstände können sich offen zeigen oder auch darin, dass die Vereinbarungen – obwohl sie gemeinsam und einmütig getroffen wurden – nicht umgesetzt werden.

Angst und/oder mangelnde Kompetenz

Für die offen geäußerten Widerstände kann dann wieder die vorstehend gezeigte Vorgehensweise zum Einsatz kommen. Übrig bleiben die verdeckten Widerstände.

3 Verdeckte Widerstände und deren Bearbeitung

Häufig sind die Wechselwirkungen eines Gesamtsystems zu Beginn eines Veränderungsprozesses noch nicht absehbar. Sie wirken jedoch im Zeitverlauf höchst individuell und können bei mangelnder Berücksichtigung ganze Veränderungsprojekte zum Scheitern bringen, die auf der rational logischen Ebene zu Beginn umsetzbar erschienen.

Um den Führungskräften in einem Veränderungsprozess Raum und Rückhalt zu geben, werden im Folgenden bewusste und unbewusste verdeckte Widerstände in Veränderungsprozessen berücksichtigt.

Umsetzungs-qualität sichern

Als verdeckte Widerstände werden in diesem Zusammenhang Verhaltensweisen bezeichnet, bei denen eine Diskrepanz zwischen der verbalisierten Absicht und der dazu in Bezug stehenden Handlung zu beobachten ist. Diese Diskrepanz kann auf zwei Ebenen entstehen, und zwar auf der bewussten und der unbewussten Ebene.

Der bewusst verdeckte Widerstand zeichnet sich dadurch aus, dass die handelnde Person sich der Diskrepanz zwischen der verbalisierten Äußerung/Absichtserklärung und der Handlung zwar bewusst ist, sich jedoch keiner Auseinandersetzung stellen will.

Bewusste Widerstände

Der unbewusste Widerstand ist dadurch gekennzeichnet, dass sich die handelnde Person der Diskrepanz zwischen ihrer verbalisierten Äußerung/Absichtserklärung und der fehlenden Umsetzung nicht bewusst ist. Ursachen hierfür können z. B. die mangelnde Übereinstimmung zwischen Selbst- und Fremdbild (Überschätzung der eigenen Fähigkeiten oder Fehleinschätzung der Situation) oder Verdrängung der anstehenden Herausforderungen (Bagatellisierung, Ausblenden von Schwierigkeiten) sein (s. Beispiel in Tab. 4).

Unbewusste Widerstände

Ebene	Ursache	Beispiele für Erscheinung auf der Verhaltensebene
Bewusst	will sich keiner Auseinandersetzung stellen	hohe Belastung aus Tagesgeschäft
	Gruppenzwang	stimmt nur zu, weil alle zustimmen, obgleich anderer Meinung
Unbewusst	mangelnde Übereinstimmung zwischen Selbst- und Fremdbild	Überschätzung der eigenen Fähigkeiten oder Fehleinschätzung der Situation
	Verdrängung	Bagatellisierung
	Überlagerung verschiedener Changeprozesse (beruflich und privat)	Überforderung

Tab. 4: Ebenen des Widerstands

Dazwischen liegen verschiedene Ursachen, die in unterschiedlichen Graden zwischen unbewusst und bewusst ausgeprägt sein können. Dies sind z. B. ein drohender Prestigeverlust oder die Angst vor neuen Situationen.

Da verdeckte Widerstände nur sehr schwer zu greifen sind, wird für deren Identifikation und Bearbeitung ein mehrstufiges Vorgehen vorgeschlagen. Dieses wird im Folgenden erläutert.

3.1 Zum praktischen Vorgehen

Ein definierter Begleitungsprozess

Da es sich bei der Bearbeitung von unbewussten Widerständen um einen komplexen Problemlösungsprozess handelt, wird eine bestimmte Schrittfolge des Vorgehens empfohlen. Die Schrittfolge kann an einer zeitlichen und einer personellen Dimension festgemacht werden.

Zeitlich	Personell verantwortlich	Eingesetzte Mittel
Zu Beginn	Führungskräfteebene 1+2	Selbstverpflichtung
Im Prozess	Projektdurchführende (Berater)	Beobachtungsbogen und Auswertung in Beobachtungskonferenz
	Projektcoach	Coaching
	Projektmoderator	Konfliktmoderation
	Mediator	Mediation

Tab. 5: Handlungsbeziehungen

3.2 Selbstverpflichtung

Um die Bearbeitung von nicht artikulierten Widerständen während der gesamten Change-Prozesse schon zu Beginn zu verorten, wird das Instrument der Selbstverpflichtung vorgeschlagen. Durch die Beschreibung von Rechten und Pflichten soll eine vertragsähnliche Grundlage geschaffen werden, auf die sich sowohl die Führungskräfte als auch die Projektdurchführenden beziehen können.

Rechte	Pflichten
Informationen über Ziele des Projekts und den Projektplan	Bereitstellung aller relevanten Informationen
Hinterfragen der Projektinhalte	Konstruktives Einbringen von Vorschlägen zur Projekterfolgsoptimierung
Angemessene Einbindung in das Projekt	Umsetzung der erforderlichen Maßnahmen
Orientierung für die Umsetzung	Aktives Einholen von Unterstützung beim Erkennen von Hindernissen, die die Führungskraft nicht mit eigenen Ressourcen bewältigen kann
Kritische Reflexion aller Projektaspekte	Offene Kommunikation auf allen Ebenen der Projektumsetzung
Information über die Gesamtprojektergebnisse	Bericht der Umsetzungsergebnisse

Tab. 6: Rechte und Pflichten von Führungskräften

Verantwort-
lichkeiten
festlegen

Die Rechte und Pflichten beschreiben die Verantwortungsbeziehung der entscheidenden Projektverantwortlichen – der Führungskräfte der Ebenen 1 und 2. Sie geben jeder Führungskraft das Recht auf angemessene Einbindung in das Projekt und verpflichten sie zu ihren projektbezogenen Verantwortungen.

Es ist daher wichtig, dass die Selbstverpflichtung hinsichtlich ihrer Rechte und Pflichten ausgewogen ist. Damit soll sichergestellt werden, dass Führungskräfte sich zu ihr bekennen können und die Möglichkeit haben, ihre Rechte einzufordern.

Emotionen
beachten

Veränderungsprozesse haben neben der rationalen Verständlichkeit zum Teil große emotionale Wirkungen – nicht nur in dem Sinne wie unter Top 1 dargestellt; z. B. wenn es um Großkrisenbewältigung mit der Folge zum Teil massiver Personaleinsparungen geht. Es reicht in aller Regel nicht, die Sachargumente für die Veränderung zu vermitteln. Vielmehr müssen die Prozessbeteiligten dabei unterstützt werden, die für sie besonders schwierig umzusetzenden Schritte zu gestalten. Ziel der Unterstützung ist die Gewährleistung von Sicherheit, die für den Erfolg des Veränderungsprojekts wichtig ist.

Damit kann einerseits Vertrauen für den Veränderungsprozess entwickelt werden. Anderseits können für die Führungskräfte zu Beginn des Veränderungsprozesses nicht erkennbare oder nicht artikulierte Sorgen/ Ängste thematisiert und bearbeitet werden.

Um die Begleitung der Führungskräfte nach dem Schritt der Selbstverpflichtung zu gewährleisten, werden verschiedene Instrumente eingeführt. Diese werden im folgenden Text beschrieben.

3.3 Begleitung der Führungskräfte durch Berater mittels Beobachtungsbogen und Feedback

Während der Umsetzung der vereinbarten Ziele und Maßnahmen des Veränderungsprozesses findet ein regelmäßiger Austausch der Führungskräfte mit den Beratern des Projektteams über den Projektfortschritt statt.

Aufgabe der Berater ist hierbei die sachlich-fachliche Begleitung und die Beobachtung und Einschätzung der Führungsleistung der für die Umsetzung verantwortlichen Manager der Ebenen 1 und 2. Um die Beobachtungen zu konkretisieren,

Instrumente der Begleitung

1. werden Beobachtungsbögen durch die Berater ausgefüllt.

2. werden die Ergebnisse der einzelnen Beobachtungen regelmäßig von dem Beraterteam diskutiert und zu einem Gesamtergebnis zusammengefasst.

3. wird das Gesamtergebnis der Führungskraft mit Empfehlungen zur Optimierung seiner Führungsleistung im Veränderungsprozess zurückgemeldet. Eine mögliche Maßnahme zur Entwicklung und Implementierung von Verhaltensänderungen im Führungsbereich ist das Einzelcoaching. Dieses wird unter 3.5 näher erläutert.

3.4 Aufbau und Einsatz des Beobachtungsbogens

Der Aufbau ist dem Beobachtungsbogen eines Assessment-Centers nachempfunden. Ziel des Einsatzes ist, die Berater zu einer möglichst neutralen Bewertung der Führungskräfte anzuregen. Der Bogen zwingt zu einer Trennung zwischen Beobachtung und Bewertung von Verhalten und erhöht somit die Beobachtungsqualität. Gleichzeitig liefert der Bogen eine Fülle von Informationen, welche die Basis für ein Feedbackgespräch bieten.

Konkrete Analyse der Führungsleistung

Für die Konstruktion des Bogens werden durch das Beraterteam Verhaltensdimensionen festgelegt, deren Erfüllung für das Gelingen des Projekts als wichtig erachtet wird. Dies können z. B. sein:

- Ziel-/Aufgabenorientierung
- Konfliktverhalten/Durchsetzung
- Überzeugungskraft/Begeisterung
- Integrations-/Kooperationsfähigkeit.

Im Anschluss an die Bestimmung der Dimension werden jeweils vier bis fünf konkret zu beobachtende Handlungen/Verhaltensweisen, auch Operationalisierungen genannt, definiert. Jede Operationalisierung wird mit einem Textfeld und einem numerischen Feld versehen. Das Textfeld dient dem Notieren konkreter Beobachtungen durch die einzelnen Berater, am besten mit Datum und Uhrzeit. Das numerische Feld besteht aus einer Skala von 1 bis 5 oder 1 bis 6. Es wird empfohlen, die Skalierung an das im Unternehmen gängige System anzupassen, um den Führungskräften die Einordnung der für sie erstellten Bewertung im Feedbackgespräch zu erleichtern.

Beobachtung und Bewertung trennen

Beobachtetes Verhalten	Eigene Notizen	Bewertung				
• hohes Gesprächsziel, versucht Maßnahmen entsprechend der Planung durchzusetzen		1	2	3	4	5
• reagiert bei Abweichungen zeitnah • analysiert Ursachen • führt Gespräche mit den Mitarbeitern(-innen)						
• widerspricht, • konfrontiert die Mitarbeiter(innen) mit ihrem Verhalten						
• lässt sich nur durch Argumente überzeugen (nicht durch Ausweichverhalten, Bagatellisierungen)						
Gesamtbewertung						

Tab. 7:   Beispiel Dimension Konfliktverhalten/Durchsetzung

Jeder Berater füllt seine Bögen einzeln aus. Es wird empfohlen, einen vorherigen informellen Austausch über die persönlichen Eindrücke zu vermeiden, um das Risiko der gegenseitigen Beeinflussung zu senken.

Differenzierte Bewertung

In einem nächsten Arbeitsschritt werden die Ergebnisse der Beobachtungsbögen für eine Führungskraft durch die Berater diskutiert. Dabei werden die Einschätzungen zu den Führungskräften in einem ersten Schritt vorgestellt und auf Übereinstimmungen bzw. Abweichungen überprüft. Nach dieser Prüfung findet in einem zweiten Schritt eine Entscheidung darüber statt, ob und mit welchen Maßnahmen eine Unterstützung der Führungskraft stattfinden wird.

Diese Sitzungen sollten, dem Projektfortschritt entsprechend, in regelmäßigen Rhythmen stattfinden. In der Startphase wird ein wöchentlicher Austausch des Beraterteams empfohlen.

3.5 Feedbackgespräche

Das Ergebnis der Sitzungen kann in einem Beschluss für ein Feedback-gespräch mit der jeweiligen Führungskraft über ihr Verhalten bei der Umsetzung des Veränderungsprozesses enden. Ab der Bewertung einer Operationalisierung mit 3 (auf einer 5er Skala) sollte eine Rückmeldung in Erwägung gezogen werden; ab der Bewertung von unter 3 ist sie zwingend erforderlich. Das Feedbackgespräch enthält klare Empfehlungen für Verhaltensänderungen. Das Vorgehen beim Feedbackgespräch folgt den Empfehlungen für ein Beurteilungs- bzw. Kritikgespräch.

Annähern von Selbst- und Fremdbild

In dem Feedbackgespräch wird geprüft, ob die Ursache für das gezeigte Verhalten nur in einer Differenz zwischen Selbst- und Fremdbild liegt und von der Führungskraft ohne weitere Unterstützung verändert werden kann. Hierzu werden vom Berater nach dem Feedback und den Handlungsempfehlungen mit der Führungskraft konkrete Ziele zur Verhaltenänderung, Kriterien zur Messung der Zielerreichung sowie ein Zeitpunkt für ein Monitoringgespräch vereinbart.

Ursachen für Verhalten analysieren

In dem Monitoringgespräch wird die Verhaltensänderung überprüft. Falls die Führungskraft die vereinbarten Ziele aus eigener Kraft erreichen konnte, endet der Feedbackprozess an dieser Stelle. Die Führungskraft wird wieder in den oben beschriebenen Beobachtungsprozess durch das Beraterteam eingegliedert.

Nachhaltigkeit durch Monitoring

Prinzipiell sind folgende Szenarien als Ergebnisse eines Feedback-gesprächs bezüglich einer optimierbaren Leistung denkbar: Die Führungskraft

1. nimmt das Feedback an und formuliert klar messbare Ziele für eine Verhaltensänderung. Diese werden im weiteren Verlauf des Projekts überprüft. Bei Nichterreichung folgt einer der unten stehenden Schritte.

2. nimmt das Feedback an und formuliert einen Fortbildungsbedarf auf der fachlichen Ebene. In diesem Fall wird eine Vereinbarung über die zeitnahe Behebung des fachlichen Defizits getroffen.

3. nimmt das Feedback an und stimmt einer Begleitung mittels Coaching zu.

4. nimmt das Feedback nicht an. Bei einer Führungskraft der Ebene 2 wird die Diskrepanz in einem weiteren Treffen gemeinsam in einem Dreiergespräch mit einer Führungskraft der Ebene 1 besprochen.

5. nimmt das Feedback an, entwickelt sich jedoch trotz flankierender Maßnahmen (Fortbildungen und/oder Coaching) nicht so weiter, dass die Zielerreichung im Rahmen des Veränderungsprojekts erreicht wird. Bei einer Führungskraft der Ebene 2 wird die Diskrepanz in

einem weiteren Treffen gemeinsam in einem Dreiergespräch mit einer Führungskraft der Ebene 1 besprochen.

Auswahl von Maßnahmen

Personen, die die Anforderungen nicht erfüllen, erhalten klar definierte Unterstützungsangebote bei der Weiterqualifizierung auf den Ebenen der fachlichen bzw. persönlichen Qualifikationen. Diese Qualifizierungen sind eine Investition in die Zukunft des Unternehmens. Da durch den Veränderungsprozess Defizite offengelegt bzw. auch die Anforderungen an die Führungsleistung im Unternehmen verändert wurden, wird die Lücke zwischen Soll- und Istprofil der Führungskräfte durch die Qualifizierungen geschlossen.

Personen, die die Anforderungen nicht erfüllen und keine Weiterqualifizierungsangebote annehmen wollen, werden durch die ihnen zugeordneten Führungskräfte konfrontiert bzw. zu einer Verhaltensänderung aufgefordert.

3.6 Coaching

Als ein Ergebnis des Feedbackgesprächs kann die Vereinbarung für ein Coaching der Führungskraft stehen. Dieses Coaching wird nicht durch die in das Projekt involvierten Berater, sondern durch einen neutralen Projektcoach durchgeführt.

Persönlichkeits-entwicklung

Ziel des Coachings ist die Unterstützung von Führungskräften bei der Erreichung der Projektziele. Basis ist die freiwillige Teilnahme der Führungskraft sowie die Einschätzung der Berater, dass die vorhandenen Defizite durch einen begleiteten Lernprozess behoben werden können. Die Führungskraft muss hierbei grundsätzlich über die Fähigkeiten/Fertigkeiten zur eigenständigen Behebung des Problems verfügen. Der Coach agiert unterstützend im Sinne von „Hilfe zur Selbsthilfe". Die Entwicklung der Führungskraft wird weiterhin im Rahmen der unter 3.2.2 beschriebenen Beobachtung bewertet und durch die Berater im Feedbackgespräch zurückgemeldet. Wenn die Führungskraft, trotz des Coachings, hinter den Erwartungen zurückbleibt, muss erneut überprüft werden, ob es sich bei den Ursachen für die mangelnde Zielerreichung um grundsätzliche Defizite (sprich: Die Person ist generell nicht für die Position geeignet) oder um fachliche Defizite handelt. Detaillierte Informationen zur Gestaltung von Coaching finden sich in der Fachliteratur.[1]

---

[1] Siehe z. B. Vogelauer (2000a); Vogelauer (2000b); Backhausen/Thommen (2006).

3.7 Konfliktmoderation und Mediation

Ziel der Konfliktmoderation ist die Deeskalierung von Konflikten zwischen den für den Veränderungsprozess verantwortlichen Führungskräften. Hintergrund des Angebots dieser Beratungsform ist die Hypothese, dass in Veränderungsprozessen latent vorhandene oder neu entstehende Konflikte auftreten. Die Beteiligten stehen jedoch erstens durch den Veränderungsprozess und die dadurch entstehenden neuen Anforderungen unter Druck; zweitens besitzen viele Führungskräfte keine ausreichende Ausbildung in der Bearbeitung von Konflikten; drittens können durch die Veränderungen nicht vorhersehbare Interessenkonflikte entstehen, die durch die Führungskräfte aufgrund der eigenen Betroffenheit nicht mehr neutral gelöst werden können. Auch das Angebot der Konfliktmoderation ist als ein Element der Qualitätssicherung zu betrachten.

Die Konfliktmoderation wird durch einen neutralen Dritten durchgeführt. Dieser muss über die entsprechenden Kompetenzen verfügen und sollte weder als Berater noch als Coach in dem Unternehmen tätig sein. Hierdurch soll das wichtige Kriterium der Allparteilichkeit gewährleistet werden. Unter Allparteilichkeit wird eine Beraterhaltung verstanden, bei der weder Personen noch Positionen oder Lösungen favorisiert werden.

Thematisieren statt ignorieren

4 Zusammenfassung

Widerstände in der Entwicklung und Umsetzung einer Strategie sind nicht nur natürlich, sie sind sogar ausgesprochen hilfreich, um

- die Strategie zu verbessern,
- Betroffene in die Strategieentwicklung einzubeziehen,
- zunehmende Mitwirkung zu bewirken und
- Führungskräfte darin zu unterstützen, an und mit ihren Aufgaben zu wachsen.

Die Widerstände können offen oder verdeckt auftreten.

Offene Widerstände können direkt besprochen und für die Entwicklung genutzt werden:

Schicht	Methode
1 Fehlende Übereinstimmung zum Problem (zu den Schwierigkeiten und ihren Ursachen)	Gegenwartsbaum
2 Fehlende Übereinstimmung zur grundsätzlichen Problemlösung/Lösungsrichtung	Konflikt-Diagramm

Schicht	Methode
3 Fehlende Übereinstimmung, dass die Lösung zu den gewünschten positiven Wirkungen führt (und dabei die Schwierigkeiten auch beseitigt)	Zukunftsbaum
4 Befürchtung, dass es neben den gewünschten positiven Wirkungen auch negative Nebeneffekte gibt, die möglicherweise ebenso schlecht oder sogar noch schlimmer sind als die ursprünglichen Schwierigkeiten	Negativer Ast
5 Befürchtung, dass es unüberwindbare Hindernisse und Stolpersteine gibt, sodass die neue Ursache nicht umgesetzt werden kann	Stolpersteine, begrenzende Faktoren und Zwischenziele

Tab. 8: Methoden zur Bearbeitung offener Widerstände in den Schichten 1–5

Verdeckte Widerstände sollten nach Möglichkeit aufgedeckt und besprochen werden. Methoden wie der Beobachtungsbogen, Feedbackgespräche, Coaching und Konfliktmoderation helfen dabei, verdeckte Widerstände besprechbar zu machen und sie für das Unternehmen und die Entwicklung seiner zentralen Führungskräfte zu nutzen.

5 Literaturhinweise

Backhausen/Thommen, Coaching. Durch systemisches Denken zu innovativer Personalentwicklung, 2006.

Goldratt, The Choice. North River Press, 2008.

Goldratt, TOC on Production, 2004.

Redlich, Konfliktmoderation, 1997.

Schlegel, Handwörterbuch der Transaktionsanalyse, 2002.

Techt, Goldratt und die Theory of Constraints, Lulu, 2006.

Vogelauer (2000a), Coaching-Praxis, 2000.

Vogelauer (2000b), Methoden-ABC im Coaching, 2000.

Kapitel 5: Literaturanalyse

Literaturanalyse zum Themengebiet Strategische Controlling-Instrumente

Von Andreas Klein

Bücher zum „Strategischen Controlling" sind rar gesät, doch stellt dies nicht wirklich ein Problem dar, finden sich doch Titel zum „Strategischen Management" in großer Zahl. Letztere habe zudem den Vorzug, dass sie weniger stark auf die Instrumente als auf die Prozesse fokussieren. Dennoch haben wir – unserem Fokus folgend – zwei Titel zum Strategischen Controlling und einen Titel zum Strategischen Management für Sie ausgewählt.

Darüber hinaus haben Sie als Abonnent des Controlling-Beraters ja auch jederzeit das Controlling-Office zur Hand. In Laufe der vergangenen Jahre haben sich unsere Autoren häufig und vielseitig mit den verschiedenen Facetten und Anwendungsgebieten des Strategischen Controllings beschäftigt. Im Controlling-Office finden Sie bereits auf der Startseite die entsprechende Rubrik mit mehr als 80 Beiträgen und 24 Arbeitshilfen. In Ergänzung dazu möchten wir Ihnen auf der Folgeseite eine persönliche Auswahl wiedergeben.

Viel Spaß beim Schmökern!

▦ Der Verfasser der Literaturanalyse

Prof. Dr. Andreas Klein ist Mitherausgeber des Controlling-Beraters und Professor für Betriebswirtschaftslehre mit Schwerpunkt Controlling & International Accounting an der SRH Hochschule Heidelberg.

Überblick		
Titel	Grund-lagen	Aufbau-literatur
Autor(en): Liane Buchholz **Titel:** Strategisches Controlling **Jahr:** 2009	++	
	Praxis-orientiert	**Wissen-schaftlich**
Verlag: Gabler, Wiesbaden **Kosten:** 29,90 EUR **Seiten:** 313 **ISBN:** 978-3-8349-1079-0	+	+

Inhalt

Das Buch besteht aus drei Kapiteln

1. Das erste Kapitel „Grundlagen" enthält eine grundlegende Einführung in das Controlling, die sich vor allem für Controlling-Quereinsteiger anbietet (60 Seiten).

2. Im ungefähr die Hälfte des Buches ausmachenden zweiten Kapitel werden diverse „Strategische Controlling-Instrumente" ausführlich thematisiert. Im Wesentlichen handelt es sich dabei um mehr als 20 verschiedene Analyseformen zur strategischen Umfeld- und Unternehmensanalyse (SWOT), die sich in eher intern orientierte Ressourcen- und Prozessanalysen, eher extern orientierte Produkt-, Kunden- und Marktanalysen sowie finanzwirtschaftlich orientierte Ansätze unterteilen lassen (164 Seiten)

3. Das letzte Kapitel stellt wesentliche „Strategische Konzepte" vor sowie die Balanced Scorecard als Instrument der Strategieumsetzung vor (70 Seiten)

Bewertung/Empfehlung

Gegenüber den noch zu besprechenden Werken ist das Buch von Liane Buchholz ein echter Newcomer mit überschaubarem Umfang, das für eher an einem Überblick interessierte Einsteiger durchaus interessant sein könnte. Denn auch wenn das Werk sich in erster Linie an Studierende wendet, bietet es doch auch dem Praktiker einen guten Überblick sowie interessante Anregungen zum Einsatz wesentlicher strategischer Controlling-Instrumente.

Diese Stärke bringt zwangsläufig jedoch auch die Einschränkung der Knappheit mit sich, sodass man Umsetzungshinweise und konkrete Praxisbeispiele vergebens sucht. Auch was Aufbau und Ablauf eines strategischen Planungsprozesses betrifft, bleibt die Darstellung ganz überwiegend an der Oberfläche.

Es werden jedoch zahlreiche Literaturhinweise gegeben, sodass der Leser für weitergehende Studien vielfältige Ansatzpunkte findet. Entsprechend umfassend ist das Literaturverzeichnis gestaltet, das einen guten Überblick vor allem auch über die deutschsprachige Literatur verschafft. Viel Mühe wurde auch auf das Stichwortverzeichnis verwandt, das neben der übersichtlichen Gliederung einen guten zweiten Einstieg in die Lektüre ermöglicht.

Fazit

Das Buch ist für alle interessant, die einen schnellen und grundlegenden Einstieg in die Materie suchen. Insbesondere Nichtbetriebswirte, die einen Quereinstieg in das (strategische) Controlling planen, profitieren von dem guten Überblick über gängige strategieorientierte Instrumente. Wird dagegen Unterstützung bei Konzeption und Aufbau eines Strategie-Controllings gesucht, bedarf es umfassenderer Literatur.

Überblick		
Titel	**Grund-lagen**	**Aufbau-literatur**
Autor(en): Heinz-Georg Baum/Adolf G. Coenenberg/Thomas Günther **Titel:** Strategisches Controlling, 4., überarbeitete Auflage	++	+
	Praxis-orientiert	**Wissen-schaftlich**
Jahr: 2007 **Verlag:** Schäffer-Poeschel, Stuttgart **Kosten:** 39,95 EUR **Seiten:** 433 **ISBN:** 978-3-7910-2545-2	+	++

■ Inhalt

Das bereits in vierter Auflage vorliegende Werk der einschlägig bekannten Autoren kann inzwischen getrost als eines der Standardwerke bezeichnet werden. Die Durchsicht des Inhaltsverzeichnisses offenbart dem mit der Thematik Vertrauten – von der Einführung in die Thematik einmal abgesehen – im Wesentlichen die klassisch deterministische Struktur des Strategischen Management-Prozesses:

- Der zweite Abschnitt beschäftigt sich – vergleichsweise kurz – mit der „Unternehmens- und Umfeldanalyse" (21 Seiten).

- Mit dem dritten Abschnitt wird ein erster Schwerpunkt im Bereich „Geschäftsstrategien" gesetzt. Dabei werden Kosten-, Qualitäts- und Zeitwettbewerb als strategische Stoßrichtungen im Einzelnen thematisiert (110 Seiten).

- Der vierte Abschnitt ist den „Unternehmensstrategien" gewidmet. Hier werden Portfolio-Konzepte, Wettbewerbsmatrizen sowie das Konzept der Kernkompetenzen vorgestellt (88 Seiten).

- Abschnitt fünf thematisiert die Möglichkeiten einer „Steuerung von Strategien durch wertorientiertes Controlling". Ausführlich werden der Shareholder-Value-Ansatz und seine Berechnung vorgestellt (46 Seiten).

- Der recht kurze, aber wichtige Abschnitt sechs beschäftigt sich mit der „Steuerung von Strategien durch strategische Kontrolle", eine Aufgabe, die in der Praxis nur allzu häufig zu vermissen ist (10 Seiten).

- Im siebten Abschnitt sind die Konzepte der „Strategischen Frühaufklärung" dargelegt (32 Seiten).

- Abschließend wird im achten Kapitel die „Implementierung von Strategien mit Performance Measurement-Systemen" behandelt. Neben der bekannten Balanced Scorecard werden auch andere, weniger bekannte Konzepte wie die Performance Pyramid oder das französische Tableau de Bord vorgestellt (38 Seiten).

▨ Bewertung/Empfehlung

Dem Vorwort nach war es die Intention der Autoren, „einen Überblick über die Konzeption des strategischen Controlling zu geben und Ansatzpunkte für dessen Umsetzung in der Unternehmenspraxis aufzuzeigen". Dieses Ziel wird auch im Hinblick auf die angestrebte Umsetzungsorientierung ganz überwiegend erreicht. Etwas wenig ist zu Vision, Mission und strategische Zielbildung zu finden und auch der für Controller wichtige Arbeitsbereich der Strategieumsetzung kommt etwas kurz. Es wird zwar ein schöner Überblick über verschiedene Verfahren gegeben, für eine direkte Umsetzung ist jedoch die Beschaffung weiterführender Lektüre unumgänglich.

Vor dem Hintergrund der doch recht abstrakten Materie dürften es vielleicht noch ein paar mehr aktuelle und auf die hiesigen Verhältnisse bezogene Anwendungsbeispiele sein.

▨ Fazit

Ein gutes Buch, das auch für Praktiker uneingeschränkt zu empfehlen ist. Umfassend und verständlich werden wesentliche Verfahren und Methoden des Strategischen Managements und Controllings dargelegt. Das Buch ist auch als Nachschlagewerk geeignet.

Überblick		
Titel	**Grund-lagen**	**Aufbau-literatur**
Autor(en): Martin K. Welge/Andreas Al-Laham	++	++
Titel: Strategisches Management. Grundlagen – Prozess – Implementierung, 5., vollständig überarbeitete Auflage **Jahr:** 2008 **Verlag:** Gabler, Wiesbaden **Kosten:** 56,90 EUR **Seiten:** 1025 **ISBN:** 978-3-8349-0313-6	**Praxis-orientiert**	**Wissen-schaftlich**
	+	++

Inhalt

Das Werk beginnt mit einer umfassenden und stark an der Entwicklungsgeschichte und den verschiedenen Theorieströmungen ausgerichteten Einführung in die Grundlagen des Strategischen Managements (190 Seiten).

Danach folgt der Aufbau konsequent dem zuvor aufgezeigten Phasenschema des strategischen Management-Prozesses. Nach der ausführlichen konzeptionellen Erörterung ist stets auch ein Abschnitt mit empirischen Befunden angefügt:

- Im Rahmen der „Phase der strategischen Zielplanung" werden die Themen Vision, Mission, strategische Ziele vorgestellt (100 Seiten).
- Die „Phase der strategischen Analyse und Prognose" beinhaltet die Analyse der Umwelt des Unternehmens sowie die Prognose und strategische Frühaufklärung (158 Seiten).
- Dem schließt sich die „Phase der Strategieformulierung und -bewertung" an. Das umfassende Kapitel ist im Wesentlichen nach organisatorischen Ebenen (Gesamtunternehmen/Geschäftsbereiche) sowie grundlegenden Strategiemustern bzw. -typen (generische Strategien, Wachstum, Schrumpfung etc.) aufgebaut und beinhaltet auch die Strategiebewertung und -selektion (344 Seiten).
- Den Abschluss bildet die Phase der Strategieimplementierung. Neben der unvermeidlichen Balanced Scorecard werden ebenfalls Fragen der Integration in die mittel- und kurzfristige Planung bzw. Budgetierung sowie verhaltensbezogene Aspekte thematisiert (150 Seiten).

▧ Bewertung/Empfehlung

Fraglos eines der meistgenannten und auch umfassendsten deutschsprachigen Lehrbücher zum Strategischen Management. Der gesamte Strategische Management-Prozess wird umfassend beschrieben und geeignete Instrumente werden eingehend vorgestellt. Die Themen sind sachlogisch sauber und nachvollziehbar eingeordnet, sodass man trotz der Fülle kaum je den Überblick verliert.

Als Zielgruppe ist offensichtlich eher die wissenschaftliche Gemeinde als die Unternehmenspraxis gewählt worden. Dennoch: Die aktuelle Auflage wurde um zahlreiche Beispiele erweitert, was den Zugang, aber auch den Praxis-Transfer nachhaltig unterstützt. Hilfreich sind auch die zahlreichen Schaubilder, die sich auch für die praktische Umsetzungsarbeit verwenden lassen.

1025 Seiten können jedoch auch erschlagen und stellen eine nicht unwesentliche Hürde dar, überhaupt mit dem Lesen zu beginnen. Insofern gilt es auch zu prüfen, wie weit es mit der Eignung als Nachschlagewerk steht. Doch hier schwächelt das Werk entschieden: Den beste Zugang stellt das tief gegliederte Inhaltsverzeichnis dar. Demgegenüber sind fünf Seiten für das Stichwortverzeichnis bei diesem Umfang eindeutig zu knapp. Und auch die Art, wie die Stichworte aufbereitet sind, lässt zu wünschen übrig.

▧ Fazit

Wer sich differenziert mit Strategiearbeit beschäftigen muss und eine deutschsprachige Basisliteratur sucht, kommt an dem Werk wohl kaum vorbei. Unternehmenspraktiker, die sich kurz und bündig informieren wollen, sollten sich vor dem Kauf vielleicht noch einmal das Buch von Liane Buchholz ansehen.

Stichwortverzeichnis

Für Notizen

Für Abonnenten des Controlling-Beraters inklusive: Haufe Controlling Office Online

Haufe Controlling Office Online bietet Ihnen ausführliche Informationen für alle Bereiche der zielorientierten Unternehmenssteuerung. Ob operatives und strategisches Controlling, Kostenrechnung, Risikomanagement oder Rating – hier finden Sie von Grundlagenwissen über vertiefende Fachbeiträge bis zu praxiserprobten Arbeitshilfen stets die passende Lösung. Es dient außerdem als Archiv der Beiträge Ihres Controlling-Beraters.

Ihr Zugang zu Haufe Controlling Office Online

Zur Registrierung bzw. Anmeldung gehen Sie dazu bitte auf www. haufe.de/controllerwissen. Den Link „Anmelden" finden Sie in der oberen Menüleiste ganz rechts (neben dem Link „Mein Konto").

(1) Wenn Sie noch nicht in unseren Portalen registriert sind, legen Sie bitte ein Haufe-Konto an (s. Abb. auf S. 270).

(2) Sind Sie bereits registriert, geben Sie zur Anmeldung einfach Ihre E-Mail-Adresse und Ihr Passwort ein. Starten Sie dann unter „Meine Online-Abonnements" in der gelben Leiste Ihr Haufe Controlling Office Online, das Profi-Informationssystem mit praktischen Arbeitshilfen für die Controller-Arbeit.

Tipp: Nähere Hinweise zum Umgang mit Haufe Controlling Office Online finden Sie im beiliegenden Kompakthandbuch.

Anmelden

Ich habe noch kein Haufe-Konto. **①** weiter

Ich habe bereits ein Haufe-Konto.
E-Mail Adresse:
Passwort: **②**
› Passwort vergessen
☑ Auf diesem Computer automatisch anmelden.
weiter

Wir wünschen Ihnen viel Erfolg bei Ihren täglichen Aufgaben und eine effektive Unterstützung durch Haufe Controlling Office Online.

Bei technischen Fragen helfen Ihnen unsere Experten gerne unter 01 80/51 21 117[*].

---

[*] 0,14 /Min. aus dem dt. Festnetz, abweichende Mobilfunkpreise. Ein Service von dtms.